# ESSAI PHILOSOPHIQUE

SUR LE GRAND ART

DE GOUVERNER UN ÉTAT.

IMPRIMERIE DE Mme. Ve. PERRONNEAU,
QUAI DES AUGUSTINS, N°. 39.

# ESSAI PHILOSOPHIQUE

## SUR LE GRAND ART

## DE GOUVERNER UN ÉTAT,

DE LEVER LES IMPÔTS, DE RENDRE UN PEUPLE HEUREUX, D'ASSURER LA PROSPÉRITÉ D'UNE NATION ET LA STABILITÉ D'UN EMPIRE;

Comprenant un PLAN D'ADMINISTRATION GÉNÉRALE, et un SYSTÈME FONDAMENTAL ET PERPÉTUEL DE FINANCES, pour 1817 et années suivantes,

Établis sur les bases posées par le Droit naturel, et sur le respect dû à la Propriété et à la Liberté individuelle;

PRÉSENTÉ A LA CHAMBRE DES DÉPUTÉS,

Par ALEXANDRE CREVEL, ancien Négociant,

Auteur de l'*Adresse à la Chambre des Députés, sur le Pouvoir législatif, et l'influence du Budget de 1817*, etc.

*Homo sum,*
*Et nihil humani à me alienum puto.*

A PARIS,

CHEZ { PLANCHER, Libraire, rue Serpente, n°. 14;
DELAUNAY, Lib., au Palais-Royal, galerie de bois.

Décembre 1816.

# AVERTISSEMENT.

Ce n'est qu'après la Session du Corps Législatif que j'ai pris la plume pour composer cet Ouvrage. J'ai dû me hâter de le terminer, pour le publier lors de la rentrée de la Chambre des Députés. Il était achevé à l'époque de l'Ordonnance du 5 septembre : je me suis occupé de le transcrire, et de mettre de l'ordre dans la composition. En faisant attention à l'importance, à la nature et à la diversité des matières que j'ai traitées en si peu de temps, on ne sera sans doute point étonné d'y trouver quelques répétitions, des négligences, peut-être même des incorrections; mais le but que je me suis proposé d'atteindre, la position pressante dans laquelle m'ont placé les circonstances qui ne permettent pas de différer plus long-temps, m'autorisent à réclamer quelques droits à l'indulgence du public; je crois pouvoir y compter d'avance.

Je n'ai pu mettre la dernière main à cet Ouvrage, que je devais étendre davantage. J'ai traité très-succintement plusieurs parties qui exigeaient des dissertations plus étendues; mais, je me suis empressé de mettre au jour mes vues administratives et financières, au moment où le Ministre et la nouvelle Chambre des Députés vont s'occuper de la formation du Budjet de 1817.

Ce fut en 1716 que le fameux système de Law fut adopté par le Régent. J'offrirai le tableau de ce système, de ses funestes effets, en indiquant les causes qui les ont produits.

C'est en 1816, cent années après la conception de cette folie financière, que je présente un grand système de finances susceptible d'être exécuté en 1817. Le souvenir amer qu'a laissé en France le système du banquier écossais, m'engage à inviter le Lecteur à s'abstenir de la prévention que pourrait lui inspirer ce rapprochement séculaire. Connaissant tous les vices du système de Law, j'ai dû, par conséquent, les éviter, et je me plais à croire que l'on se convaincra que mon système est infiniment supérieur, puisqu'étant beaucoup plus solidement établi, il en retrace tous les avantages primitifs sans en conserver les inconvéniens qui pourraient conduire aux mêmes resultats. J'appelle principalement l'attention sur l'article *Banque*, *Numéraire*, *Système de Law*, et sur l'article *Impositions indirectes*, qui méritent d'être profondément méditées.

---

# AU ROI.

SIRE,

Je ne suis point adulateur; mais j'aime ma patrie et le Roi. Je suis l'ami du bien public, de l'ordre et de la paix.

Je n'offrirai point à Votre Majesté cet encens si souvent offert aux Souverains par des hommes qui, suivant continuellement l'impulsion que leur imprime le vent, s'empresseraient de célébrer, comme un nouveau sauveur, le grand kan de la Tartarie, si, franchissant à la tête de ses hordes barbares le Wolga, le Danube et le Rhin, il venait, par droit de conquête, ceindre le diadême sur le trône de Louis XVIII.

SIRE, l'administration fut vicieuse sous vos ancêtres; elle le fut sous la république, sous le gouvernement impérial; elle l'est encore sous le règne de Votre Majesté.

Il est temps de procurer à la France une félicité

et une sécurité durables, après lesquelles elle aspire depuis plusieurs siècles; il est temps, Sire, de consolider votre gouvernement sur des bases immuables; il est temps d'affermir pour jamais le trône du bon Henri, de ce Roi dont la mémoire est si chère aux cœurs français.

La vérité arrive jusqu'aux portes des palais des Rois; et sa voix, altérée par la fatigue d'un long voyage, étouffée par un conflit d'intérêts étrangers à ceux de la nation et de la couronne, ne peut parvenir aux oreilles du Monarque : telle est votre position, Sire; tel est le sort de tous les Potentats.

L'adulation élève une barrière insurmontable entre les Princes et les peuples : le Prince ne voit que ce qu'on lui fait voir, ne connaît que ce qu'on lui fait connaître, et ne sait que ce qu'on veut bien lui dire. Il ignore le vœu de l'opinion publique, de cette opinion publique, le régulateur des actions et de la conduite des Gouvernemens; cette boussole du législateur et de l'homme d'état, ce véhicule des séditions populaires, ce moteur électrique des orages politiques, cette étincelle qui allume le foyer des révolutions.

L'opinion publique proclame que la France

possède un bon Roi, qu'elle veut respecter et conserver, mais qu'il lui faut une nouvelle forme d'administration.

La Nation française, grande et éclairée, veut obéir à son Roi, parce qu'elle obéit à son père; mais, quoique fille soumise, elle cessera de courber sa tête sous le joug d'une administration vicieuse, dont les actes ne sont point dictés par votre autorité paternelle.

Les Monarques ne sont point, comme le prétendent les sectaires de notre révolution, des tyrans et des despotes. Les bons Rois, éclairés comme vous l'êtes, connaissent leurs droits et leurs devoirs; mais leur sollicitude et leurs lumières prennent une fausse direction, leur jugement et leur sagacité peuvent être en défaut, lorsqu'ils appliquent un remède qu'ils considèrent comme efficace, quand ils répandent un baume qu'ils croient salutaire, en aggravant quelquefois des maux dont la nature leur est mal indiquée, ou dont la cause leur est inconnue.

Votre Majesté eut la générosité d'avouer, dans sa proclamation de Cambray, que son gouvernement avait peut-être fait des fautes, et qu'il devait en faire. Oui, Sire, des décorations et des pensions furent accordées à des hommes qui n'avaient aucun titre pour les obtenir, des serviteurs fidèles, dévoués à Votre Majesté, qui avaient sacrifié pour sa cause et leur fortune et leur repos, sollicitèrent et sollicitent encore vainement ce que d'autres ont obtenu par le canal de la faveur. Cette pluie de pensions et de décorations n'était qu'une pluie de feu qui devait allumer la torche de la discorde. Depuis, le système épuratoire fut mal exécuté, et le prétexte de l'opinion ouvrit un libre champ à l'animosité, au ressentiment et à la rapacité des hommes en place.

Si l'on excepte un certain nombre d'hommes estimables, pénétrés des devoirs que leur imposait le Ministère dont ils reconnaissaient les vices organiques, la France, pendant plusieurs siècles, ne vit paraître sur la grande scène de l'administration, que des pantins et des marionnettes, qui parurent, disparurent, et ne considérèrent le noble théâtre des affaires publiques que comme des tréteaux de parade sur lesquels ils pouvaient figurer en baladins, en étalant en spectacle aux yeux de leurs administrés le tableau de leur ineptie, d'un vain amour-propre, d'une ame vénale ou d'un faux dévouement.

Les Souverains sont trompés par leurs Ministres, parce que les Ministres le sont eux-mêmes par leurs agens. Vos Ministres, Sire, ne doivent-ils pas frissonner en songeant qu'ils sont responsables des fautes commises sous leur nom ; fautes qu'ils tenteraient vainement d'excuser devant leurs juges naturels, les Représentans du peuple assemblés. Vos Ministres doivent s'empresser de se soulager d'un fardeau qui rend leur responsabilité si pesante pour leur conscience, si dangereuse pour leur honneur. Quelles que soient leurs vertus, quelle que soit leur capacité, ils ne peuvent se flatter d'embrasser toute l'étendue de leurs immenses attributions. Des Ministres éclairés, de grands hommes d'état ont fait cet aveu depuis long-temps, et l'opinion publique s'est prononcée. Les Ministres, tout-à-fait rapetissés, et dont la dignité est en quelque sorte avilie, ne sont que les échos des décisions de leurs subalternes, les scribes et les signataires des lettres de leurs commis. C'est du sein de la bureaucratie que sortent ces arrêts, ces ordonnances, que vos sujets regardent comme émanés du cabinet de Votre Majesté.

Vous êtes le Roi de France, Sire ; mais Votre Majesté est-elle bien cet administrateur suprême dont le titre et les prérogatives lui sont conférés par le dépôt du pouvoir exécutif confié à ses soins par le corps politique ? Vos Ministres eux-mêmes ne sont point des Ministres, mais de véritables automates qui exécutent les faux mouvemens que leur impriment les rouages ébauchés, les engrenages raboteux et les ressorts trop relâchés d'une grande mécanique administrative mal organisée. Vos sujets, d'Orient en Occident et du Nord au Midi, traités en esclaves, sont maîtrisés par la férule d'une foule innombrable de petits tyrans qui, profanant le nom sacré de Votre Majesté, ont l'impudence de mettre dans sa bouche un langage dont elle serait elle-même indignée s'il parvenait à ses oreilles.

C'est cependant chez une Nation dont le gouvernement est institué au milieu des progrès de la civilisation et des lumières du dix-neuvième siècle, qu'un bon Prince, qu'un Louis XVIII ne peut faire le bien; qu'un Roi n'est pas le chef de l'Etat; qu'un Ministre, même bien intentionné, ne peut être ministrant; que de petits magistrats sont despotes, et que les peuples portent les chaînes de la servitude!

Les changemens dans les mœurs, amènent des changemens dans les institutions....

Il est encore bien des vérités, qui ne vous parviendront ni par les Ministres, ni par les Magistrats....

Il n'est pas juste qu'un Ministre statue seul et sans contradicteur sur une grande multitude d'objets. .....

Les abus qui ne sont pas commis volontairement,

peuvent l'être par erreur ; ceux qui ne le sont pas par les chefs, le sont par les subalternes ; ceux qui ne le sont pas par les administrateurs actuels, le seront par leurs successeurs, et les commis des Ministres dictent souvent les décisions qui paraissent émanées de votre conseil et de V. M. ....

Quand les principes du Gouvernement sont détruits, les vertus personnelles d'un Roi ne peuvent garantir son Royaume d'une subversion totale.....

La forme de répartir l'impôt municipalement dans les provinces d'Etat, est le droit de la nature même ; c'est l'ancien droit de votre Royaume : cette forme de répartition, outre qu'elle est plus satisfaisante pour le peuple, vu qu'elle tient à la liberté qui lui est toujours chère est la seule raisonnable. Il est simple que la province étant taxée, chaque division et subdivision s'imposât souvent les facultés de chacun, qui sont toujours suffisamment connus de ceux qui vivent ensemble......

Telle est depuis plusieurs siècles la forme de la levée de l'impôt dans votre Royaume ; telle en est aujourd'hui l'effet, qu'une nation industrieuse et laborieuse, sur un sol fertile et favorisé de la nature, se trouve dans l'impossibilité de satisfaire aux besoins de l'Etat. ....

Le remède n'est pas d'exiger, par autorité absolue, des secours que la situation de vos sujets rend impossible. L'illusion de ce conseil funeste sera bientôt démontré, par les non-valeurs, et le cœur de V. M. sera ému par les cris universels de son peuple. ....

Une très-ancienne Monarchie a toujours subi des révolutions de bien des genres, surtout quand elle a été fondée dans des siècles d'ignorance, et qu'elle a subsisté jusqu'au siècle le plus éclairé. Si on considère, sous cet aspect, l'histoire de notre Nation, on verra que les progrès des lumières ont mis une différence infinie entre les mœurs et les lois des différens âges.....

Ce moment est arrivé, Sire; vos sujets en éprouvent les effets dans la justice réglée, depuis que l'usage est établi d'instruire le public par des mémoires imprimés, et V. M. pourrait faire jouir, du même privilège et du même avantage, ceux qui se plaignent de l'administration....

C'est à vous à juger, Sire, si ce sera affaiblir votre puissance, que d'imiter en cela Charlemagne, ce Monarque si fier et qui porta si loin les prérogatives de sa couronne. C'est à son exemple que vous pouvez encore régner à la tête d'une Nation qui sera toute entière votre conseil, et vous tirerez bien plus de ressources, parce que vous venez dans un siècle plus éclairé.

Ces grandes vérités, Sire, et beaucoup d'autres, ont été présentées à découvert devant le trône de Louis XVI par le président de la Cour des Aides, *dont les opinions ne peuvent être suspectes ;* par cet homme vertueux et irréprochable ; par ce magistrat courageux et respectable, dans les veines duquel circula le sang le plus pur que la hache révolutionnaire ait fait couler... Je m'arrête, car j'ai nommé Lamoignon de Malesherbes.

Je rappellerai à Sa Majesté Louis XVIII, que Monsieur, Comte de Provence, qui à cette époque comptait à peine dix-neuf printemps, harangua cette Cour au nom de son vertueux frère.

Notre corps ministériel est en raison inverse de l'ordre naturel des institutions sociales et politiques ; ce n'est qu'un télégraphe intermédiaire qui répète des signaux qui sont autant d'hiéroglyphes dont il ne connaît pas le véritable sens ; il reçoit l'action au lieu de la communiquer. Chose étonnante, ses opérations ne partent point du centre pour s'étendre par autant de rayons sur la surface de la circonférence, mais elles prennent naissance sur tous les points du cercle ; arrêtées en chemin par des agens étrangers, elle ne se réunissent point au centre commun représenté par l'autorité de Votre Majesté.

Les législateurs humains ont, cependant, un grand et sublime modèle dans le Législateur de l'univers. Petits vermisseaux que la voix de l'Éternel peut réduire en poussière, nous dédaignons de suivre les sages avertissemens, et les divins exemples que l'Auteur de la nature a imprimé en caractères indélébiles dans son ouvrage, pour l'interprétation duquel, cet Être supérieur de tous les siècles, ce Roi des Rois, a communiqué à notre être périssable la raison et l'intelligence. Faibles mortels, prétendrions-nous être plus instruits que l'Être suprême, et devoir nous écarter des lois qu'il nous impose.

Il en est des corps politiques comme des corps

physiques et des corps célestes : toutes les actions intellectuelles de la grande machine de l'espèce humaine partent du *sensorium commune ;* tous ses mouvemens physiques, ne sont que le résultat d'un acte de sa volonté émané de ce *sensorium.*

Les astres décrivent une ligne courbe et se trouvent placés entre deux forces. Le *centrum petens* tend à les attirer vers le centre; le *centrum fugiens* tend, au contraire, à les entraîner au-delà de la courbe, pour les diriger sur la ligne droite. Si la force *centripète* n'était point égale à la force *centrifuge*, les astres seraient infailliblement entraînés par la tangente : qu'arriverait-il? plus de mortels, plus d'ordre dans la nature, l'univers serait embrasé.

L'astre de la France, Sire, en décrivant son ellipse n'est point placé entre deux forces égales. On aperçoit sa force centrifuge se gonfler sensiblement aux dépens de la force centripète, et nous devons craindre que notre astre, emporté par cette dernière force attractive, s'éclipse par la ligne tangentielle. Cette éclipse totale, visible dans nos provinces, sera-t-elle partielle à Paris et invisible au palais du Monarque? Je vous le demande, Sire? c'est un sujet fidèle qui ose interroger Votre Majesté, il se tairait s'il était votre ennemi.

Sous une monarchie mixte et modérée, où le peuple délibère, sous un Gouvernement représentatif sagement conçu, la Pairie est un corps neutre qui ne peut faire partie du Corps législatif.

La formation de nos deux Chambres est imitée des Constitutions anglaises établies au dix-septième siècle; telle institution, bonne dans son origine, peut être susceptible de recevoir les changemens qu'indiquent la raison et les lumières acquises.

Lorsqu'un peuple veut changer ses lois politiques et ses constitutions, il est prudent, il est indispensable même que ses législateurs comparent et méditent les institutions des autres peuples, sans être, néanmoins, les imitateurs de leurs erreurs.

Les Députés ne sont point les Représentans effectifs de la Nation, mais les délégués des vrais Représentans, qui sont, ou devraient être, nos Colléges électoraux, dont la composition est mal combinée. Les Représentans de la Nation, les constituans, ont des droits imprescriptibles et inaltérables, ce sont ceux de la Nation elle-même. Les droits des Députés sont prescriptibles, limités, et commutatoires. Devant une Charte, Sire, devant ce Palladium français, des Députés délégués des représentans de la Puissance législative, l'appanage de la Nation, sont aussi impuissans que des Ministres délégués de Votre Majesté qui représente la Puissance exécutrice, l'appanage de la souveraineté. Le contrat social, ne peut être signé ou modifié que par les représentans des deux puissances, le Roi et les Colléges électoraux, qui sont les constituans. Les pouvoirs constitués aux Députés, sont relatifs aux objets de l'administration et aux lois civiles, et non pas à l'essence des lois fondamentales renfermées dans un contrat qui règle la forme, la nature, les droits et les attributions des deux puissances qui constituent le Gouvernement de l'État.

La Représentation nationale est une des lois fondamentales de notre Monarchie; elle reçut un coup fatal de l'indolence de Louis XIII; elle devint moribonde, lorsque la France portait encore le deuil de ce grand homme, de ce Henri tout dévoué au bonheur de son peuple, lorsqu'elle témoignait ses regrets, en jetant un regard de douleur sur la retraite de l'illustre Sully, digne Ministre d'un si bon Roi.

Les Parlemens, jouissans de la prérogative de représenter la Nation, lorsqu'elle n'était pas assemblée, furent les défenseurs de ses droits altérés par un coup d'état parti de la main du cardinal de Richelieu. Le droit de défendre le peuple fut échangé contre le droit d'enregistrer les ordonnances dans les Cours souveraines. Mais, en 1673, les Cours furent intimées de ne recevoir aucune opposition à l'enregistrement des lettres-patentes. C'est alors que le simulacre des droits des citoyens disparut à la voix de Louis XIV, comme un fantôme qui s'évanouit au premier bruit, comme une ombre fugitive, qui se dissipe à l'approche des rayons du soleil.

Les mânes de la Nation immolée à l'ambition, réclamaient, depuis deux siècles, sa résurrection politique.

Sire, c'est à vous, qui règnez sur la France, et par le vœu du Peuple, et par droit de naissance, que le Ciel a réservé l'opération de ce miracle.

Nous eûmes des tyrans populaires et des maniaques, et des Sylla et des Héliogabales; nous voulons des Antonins et des Marc-Aurèle! Le trône de Saint-Louis, avili par des Louis XI et des Charles IX, fut rehaussé par des Charles VII, des Louis XII, des Henri IV des Louis XVI, et nous voulons des Louis XVIII!

Ah! Sire, puissiez-vous, dépouillé momentanément de la pourpre royale, visiter, en secret, vos États, parcourir la distance immense qui sépare vos palais du grabat de l'infortune! Quelles réflexions se présenteraient, en foule, à votre esprit; quel spectacle s'offrirait à votre vue; quelles plaintes frapperaient vos oreilles; que d'abus à réprimer; que de vexations à proscrire; quelle souffrance pour votre cœur paternel; quelle tâche pénible à remplir pour Votre Majesté; que de bien à faire, SIRE, que de maux à guérir, que de malheurs et de désastres à réparer!

Le pauvre vous devrait l'existence de sa famille, le cultivateur l'échange de ses sueurs, l'ouvrier le salaire de ses bras, le commerçant le produit de ses travaux, le propriétaire l'accroissement de sa rente, tous les Français leur bonheur, la paix et la sécurité.

Le sort des Princes est essentiellement lié au sort des Peuples;

Quand l'aisance prolonge la vie de l'indigent, le trône cesse d'être en danger;

Quand le pauvre assure le pain de ses enfans, un Monarque transmet sa couronne à sa Famille;

Quand le bonheur descend dans la chaumière, SIRE, aussi-tôt le repos monte au palais du Roi.

Nous sommes privés des rayons bienfaisans de

l'astre du jour; notre beau ciel est obscurci par d'épais nuages; notre atmosphère est chargé de vapeurs contagieuses; de sinistres éclairs au loin sont aperçus; déjà le bruit de la foudre se fait entendre à l'extrémité de notre horizon politique. En prudent pasteur, mettez à l'abri vos troupeaux, et faites rentrer nos moissons; en bon père, entourez-vous de vos enfans; en habile pilote, sauvez de la tempête le vaisseau de l'Etat et changez vos manœuvres. Garnissez de chaînons électriques la distance du Louvre à la demeure de vos sujets, et bientôt le souffle impétueux d'un nouvel Aquilon dirigera l'orage conjuré vers un lointain pays, vers un autre hémisphère. — Parlez, Sire, parlez; l'Europe vous regarde, la France vous écoute, la postérité vous attend!

J'ai l'honneur de présenter à Votre Majesté le respectueux hommage et l'assurance de la fidélité d'un sujet qui, né sous le règne de votre infortuné Frère, ne suça point, dans son enfance, les principes révolutionnaires; qui commença à penser sous le gouvernement consulaire, à réfléchir sous la dynastie impériale; qui écrit avec impartialité, et pour la première fois, sous le règne de Votre Majesté; d'un sujet qui ne figure sur aucunes listes; qui ne signa point des articles additionnels; qui ne prêta aucuns sermens; d'un sujet qui peut, sans scrupule et sans crainte, sans reproches et sans remords parler avec sincérité à Votre Majesté, et se nommer,

ALEXANDRE CREVEL.

---

# INTRODUCTION.

Un heureux avenir, repoussé par les vices organiques de l'administration française, s'éloigne chaque jour de l'asile de l'infortune. Les plaies du peuple, au lieu de se cicatriser, s'ouvrent de nouveau. Une stupeur générale se répand quand on songe au temps futur et à la crise dans laquelle nous nous trouvons. Cent cinquante mille baïonnettes offusquent la vue des hommes timorés; d'énormes contributions nous accablent; elles ne peuvent rentrer dans les caisses du trésor par l'effet de l'état de gêne et d'inquiétude dans lequel sont plongées toutes les classes de citoyens. Un nouveau déficit menace d'augmenter la dette publique; nous apercevons avec effroi la faux du temps qui nous conduit d'un pas rapide vers de nouvelles années qui exigent de nouveaux sacrifices pour subvenir à des besoins qui s'accumulent, lorsque la fortune du propriétaire diminue sensiblement, lorsque les profits du commerce sont annihilés, lorsque l'agriculture languit, quand l'atelier du manufacturier devient inactif, quand la misère du peuple touche à son comble.

Prétendrait-on affermir le trône, et consolider le Gouvernement, en accroissant la mendicité et le vagabondage, en fournissant de nouvelles armes aux malveillans, en faisant couler à grands flots la source des séditions ?

Les fautes de l'administration dérivent d'un vice radical qu'il est urgent d'extirper.

Le système de finances, pratiqué par les peuples anciens et modernes, ne fut et n'est encore qu'un immense et vieil édifice successivement réédifié sur des ruines; qui, toujours prêt à s'écrouler de nouveau, entraîna souvent dans sa chute la sécurité des familles, la prospérité des nations, et le sceptre des Rois. Le bonheur et le repos des citoyens, la vie et les progrès de l'agriculture, du commerce et des manufactures, le salaire de l'ouvrier, la fortune et la propriété du riche, furent sacrifiés aux besoins toujours renaissans de la fiscalité, et courbés sous le joug de l'administration financière. Dans tous les temps les peuples, succombant sous le poids des vexations et des calamités, n'eurent pour témoins de leurs souffrances domestiques que leurs larmes et leurs soupirs, et, pour s'aider à supporter le malheur, que l'espoir d'une prochaine délivrance et d'un meilleur sort. Telle est encore notre position.

Au milieu des progrès de la civilisation et des lumières de la philosophie, la science des finances est resté concentrée dans ses étroites limites.

J'offre le fruit de mes veilles et de mes travaux, l'expression de mes vœux pour la prospérité de ma patrie, pour le bonheur d'une famille dont les aïeux furent les Rois de mes ancêtres.

Je présente le projet de la création d'un grand corps administratif dont les parties organiques sont en parfait rapport, dont le mouvement de rotation sera continuel, et dont les ramifications s'étendront sans interruption depuis la capitale jusques au village; de plus, *un grand système complet, fondamental et perpétuel de finances* qui fournirait 700 millions dans le premier trimestre de 1817, pour acquitter la dette contractée envers les alliés, en rendant à la France son indépendance, et en économisant quatre années d'entretien de troupes étrangères, qui éteindrait l'arriéré à la même époque, en soldant intégralement et sans perte les créanciers de l'état, qui, basé sur le droit naturel et sur le respect dû à la propriété et à la liberté individuelle, éloignerait les abus et les vexations qui font gémir les peuples, en suscitant des ennemis aux Gouvernemens.

Mon ouvrage est divisé en deux Parties; la première comprend la *Politique*, la *Morale* et l'*Administration*. J'entre dans quelques considérations sur les causes qui conduisent les Nations vers leur décadence. J'examine l'avantage et les inconvéniens attachés aux diverses espèces de Gouvernemens, et je déduis cette conséquence que nous possédons la meilleure forme de Gouvernement possible.

La seconde Partie traite de l'*Économie politique*; des *moyens de vivifier les sources de la richesse publique*. J'examine quelle est la nature du commerce qu'il nous convient d'adopter. J'offre le tableau des richesses respectives de la France et de l'Angleterre, et celui de notre situation financière. Je considère chaque impôt dans ses rapports avec la tranquillité des citoyens et avec la prospérité nationale. Je dissèque en quelque sorte notre système de finances, et, en approfondissant toutes ses parties, je crois répondre à cette question : *Comment se peut-il que la France, possédant un énorme capital national et une richesse territoriale considérable, paie si difficilement une masse de charges publiques nécessaires aux besoins de l'État, et si disproportionnées à l'étendue de ses ressources et de son revenu ?*

Je prouve que nous avons toujours beaucoup payé lorsque l'État recevait peu ; que, dans le cas où les 800 millions de recettes qui figurent sur le budget de 1816 rentreraient effectivement dans les caisses publiques, le peuple aurait déboursé 15 à 1600 millions en or et argent au titre du jour, et que la France, depuis dix ans, a dû perdre un capital de 5 à 6 milliards. J'établis sur de nouvelles bases un système qui apporte de nouvelles preuves à l'appui de mes assertions, puisque je subviens à toutes les dépenses en diminuant les impôts de chaque contribuable; diminution produite par la répartition faite sur chaque individu de la différence entre la somme payée réellement et collectivement par le peuple, et celle reçue par l'État; de sorte qu'aucune portion de ces contributions ne se perd par des canaux étrangers. Je puis errer; mais je crois avoir résolu ce problème depuis long-temps insoluble : *Subvenir à toutes les dépenses de l'État en proscrivant les vexations, en allégeant le fardeau qui pèse sur les peuples, et en activant l'agriculture, le commerce et l'industrie.*

Je diminue de moitié, en effet, la contribution foncière; j'affecte une somme importante pour l'entretien des hôpitaux et des hospices; je fais des dépenses que le Gouvernement serait dans l'impossibilité d'effectuer sans ajouter à son budget; je détruis la mendicité en ouvrant des maisons de travail; je distribue des fonds pour l'entretien des maisons d'éducation nationale, des grandes routes, etc. Je viens au secours des propriétaires, rentiers, cultivateurs et manufacturiers, en leur prêtant à 4 p. 100; je fais baisser l'intérêt des capitaux; j'ouvre des comptes courans aux commerçans dans vingt provinces; je prends pour règle une loi fondamentale en finance trop méconnue, c'est-à-dire le nivellement des recettes et des dépenses. C'est l'oubli de ce principe qui a porté les administrateurs à affecter au paiement des dépenses d'un Etat, qui sont des dépenses certaines, des recettes illusoires et incertaines; c'est l'oubli de ce principe, dont on ne devrait jamais s'écarter, qui donne naissance aux déficits qui, en s'accumulant, forment les dettes publiques, qui conduisent les Nations vers leur ruine. Le budget de 1816 nous en offre un nouvel exemple.

Je fais rentrer tous les mois dans les caisses publiques les sommes nécessaires pour assurer le service des paiemens du mois suivant; je solidarise les rentes qui doivent remonter infailliblement au pair; je destine à l'amortissement un fond annuel de 75 millions; j'économise 10 à 20 pour cent sur le montant des fournitures faites au Gouvernement, en lui facilitant les moyens de payer régulièrement les fournisseurs.

Mon plan de finances ne doit point être considéré comme une simple réunion d'idées financières ou de projets plus ou moins systématiques, mais comme un système coordonné dans toutes ses parties, raisonné sur des principes et établi sur des bases fondamentales. Je ne suis parvenu à le consolider, qu'en approfondissant l'art de lever les impôts, en étudiant leurs funestes effets, et en les suivant avec attention dans les contre-coups qu'ils éprouvent.

Je crée un budget pour 1817, fondamental et perpétuel pour les années suivantes ; je forme un budget supplémentaire pour les dépenses extraordinaires ; par un trait de plume et par fraction décimale, je fournis de nouvelles recettes pour couvrir les nouvelles dépenses, sans avoir recours à d'autres impôts.

Je m'estimerais heureux si mes vues administratives et financières fixaient l'attention du Gouvernement, et si elles coopéraient à fermer des plaies ouvertes par la situation critique dans laquelle se trouve ma malheureuse patrie.

Le salut de la France n'est point désespéré : une bonne administration, un bon système de finances sont les seuls moyens curatifs et forcés qu'il nous reste à employer dans nos momens d'agonie. Une bonne administration exercerait la plus grande influence sur le perfectionnement de l'ordre social : chaque citoyen saurait gré au Monarque de ses soins pour tout ce qui peut contribuer au bonheur et à la prospérité de son peuple ; ses sujets, mieux administrés, commenceraient à respirer, à jouir d'une paix intérieure, jusqu'alors inconnue ; les liens sociaux, étroitement resserrés, ne seraient plus exposés à être rompus par le moindre choc sous une administration vicieuse, fondée sur d'antiques erreurs ; chaque citoyen s'attacherait au pays de ses pères, au sol qui l'a vu naître. C'est alors que tous les Français, bénissant les jours de leur Souverain, s'apercevraient, pour la première fois, qu'il règne parmi eux un esprit national ; c'est alors qu'entraînés par un sentiment irrésistible, ils feraient entendre à l'envi, ce cri du cœur, ce doux refrain, dans leurs chants d'allégresse : *J'aime ma Patrie, mon Gouvernement et mon Roi.*

---

# ESSAI PHILOSOPHIQUE
## SUR LE GRAND ART
## DE GOUVERNER UN ÉTAT.

### ANGLOMANIE. — CHINOMANIE.

On a beaucoup vanté la sagesse du peuple anglais, son gouvernement, son industrie, son commerce, ses richesses, son système absurde de finances; on vante enfin jusques à ses sottises. Il s'est introduit parmi nous une anglomanie qui atteste la petitesse de nos idées, et l'absence de tout esprit national; l'anglomanie est enfin devenue une mode.

Le système représentatif n'est point une invention due à la sagacité du peuple anglais; ouvrons le grand livre de l'Histoire et nous y lirons que les Saxons introduisirent leurs lois et le gouvernement heptarchique dans la Grande-Bretagne, qu'ils partagèrent l'Angleterre en sept royaumes qui se gouvernaient séparément, et avaient tous des assemblées générales. Ainsi donc, c'est à l'invasion des Anglo-Saxons et à Alfred-le-Grand que les Anglais sont redevables du plan de leur constitution et de leur parlement, comme l'observe Montesquieu. Leur grande Charte, qu'ils modifièrent par la suite, fut signée par Jean-Sans-Terre à Runing-Mead, en 1215; mais, plus de quatre siècles, auparavant nous avons joui, sous Charlemagne, du véritable systèmereprésentatif.

Notre gouvernement n'est donc point un gouvernement à l'anglaise, mais celui de notre Charlemagne, qui avait établi des communautés, institué des municipalités, et qui assemblait deux fois chaque année les états-généraux, composés de tous les ordres de citoyens. N'en déplaise aux Anglomanes, nous n'avons emprunté aux Anglais que la division de notre corps législatif en deux sections, la dénomination et l'hérédité de notre Chambre des Pairs.

Le *peuple-sage*, comme l'appelle le modeste Hume, s'appropria, vers la fin du dix-septième siècle, notre industrie éxilée par la révocation de l'Édit de Nantes, et la manière de fabriquer les tisssus de laine et de coton.

Les Anglais ont basé, dit-on, leur Constitution sur le droit naturel; ils jouissent seuls depuis long-temps de la liberté de la presse, du droit de remontrance et de pétition, ils font un commerce immense, ils ont perfectionné leur agriculture, et l'ont portée à un degré inconnu aux autres peuples d'Europe. J'en conviens, mais j'ajoute qu'ils ont tout imité et rien inventé, si ce n'est, cependant, quelques machines pour leurs manufactures, et quelques *artifices*, fusées incendiaires, etc. qu'ils ont dirigées sur les quatre parties du monde.

Nos yeux sont fixés sur la Grande-Bretagne, et nous oublions qu'il existe à cinq ou six mille lieues de la Tamise, un peuple beaucoup *plus sage* qui ne fait point retentir le monde du bruit de ses conquêtes, qui, par la sagesse de ses lois et de ses institutions, est digne de servir de modèle à toutes les nations européennes; la Chine, enfin, après avoir éprouvé plusieurs révolutions, après avoir été conquise plusieurs fois par les Tartares, conserve néanmoins, depuis plus de quatre mille ans, ses lois et son gouvernement.

L'agriculture et le commerce étaient à la Chine dans l'état le plus florissant, lorsque la Grande-Bretagne ne renfermait que forêts et déserts, lorsque la Tamise n'était peuplée que de crocodiles, de castors, et d'autres animaux amphibies. Les Chinois ont inventé la poudre, et les Anglais la manière de s'en servir.

En Angleterre on imprime une immense quantité de gazettes qui sont lues par toutes les classes de la société; cet usage est très-ancien à la Chine. On y publie tous les jours un journal national qui contient une soixantaine de pages, et qui présente un détail fidèle et circonstancié de toutes les affaires de l'empire, des exemples de tous genres, qui inspirent de la vénération pour la vertu, de l'horreur pour le vice, du respect pour le Souverain, et étend les connaissances du peuple sur l'ordre, la justice et les actes du gouvernement.

On vante le grand cadastre de l'Angleterre; mais on ignore que ce cadastre a été levé à l'imitation de celui de la Chine, sur une échelle de proportion d'un douzième de ligne par toise. A la Chine, l'usage des cadastres remonte à la plus haute antiquité. Le cadastre général y a été exécuté sur le plus grand plan topographique que l'on connaisse; il contient le dénombrement de tous les habitans, de toutes les terres, et de leur revenu taxé depuis le trentième jusqu'au dixième; il sert, comme celui de l'Angleterre, de répertoire pour diriger la culture vers les productions les plus lucratives et les plus nécessaires à la subsistance, et à indiquer la conduite des canaux de navigation qui traversent cet immense empire, et celle des canaux d'arrosemens qui sont une des premières causes de la fertilité des terres. C'est en Chine que l'Angleterre a appris l'art de endre la terre productive. L'Angleterre a donc beaucoup imité des Chinois.

Si l'on compare les Chinois d'Asie aux *Chinois d'Europe*, on se convaincra de la grande supériorité des premiers sur les derniers.

Les Chinois d'Asie n'ont point porté un fer dévastateur sur le territoire de leurs voisins, et n'ont point semé un or corrupteur pour entretenir des guerres continuelles entre les rajas et les nabads de l'Indostan. Possesseurs d'un pays aussi vaste et aussi peuplé que l'Europe entière, dépositaires d'une force militaire de plus d'un million de soldats, ils n'ont point jeté quelques centaines de mille hommes sur les côtes du Japon, de Bornéo, de Java, de Sumatra. Ils n'ont pas entrepris la conquête du Mogol, et n'ont point tenté d'envahir tout le commerce des puissances voisines.

Leurs mœurs, la sagesse de leur gouvernement leur inspire de l'horreur pour l'effusion du sang. Leur religion et l'éducation primitive qu'ils reçoivent leur défendent d'égorger ou de faire égorger leurs semblables, de sacrifier des millions d'hommes à une folle ambition.

On est étonné de l'immensité des possessions

de la Grande-Bretagne dans les Indes-Orientales. L'Angleterre ne peut s'énorgueillir de cette puissance usurpée ; le hasard seul a servi ses projets ; sa déloyauté a favorisé sa domination.

Les Anglais avaient quelques comptoirs sur les côtes du Bengale ; les gouverneurs des établissemens européens donnaient asile, moyennant des présens assez considérables, aux naturels du pays qui fuyaient leur patrie pour échapper à des vexations ou à des châtimens. Un des principaux officiers du Bengale, pour se soustraire aux peines que ses infidélités avaient encourues, se réfugia à Calcutta, et fut accueilli par les Anglais ; le souba offensé attaqua la place et s'en empara. La garnison jetée dans un cachot étroit, fut étouffée en peu d'heures. L'amiral Watson, qui croisait dans l'Inde avec une escadre, et le colonel Clive, formèrent le projet de venger leur nation. Ils rassemblèrent leurs compatriotes fugitifs et dispersés, remontèrent le Gange en 1756, reprirent Calcutta, s'emparèrent de plusieurs autres places, et remportèrent une victoire complète sur le souba. Ces succès doivent être attribués à l'avantage que les troupes européennes ont sur celles des nations indiennes et à *l'or corrupteur* des Anglais. Le souba était détesté de ses peuples ; il fut trahi, son armée refusa de combattre, ses principaux officiers vendirent leur crédit et leur appui. Les Anglais mirent à la tête de la Soubabie Jeffier-Alikan, chef de la conspiration, qui céda à la compagnie anglaise quelques provinces. Les Anglais, instruits que le nouveau souba cherchait à s'affranchir du joug qu'il s'était imposé le firent arrêter au milieu de sa capitale. Kossim-Alikan son gendre, fut proclamé à sa place, en achetant l'usurpation par des sommes immenses. Mais bientôt, il refusa de recevoir la loi de la compagnie. Les Anglais marchèrent contre le souba, *corrompirent* ses généraux, et se rendirent maîtres de la Soubabie. Kossim-Alikan s'étant enfui avec ses trésors, engagea le nabad de Bénarès et plusieurs princes voisins à se réunir contre l'ennemi commun. Les Anglais *corrompirent* de nouveau les chefs de l'armée coalisée, et lorsque la première action s'engagea, le nabad de Bénarès fut entraîné par la fuite de ses soldats, sans avoir pu combattre. Cette victoire livra le pays de Bénarès à la compagnie avec de nouvelles richesses.

L'empereur du Mogol, sur ces entrefaites, chassé de Delhy par les Patanes, qui avaient proclamé son fils, errait de province en province; abandonné par ses sujets, sans appui et sans armée. Il implora la protection des Anglais, qui lui promirent de le rétablir sur son trône, en se faisant céder *d'avance* le Bengale en toute souveraineté. Cette cession faite par acte authentique, fut revêtue de toutes les formalités usitées dans l'empire du Mogol. Mais bientôt les Anglais, *oubliant leurs promesses*, firent valoir aux yeux des peuples les titres qui légitimaient leur usurpation. Ils représentèrent à l'empereur qu'il fallait attendre un temps plus favorable pour le réintégrer dans ses posssessions. Ils lui assignèrent une résidence et un revenu pour sa subsistance. Je me dispenserai d'entrer dans tous les détails de la conduite des Anglais dans le Bengale; elle fut constamment marquée au coin de la perfidie et de la déloyauté.

Possesseurs du Bengale, les Anglais apprirent aux peuples de ces contrées à faire de la fausse monnaie en altérant le titre des espèces; mais bientôt ils sentirent la nécessité de retirer de la circulation toutes les pièces fausses; on avait frappé environ quinze millions sterlings en roupies d'or, valeur nominale, qui renfermaient quatre dixièmes d'alliage, et ne représentaient réellement que neuf millions serlings. On publia que tous ceux qui avaient des roupies de faux aloi, seraient tenus de les rapporter au trésor de Calcutta, où elles seraient échangées contre des roupies d'argent. Mais au lieu de dix roupies et demie, valeur de chaque roupie d'or, la compagnie n'en donna que six ; de sorte que l'alliage introduit par le gouvernement de la compagnie fut en pure perte pour le propriétaire. Cette opération, si contraire à la foi publique, ne put s'exécuter que par la violence, en recourant souvent à la force des armes.

On parle de Nicolas Ier., qui, animé d'une fausse gloire, sacrifia à son ambition un ou deux millions de Français. En comparant ses actions à celles du gouvernement anglais, nous verrons que Nicolas Ier. n'était encore qu'un écolier. Dans un temps de sécheresse, les Anglais firent acheter tout le riz dans le Bengale ; une famine épouvantable se déclara et fut la suite de ces mesures atroces. *Quatre millions* d'habitans devinrent les victimes de cette fantaisie mercantile : la population de ce pays, de *dix millions*, fut réduite à *six*.

Les Alexandre, les Cyrus, les César, les Attila, et beaucoup d'autres modernes dévastateurs et oppresseurs de l'espèce humaine, ne trouvèrent de bonheur qu'à troubler le repos des nations ; mais l'histoire ne nous offre point un seul peuple qui fit périr *quatre millions d'individus*, pour réaliser des bénéfices dans une spéculation commerciale.

Passerai-je sous silence les atrocités commises

par le peuple-*sage*, *humain et hospitalier*, en portant l'inquisition dans toutes les familles, en dépouillant l'artisan, le laboureur, le manufacturier, de leur fortune, en les punissant quelquefois parce qu'ils n'étaient pas assez riches, en vendant les faveurs pour opprimer l'innocent et sauver les coupables. On verrait les gouverneurs satisfaire à la rapacité de la compagnie, violer les droits de liberté et de propriété que les Anglomanes admirent chez le peuple-sage; on verrait les malheureux Indous naturellement pusillanimes, se couper les pouces pour se soustraire au travail des manufactures, et au service militaire exigé d'eux; on verrait les Anglais, contre le droit des nations et la foi des traités, faire mourir de la manière la plus horrible les petits souverains et les rajas de ces contrées lointaines. La conquête de Misoure, la fin funeste du malheureux Tippoo-Saïb, sont des évènemens encore présens à notre mémoire. M. Fox signala en plein parlement toutes ces horreurs, qui déshonoraient *le peuple-sage*.

Les Anglais se sont montrés dignes d'eux-mêmes dans la guerre des États-Unis. Charles-Town, New-London, Norfolk, Kingston, (jadis Esopus) et beaucoup d'autres villes furent dévastées ou réduites en cendres, et les campagnes ravagées. Le vaisseau le Jersey resta long-temps dans la rade de New-Yorck ; on y entassait les prisonniers américains ; ce seul bâtiment jetta à la mer plus de *onze mille* cadavres. Un colonel anglais fit hacher un détachement américain qui venait de mettre bas les armes : cinquante de ces malheureux, guéris de leurs blessures, étaient mutilés de la manière la plus effrayante. Le parlement passa un acte qui obligeait *contre le droit des gens* les Américains faits prisonniers en mer à porter les armes contre leur patrie. On les déterminait à servir *en les affamant ou en lés accablant de coups de fouet.* Plusieurs persistant dans leurs refus, furent envoyés en Angleterre, et de là dans les Indes-Orientales.

Après la bataille de Germantown, les prisonniers furent entassés dans la cour du Palais à Philadelphie, et restèrent trois jours sans nourriture. Un grand nombre était mort, lorsqu'on se décida à leur envoyer des vivres. Dans leurs derniers momens, ils avaient mangé l'herbe qu'ils trouvaient à leur portée. Un bâtiment anglais prit un navire américain chargé de 500 Nègres ; les Américains et les Nègres furent jetés dans la cale, et la moitié succomba dans les plus affreuses souffrances. Un général anglais écrivit au ministère : « J'ai la satisfaction *de vous annoncer que je n'ai pas laissé pierre sur pierre dans la ville d'Esopus.* » Quelle satisfaction ! J'abandonne d'autres détails non moins épouvantables. Ainsi, ce peuple *si sage*, *si éclairé*, a surpassé les Barbares et les cannibales pour exercer une horrible domination. Le sort que nos prisonniers ont éprouvé en Angleterre, la conduite du cabinet anglais sur le continent, ne sont que trop connus. La puissance des Anglais ne doit être attribuée qu'à leur affreux système de corruption, et à la violation du droit des gens. C'est de leur position topographique qu'est née leur prospérité commerciale; c'est elle qui leur a permis d'exercer un monopole sans concurrence : gardons-nous bien d'envier leur situation financière! J'aurai occasion d'en indiquer les vices et les inconvéniens.

Si les Anglomanes jettent un coup d'œil sur le gouvernement anglais et ses Constitutions, ils remarqueront avec étonnement, sans doute, des coutumes barbares et immorales, et le droit naturel violé sous l'empire de la liberté. Quand on voit la presse des matelots, on se représente la Grande-Bretagne habitée par des Vandales et des sauvages du Mississipi. On se rappelle alors que Romulus, à la tête d'une poignée de brigands, invita ses voisins à une fête publique, que les Sabines furent enlevées et leurs maris égorgés. « L'état sauvage de la nature, dit un célèbre écrivain anglais, dans ses Essais politiques, est renouvelé au milieu d'une des sociétés les plus civilisées du genre humain; *de grandes violences, et toutes sortes de désordres* se commettent *impunément* parmi le peuple qui a le plus de douceur et d'humanité; tandis que l'un des partis exige l'obéissance au suprême magistrat, et que l'autre réclame en sa faveur les lois fondamentales de la Constitution. »

Chez aucun peuple de l'antiquité, il n'y eut jamais rien d'aussi scandaleux que les élections des membres des communes chez *le peuple-sage*. La populace y vend publiquement ses suffrages. C'est au milieu des cabales, des rixes, des combats sanglans, au milieu de la crapule, de l'ivresse et des orgies, que sont élus les hommes chargés de défendre la liberté publique contre un gounement corrupteur.

Voit-on *le peuple-sage* vendre sur la place publique son épouse portant une corde au cou, on croit assister, à Tunis, au marché d'un barbare Musulman qui fait le commerce des esclaves : on est tenté d'admirer la sagesse d'un Soliman ou d'un Mustapha qui envoie le cordon à son Visir pour l'exemple de la règle des mœurs.

Un homme tombe dans la Tamise. Deux passans s'arrêtent et parient, l'un que l'infortuné se noiera, l'autre qu'il ne se noiera pas; quelques bons humains veulent porter secours au malheureux ; il s'est ouvert un pari, s'écrie l'un des parieurs, d'un air imposant : aussitôt la voix de l'humanité cesse de se faire entendre, et le pauvre noyé devient la victime de la fureur des paris qui domine *le peuple-sage*. Imiterons-nous les Anglais, nous Français légers, frivoles et *corrompus*, qui nous précipitons des rives séquaniennes pour sauver un chat, un caniche ou un barbet ?

Le défaut de police n'est-il pas le plus grand défaut d'un *gouvernement policé?* En Angleterre une foule innombrable de voleurs infecte les grands chemins et vole en plein jour au milieu de la capitale ; on assure même qu'il existe à Londres des écoles de vol tolérées. Que diront un jour nos neveux en lisant sur l'une des pages de l'histoire des mœurs : *Il y avait une fois un peuple surnommé le Sage, chez lequel on exerçait l'art de voler et de détrousser les passans avec* DÉCENCE *et* PROBITÉ ? L'Angleterre est certainement le seul pays dans le monde où l'on vole avec autant de délicatesse et de civilité, le seul où un brigand n'enlève au voyageur qu'une portion de l'argent que renferme sa bourse. Peuple français, imiterez-vous le peuple anglais pour devenir *sage?*

Les Anglomanes regardent le système d'opposition introduit dans le gouvernement anglais, comme nécessaire et salutaire au bien de l'état. C'est soutenir que le vice est préférable à la vertu. Je conçois que chaque député doit avoir une opinion à lui, et s'opposer à l'exécution d'un projet présenté par le ministère, lorsqu'il pense de bonne foi que ce projet serait contraire à la prospérité de l'état ; je conçois encore que dans une assemblée délibérante, des membres peuvent appuyer un projet ministériel contre l'opinion de leurs collègues; qu'une loi peut être adoptée ou rejetée à la majorité, parce qu'une infinité de questions, soumises à des hommes très-instruits, sont résolues affirmativement par les uns et négativement par les autres; mais je ne conçois pas comment et pourquoi on désirerait voir introduire dans notre Chambre des Députés une opposition *à la manière anglaise*, qui porte le type de la corruption, le cachet de la honte et de la perversité. Eh quoi ! au lieu d'entendre nos députés donner franchement leur avis sur les grandes questions de l'intérêt national, approuver ou improuver selon l'impulsion de leur conscience, on préférerait les voir renouveler ces scènes scandaleuses des assemblées tumultueuses de notre révolution, et devenir d'effrontés cabaleurs; on préférerait les voir animés d'un faux zèle et d'un faux patriotisme, violer l'engagement sacré pris envers leurs mandataires ; s'opposer au parti ministériel ; importuner le Roi comme le font les députés anglais par leurs clameurs et leurs croassemens ; renverser souvent, par pur esprit de contradiction, les projets les plus utiles et les plus sensés ; dire des sottises et des injures à nos ministres ; affecter envers eux des personnalités grossières et dégoûtantes ; jouer le rôle des ambitieux et des factieux de la Grande-Bretagne ; vendre leurs suffrages pour des places, et ne consentir à se taire que lorsque l'on aurait appaisé leur fureur oratoire par quelques centaines de louis, et par une double ou triple portion d'*eau sucrée*. Ah ! s'il en était ainsi, les habitans du faubourg du Temple abandonneraient sans balancer les combats des dogues pour jouir d'un spectacle nouveau arrivé d'Angleterre ; en un mot, d'un charivari et d'une bacchanale *à l'anglaise*.

Mais les Anglomanes ignorent donc que les aboyeurs des communes ne sont point patriotes ; qu'ils dédaignent les intérêts de la nation ; qu'ils ne sont la plupart que des factieux qui, parvenus une fois au ministère, changent leur fusil d'épaule, marchent tambour battant sur les traces de ceux qu'ils ont supplantés, et deviennent à leur tour l'objet de leurs criailleries et de leur envie ; qu'ils ne jouent cette comédie politique que pour duper le peuple, qui croit que ses vrais amis sont les ennemis du prince et des ministres. Ils ignorent que le patriotisme est une passion noble et généreuse, qui proscrit les passions basses et sordides ; ils ignorent, enfin, que lord Chatam déclara un jour en plein parlement, que L'HONNEUR *est le seul* INTÉRÊT *de la France*, et L'INTÉRÊT *le seul* HONNEUR *de l'Angleterre.*

Cessons donc d'être Anglomanes et soyons Chinomanes. Le gouvernement de la Chine, est digne de fixer l'attention du philosophe et de l'homme d'état. Chez les peuples anciens et modernes, les lois civiles n'ont eu pour objet que la conservation de la propriété, de la vie et de la sûreté des citoyens ; en Chine, elles ont pour but la pratique de la saine morale, la conservation des sentimens de respect, d'estime, de bienveillance et d'amitié qui doivent unir tous les citoyens, prévenir l'injustice, la violence, les sujets de haine, en les réunissant en une seule famille, dont le Monarque est le père.

Les législateurs chinois ont connu les vrais principes de la politique ignorés en Europe. A la Chine, la politique et la morale ne forment qu'une même science et sont l'objet d'une même étude : toutes les lois positives, basées sur la loi naturelle, tendent à maintenir la forme du gouvernement et celle de l'administration.

La politique et la morale des Chinois, n'ont reçu aucune influence du caractère et des idées de leurs législateurs, étant indépendantes du climat et des évènemens immuables, comme les institutions de l'auteur de la nature : c'est sur cette morale qu'est réglée la vie particulière, civile et domestique des Chinois.

Les républiques de la Grèce, Rome et Carthage, ont cessé d'exister ; l'immense empire de Xercès n'est plus. Le voyageur cherche vainement, au milieu des déserts, les villes célèbres de l'Asie ; Babylone, Palmyre, Persépolis, offrent à peine quelques vestiges à son regard avide. Des révolutions ont agité l'Europe ancienne et moderne ; les peuples civilisés ont disparu ; les peuples barbares se sont civilisés, et le vaste empire de la Chine, qui florissait avant la naissance de Pélops et de Romulus, conserve encore ses mœurs, ses usages, la morale, la politique, le gouvernement, l'administration, institués par ses premiers princes, ses législateurs, contemporains d'Abraham, d'Isaac et de Jacob. Comme les peuples d'Europe, la Chine a néanmoins éprouvé des révolutions, et soutenu de longues guerres ; elle fut gouvernée par des empereurs tyrans ou incapables, infectée par les progrès du luxe, par la cupidité, par des superstitions dangereuses ; elle fut enfin plusieurs fois conquise par les nations barbares.

« A la Chine, dit Montesquieu, les maximes sont indestructibles ; elles sont confondues avec les lois et les mœurs ; les législateurs ont plus fait encore ; ils ont confondu la religion, les mœurs, les lois et les manières. Tout cela fut morale, tout cela fut vertu. Ces quatre points furent ce qu'on appelle les *rites*. Les législateurs eurent, pour principal objet, la tranquillité de l'empire ; c'est dans la subordination qu'ils aperçurent les moyens les plus propres à la maintenir dans cette idée ; ils croyaient devoir inspirer du respect pour les pères ; ils rassemblèrent toutes leurs forces pour cela ; ils établirent une infinité de rites et de cérémonies, pour les honorer pendant leur vie et après leur mort. Il était impossible d'honorer les pères morts, sans être porté à les honorer vivans. La vénération pour les pères, était nécessairement liée à tout ce qui représentait les pères, les vieillards, les maîtres, les magistrats, l'empereur (l'Être suprême) : elle supposait un retour d'amour pour les enfans, et, par conséquent, le même retour des vieillards aux jeunes gens, des magistrats à leurs subordonnés, de l'empereur à ses sujets, et de la bonté du Créateur envers les créatures raisonnables : tout cela formait les rites, et ces rites l'esprit général de la nation. »

On a prétendu que le gouvernement de la Chine était despotique, on s'est trompé. Le despotisme n'est soumis à aucune loi. Le despote gouverne au gré de ses caprices et de sa volonté. L'empereur, il est vrai, exerce seul la puissance souveraine; mais il est l'exécuteur des lois fondamentales de l'état. Le gouvernement chinois est la monarchie absolue combinée avec le gouvernement paternel. Il faut que le souverain, tout-puissant comme empereur, soit très-bon comme père; qu'il n'use de sa puissance que pour l'utilité publique et le bonheur du peuple : telle est l'essence des lois fondamentales des Chinois. L'empereur est donc soumis aux lois de l'état, établies sur le droit naturel, de telle manière que le souverain, ne pouvant faire le mal, a tout le pouvoir de faire le bien.

Nul peuple n'est plus soumis à son souverain que le peuple Chinois. C'est, sans doute, pour cette raison que quelques écrivains le regardent comme superstitieux. Les Chinois se prosternent à la vue de l'empereur, parce qu'ils le considèrent comme le père de la grande famille, et qu'ils ont, pour lui, la plus profonde vénération;

ils observent envers lui une obéissance filiale, parce qu'il doit les aimer comme un père.

Les empereurs de la Chine gouvernent avec beaucoup de sagesse et d'équité, et se font une étude de faire éclater leur affection paternelle envers leurs sujets.

Le peuple Chinois éprouva une affreuse disette; l'empereur, ayant assemblé ses mandarins, se dépouilla en leur présence, se revêtit d'un habit de paille, marcha, la tête et les pieds nuds, vers une haute montagne, se prosterna, et adressa à l'Être suprême la prière suivante: « Seigneur, vous n'ignorez pas nos misères, ce sont mes fautes qui les ont attirées sur mon peuple, et je viens ici pour en faire un humble aveu. Permettez-moi, souverain maître du monde, de vous demander ce qui vous a déplu en ma personne: est-ce la magnificence de mon palais? j'aurai soin d'en retrancher; est-ce l'abondance des mets et la délicatesse de ma table? on n'y verra que frugalité. S'il vous faut une victime, je consens de bon cœur à mourir; mais épargnez ces bons peuples. Que la pluie tombe sur nos campagnes pour soulager leurs besoins, et la foudre sur ma tête pour satisfaire à votre justice. »

Un grand nombre d'empereurs, ont donné,

dans beaucoup d'occasions, des preuves de leur religion et de leur amour pour leurs sujets. Les souverains chinois ont toujours regardé comme une de leurs principales obligations, celles d'observer les lois, les rites primitifs, et de remplir les fonctions qu'ils prescrivent.

C'est à l'instruction, et à l'éducation nationale, que les Chinois sont redevables de leurs vertus morales et civiles. Les premiers législateurs, ainsi que Confucius, avaient pensé, long-temps avant les philosophes Grecs, Romains et modernes, que l'homme est destiné, par la nature, à vivre en société, en famille; qu'il reçoit en naissant toutes les facultés intellectuelles, et toutes les inclinations propres à le conduire à cette fin. Ils jugèrent qu'il fallait diriger la droiture primitive de son être, et la maintenir dans cet état; ils éclairèrent le peuple sur ses devoirs réciproques, et sur la liaison de ses devoirs avec son bonheur. Pour obliger les citoyens à remplir ces devoirs, ils firent des réglemens capables d'imprimer une bonne direction au cœur humain; ils établirent une *éducation nationale.*

Les soins que les Chinois donnent à l'éducation nationale, rendent cet empire unique à cet égard; ils ont par ce moyen assuré la stabilité dont il jouit, depuis plus de *quarante siècles*, sans interruption. Les législateurs avaient pensé que, sans l'instruction constante et générale des lois naturelles, de l'ordre social et de la justice, il est impossible qu'un état parvienne à une prospérité réelle et surtout durable ; que chez un peuple où les préjugés de l'enfance sont fondés sur la raison, où l'instruction affermit ces préjugés, chacun connaît l'objet de la réunion des hommes en société, et les devoirs qu'ils ont à observer ; que ces préjugés, l'intelligence et la raison, composent une force telle que, gravée dans le cœur de tous, elle devient la loi suprême, la règle de la conduite ; l'erreur ne peut la vaincre, le désordre ne peut la détruire ni l'altérer.

« Ces législateurs, dit un écrivain, formèrent la Chine sur le modèle d'une grande famille ; ils jugèrent que pour affermir les citoyens dans l'état de paix et d'union dont ils jouissaient, que pour y rappeler ceux qui s'en étaient écartés, il fallait les éclairer sur les devoirs que la nature a prescrits aux membres d'une famille ; les convaincre que leur propre bonheur et la conservation de la société dépendaient de leur fidélité à remplir ces devoirs ; en sorte qu'aucun d'eux ne fût porté à les violer, sans être obligé de juger qu'il allait devenir un mauvais père, un fils ingrat, un frère dénaturé, en portant une atteinte funeste au bonheur public, en encourant la haine du Tien (Dieu), en attirant sur lui-même l'opprobre, la honte et le malheur; ils ajoutèrent à la force de l'institution l'autorité des lois, en faisant des obligations civiles de tous les devoirs que la morale prescrivait, et portèrent ainsi les citoyens à remplir ces devoirs par les motifs les plus puissans sur le cœur humain.

En Chine, les livres classiques qui renferment les lois fondamentales de l'état, sont entre les mains de toutes les classes du peuple; c'est par cette raison que ces enseignemens forment un lien sacré et habituel entre le monarque et ses sujets.

Dans la Grande-Bretagne, le souverain est le chef de l'église; en Chine, l'empereur Tohan-Hio, bien des siècles avant le roi d'Angleterre, avait réuni le sacerdoce à l'Empire, pour éviter les troubles et les divisions fomentées par les prêtres, qui voulurent, comme ceux d'Europe, s'attribuer le pouvoir temporel. En cela, les Anglais ont encore imité les Chinois.

On cite depuis long-temps le gouvernement anglais comme une monarchie modérée, unie à une démocratie limitée. En Chine, les droits du peuple ne sont point défendus par des représentans, parce que l'immense étendue du territoire, peuplé de 150 millions d'habitans, apporterait des obstacles à une représentation. Une Chambre de représentans des provinces serait composée de 3 à 4 mille individus. Ce gouvernement est admirable, en cela même que les administrateurs, leurs subordonnés, les lois fondamentales et l'éducation nationale sont les garans de la liberté individuelle et de la propriété, parce que les lois établies à perpétuité y sont observées. De nouvelles lois chaque année deviendraient inutiles et jeteraient de la confusion dans l'administration d'un aussi vaste état. D'ailleurs, la multiplicité des lois n'est pas le signe caractéristique d'un bon gouvernement.

Par l'éducation que reçoivent les Chinois, chacun d'eux voit que son bonheur particulier, celui de la société, la conservation de l'empire même, dépendent de la fidélité observée par l'empereur, les ministres, les mandarins à remplir leurs devoirs implicitement renfermés dans les lois fondamentales ; que leur violation tend à renverser les usages et les lois, qui font la base de la sécurité, de la liberté et de la félicité. C'est cette opinion, prise dès l'enfance et devenue l'esprit de la nation, qui a opposé une résistance invincible aux entreprises tyranniques de quelques empereurs.

Les mandarins ont toujours joui du droit de

remontrances, mais avec plus d'étendue que nos parlemens. Ce droit y est exercé publiquement par les tribunaux et par les gouverneurs des provinces et des villes. Les décrets de l'empereur n'ont force de loi que par l'enregistrement dans les tribunaux souverains.

Les kolis exercent la censure sur tous les magistrats ; la conduite de l'empereur n'en est pas exempte lorsqu'elle déroge aux règlemens et aux lois de l'état. Ces censeurs parcourent les provinces pour découvrir et dénoncer les mandarins prévaricateurs.

Toutes les administrations sont confiées aux mandarins, qui exercent des pouvoirs étendus, quoique subordonnés à d'autres mandarins. Les vice-rois et les gouverneurs de provinces sont sous les ordres des ministres, dont le conseil est présidé par l'empereur.

Tous les magistrats, considérés comme les pères d'une division de la grande famille, sont très-respectés par le peuple ; institués pour le protéger, ils sont toujours prêts à l'entendre et à lui rendre justice. Les lois défendent au magistrat de recevoir des présens ; il perd sa place, s'il est convaincu d'en avoir accepté ; il est puni de mort, si le présent vaut 80 onces.

Aucun gouvernement n'a pris autant de précaution pour empêcher les magistrats de commettre des exactions et des injustices. Tous les trois ans, on examine la conduite de tous les adminitsrateurs; chacun d'eux rédige des notes sur ses subordonnés, et ainsi jusqu'aux dernières places : ces notes sont visées de nouveau par les mandarins supérieurs. On destitue ou l'on récompense. Que peut faire de plus un gouvernement pour maintenir l'ordre et la justice? Lui reprocherait-on néanmoins des abus qui pourraient se glisser et dont il ne serait pas instruit? Mais, les passions des hommes qui forcent l'ordre ne sont pas les vices d'une administration qui réprime.

Toutes les sectes et religions sont tolérées. L'exercice en est soumis à l'inspecteur de la police, pour prévenir les atteintes qu'elles pourraient porter, soit au repos des citoyens, soit à la religion nationale comprise dans la constitution du gouvernement.

Les Chinois jouissent de leur propriété; les enfans héritent de leurs pères, de leurs parens, suivant le droit de succession. La propriété est respectée.

L'art de l'agriculture est portée chez eux à un grand degré de perfection; on ne rencontre pas un seul côteau, ni un seul coin de terre inculte.

L'auteur de l'*Esprit des Lois*, dont j'ai cité l'opinion sur les lois fondamentales de la Chine, me semble être en contradiction avec lui-même, lorsqu'il dit : « Nos missionnaires parlent de l'empire de la Chine comme d'un gouvernement admirable, qui mêle dans son principe la crainte, l'honneur et la vertu. J'ignore ce que c'est que cet honneur chez un peuple qui ne fait rien qu'à coups de bâton. » Chaque peuple a ses lois pénales : les uns administrent des coups de bâton, d'autres des coups de verges, de courroies, etc.

Montesquieu est du nombre de ces écrivains qui ont regardé le gouvernement chinois comme despotique, étonnés de trouver des sujets heureux sous une monarchie absolue, en remarquant dans ce gouvernement des contradictions manifestes à l'égard de leur système politique et des idées qu'ils avaient publiées.

Supposons l'Angleterre privée de son parlement, sa monarchie sera aussi absolue que celle de la Chine. L'Angleterre, dira-t-on, a ses Constitutions ; mais la Chine a ses lois fondamentales. Ces deux gouvernemens ne diffèrent donc que par la représentation. Cette représentation est balancée en Chine par les droits des mandarins, qui tiennent en respect la puissance exécutive, et qui sont les soutiens et les vrais représentans du peuple chinois.

Si l'on réfléchit sur les Constitutions du gouvernement de la Chine, on reconnaîtra que la durée et la prospérité permanente de cet état reposent sur l'exécution des lois naturelles. Cet empire présente l'exemple d'un gouvernement fondé sur des bases indestructibles; il nous prouve que l'inconstance et la variabilité des états qui ont existé et cessé d'exister n'ont eu d'autres règles que les caprices, l'inconstance et les passions des hommes. On attache aux nations une sorte de fatalité en pensant qu'elles doivent avoir parce qu'elles ont eu un commencement, leurs progrès, leur décadence et leur fin : on en conclut que la dissolution des sociétés politiques et les déréglemens des gouvernemens tiennent à l'ordre naturel des choses et des circonstances, tandis qu'au contraire cette variété dérive de l'inexécution des lois de l'ordre naturel, immuables et perpétuelles, puisque toute prévarication à ces lois entraîne des troubles, des révoltes, des séditions et la ruine des nations. On sera frappé de ces vérités en considérant que les états du Grand-Mogol ont été partagés par ses vassaux; que l'empire Ottoman est sans cesse en guerre avec ses pachas, qui sont autant de petits souverains, tributaires de l'empereur; et que le vaste empire de la Chine, quoique conquis plusieurs fois pendant l'espace de quatre mille ans, est resté intact : aucun vice-roi ne s'est rendu indépendant, aucun gouverneur n'a secoué le joug, aucune province ne fut détachée de l'Etat par l'effet des révolutions et des conquêtes.

L'exposition des enfans, que l'on reproche avec raison aux Chinois, est une suite de l'augmentation progressive de la population. Le gouvernement a, dans tous les temps, dédaigné le commerce étranger; la conduite des Européens sur les côtes de cet état a fortifié cette espèce de mépris que le peuple de la Chine porte à tous les étrangers. Si les derniers empereurs chinois eussent été plus éclairés sur les rapports du commerce extérieur avec le commerce intérieur, ils eussent senti qu'il était essentiel de diriger la partie surabondante de la population vers une nouvelle industrie, en introduisant dans leurs ports le commerce de transport, et en établissant des colonies. Si jamais la Chine éprouve quelque catastrophe, elle ne sera infailliblement que le résultat de l'insouciance du gouvernement à l'égard de l'accroissement de la population, et l'effet d'un préjugé en quelque sorte indestructible qui le porte à ne dévier en aucune manière de la route tracée par les premiers empereurs.

Nous le possédons enfin le gouvernement de notre Charlemagne ; conservons-le ; faisons-lui subir, dès sa naissance, les modifications que les lumières et les leçons de l'expérience semblent exiger. Soyons Français ; ayons des opinions à nous ; imitons les vertus des autres peuples, quelles que soient les parties du monde qu'ils habitent ; adoptons leurs lois et leurs règlemens utiles, mais proscrivons leurs vices ; ne soyons point les imitateurs de leurs erreurs et de leurs sottises. Établissons nos lois civiles et politiques sur les bases posées par les lois naturelles. Rappelons-nous le conseil de Ciceron : « La principale chose qu'un gouvernement doit observer, c'est de prendre garde que le bien de chaque particulier lui soit conservé, et que jamais l'autorité publique y porte atteinte. » Rappelons-nous sans cesse cette maxime d'un Empereur chinois : *Que le bon gouvernement consiste à prévenir les troubles, à conserver l'empire sans danger ; que lorsque les peuples sont bien nourris et bien vêtus*, LA VERTU RÈGNE.

# SERMON

## D'UN CHINOMANE,

### A SES COMPATRIOTES.

Mes très-chers frères,

Vous avez fait tant de sottises, j'aurais tant de choses à vous dire, que ne sais vraiment par où commencer : soyez convaincus que je ne suis indécis que par l'embarras du choix.

Avouez, mes frères, que vous êtes de bien drôles de gens et singuliers originaux ; vous vous êtes révolutionnés, et, pour manifester vos idées libérales, vous avez crié : *Aux armes! citoyens ; qu'un sang impur abreuve nos sillons.* Cette cantate n'annonçait pas des sentimens très-pacifiques, et le prélude devait donner une idée du diapason auquel vous alliez vous élever. Les honnêtes citoyens ne voyaient en France aucun sang impur qui pût fertiliser vos moissons ; mais, hélas! le sang des nobles, des prêtres des riches et des..... a coulé. Je ne vous rappellerais pas ces funestes époques, si l'an dernier vous n'aviez paru disposés à recommencer: mais éloignons de notre pensée de si tristes souvenirs.

Vous avez dansé la *Carmagnole;* plût à Dieu que vous ne l'eussiez jamais dansée cette carmagnole, car cette fureur pour la danse a failli nous faire sauter tous; nous n'aurions point à gémir sur nos malheurs passés et présens!

En chantant l'air chéri d'*Ah! çà ira*, vous vous flattiez d'un fol espoir; çà n'a pas été comme vous le souhaitiez, çà ne va pas comme nous le désirions, nous qui sommes chargés de l'expiation de vos erreurs : cependant vous n'avez exécuté que trop de projets criminels.

Réunis en république, vous vous promettiez merveilles, en croyant que le pain vous tomberait du ciel, comme la manne tomba jadis pour les Israélites dans le désert.

Vous avez voulu mettre à la lanterne un petit abbé, qui vous répondit fort judicieusement que vous n'y verriez pas plus clair. Il avait bien raison, le malin abbé; car quoiqu'*illuminés*, vous avez marché à tâtons dans le chemin du bonheur, et vous vous êtes tellement égarés, qu'on vous considère comme des hommes perdus.

Vous avez formé des sociétés populaires qui tyrannisèrent les honnêtes gens ; en jurant haine aux tyrans, vous juriez haine à vous-mêmes ; ce qui prouve que vous ne vous entendiez pas ; que votre esprit était dans les espaces imaginaires, et votre ame dans le corps des frères et amis. Vous, frères? vous, amis? ah ! dites plutôt que vous étiez des diables ; que vos réunions représentaient l'enfer, où vous attisiez le feu de la guerre civile pour allumer le brandon de la discorde, et entretenir l'incendie qui devait engloutir le repos de la France, la fortune et le bonheur du peuple.

Vous prêchiez l'égalité en vous emparant des biens de vos victimes, en tâchant de vous élever au-dessus de vos égaux.

Vous vous déclariez les apôtres de la liberté, en professant des maximes sanguinaires, en violant la demeure de l'homme paisible, en promulgant la loi des suspects, en renversant les autels, en proscrivant tous les cultes, en jugeant vos semblables sans formes et sans procès, en changeant les monastères en prisons d'état.

Vous avez chanté le *Reveil du Peuple*, lorsque vous faisiez circuler dans tous ses membres le poison somnifère de la terreur.

Vous nous avez donné un directoire qui

nous dirigea de Carybde en Sylla. Au milieu d'une tempête, nous échouâmes sur un triumvirat qui, trouvant que nous étions un trop lourd fardeau pour lui, n'eut qu'un coup d'épaule à donner pour nous faire tomber sous la curatelle d'un prince du sang.

Habiles comédiens, doués du don des langues, vous avez traduit et imité la grande tragédie de la révolution anglaise. Les Anglais firent périr Charles Ier. sur l'échafaud, pour goûter les douceurs d'une république. L'anglomanie vous porta à suivre l'exemple de vos voisins, et le roi de France éprouva le même sort que le roi d'Angleterre avait subi un siècle auparavant. La fière république anglicane courba sa tête altière sous le joug que lui imposa un protecteur, un Cromwel. Ennuyés de la liberté républicaine, qui ne vous offrait pas le bonheur, ne voyant point en elle la terre promise, vous vous êtes livrés à un protecteur qui protégea la France, l'Italie, l'Espagne, la Dalmatie, la Suisse, l'Allemagne, la Pologne; son aigle protégea la Russie inférieure, en étendant son envergure jusques au palais des czars; mais, ne pouvant résister à la chaleur des feux du Kremlin, elle se brûla l'aile, revint par étapes, *de clocher en clocher jusques aux tours de Notre-Dame*, jurant, mais un peu tard, qu'on ne l'y prendrait plus. Le protecteur cessant d'être protégé par le dieu des combats et par les peuples qu'il protégeait, renonça à sa protection. L'histoire de la Grande-Bretagne vous indiqua ce qu'il vous restait à faire. Les Anglais avaient redemandé Charles II, vous rappelâtes l'héritier légitime du trône de Louis XVI. Vous étiez heureux, vous touchiez au terme de vos malheurs, et vos plaies se cicatrisaient lorsque vous vous sentîtes atteints d'un nouvel accès d'anglomanie. Vous tournâtes vos armes contre le souverain légitime, quoiqu'il eût reconnu vos droits en signant la Charte constitutionnelle; mais il fallait que les destinées s'accomplissent, car Jacques II fut détrôné par les Grands-Bretons. Les Anglais échangèrent la famille des Stuarts pour la maison d'Hanovre. Nous possédons encore la maison de Bourbon. Cette scène est la seule qui diffère dans la traduction de la tragédie anglaise; d'où je conclus que les pièces françaises sont terminées par un dénouement plus naturel.

Nous sommes donc ce que nous étions *in statu quo antè bellum*. Nous avions, il est vrai, ce que nous n'avons pas pour faire des conquêtes; mais ils sont passés ces jours de fêtes, espérons qu'ils ne reviendront plus. Tâchons de reconquérir le bonheur. Depuis si long-temps que nous courons après lui, par quelle fatalité, mes frères, ne l'avons-nous pas rencontré? Au lieu d'*aux armes! citoyens*, d'*ah! çà ira*, de *la Carmagnole*, on chante *Vive Henri quatre!* et *Charmante Gabrielle*, petites chansonnettes beaucoup plus patriotiques et plus doucereuses, que l'on chanterait à plein gosier si les voix n'étaient altérées par des souffrances physiques et morales.

Mais, hélas! le repentir n'est point encore dans vos cœurs; vous n'avez point renoncé à Satan, à ses pompes et à ses œuvres.

Vous dites que les Bourbons ne peuvent nous gouverner; qui donc nous gouvernera, car il nous faut un gouvernement? Auriez-vous perdu la mémoire? Voudriez-vous une république? Ah! mes frères! votre république, *res publicà*, *la chose publique*, n'est qu'une femme galante qui vend ses faveurs au plus offrant et dernier enchérisseur, et reçoit la mort de la main de l'adorateur qui naguères la caressait, ou qui, terminant ses jours dans le désordre et la prostitution, finit par périr de débauche et de misère.

Comme vous avez plus d'une corde à votre arc, vous parlez du prince royal des Pays-Bas, de l'archiduc Charles, du grand-duc Constantin. Voudriez-vous un nouveau consulat de trois personnes, ou choisiriez-vous l'une d'elles pour monarque ? Vous ignorez donc que ces princes vous connaissent ; qu'ils jugent les hommes par leurs actions ? Dussiez-vous leur jeter à la tête la couronne constitutionnelle de France, LL. AA. préféreraient en être quitte pour une bosse au front, et même pour un œil de moins, plutôt que d'ouvrir les bras pour la recevoir. Non, LL. AA. ne la recevraient pas pour un empire ; elles ne savent que trop bien comment vous arrangez vos souverains populaires, vos souverains illégitimes et vos rois légitimes : détrompez-vous.

Mais vous êtes tellement girouettes que j'apperçois vos têtes tourner du côté de Nicolas II. Ce petit bonhomme, j'en conviens, a donné de hautes espérances ; on le vit dans les rues, sur les boulevards, sur les places publiques, s'agenouiller, lever les yeux vers le Ciel, regarder d'où venait le vent, prier Dieu pour son père... et pour la France. Mais il portait des épaulettes de colonel, et..... vous m'entendez bien, ce petit Amour n'est-il pas le fils du *dieu Mars* ? Vous devez craindre qu'en grandissant, ses ailes, ses flèches et son carquois, lui soient enlevés par le souffle de l'adulation ; et qu'endossant un jour la cuirasse de son papa, il vous forge des fers sur l'enclume de Vulcain, tout comme a fait.... hum! hum! vous m'entendez bien. Ce petit prince, d'ailleurs, est né roi; il posséda, dès sa naissance, le vaste empire des Césars; que lui resterait-il à faire s'il était votre Empereur? La guerre des Titans ou la guerre des Dieux..... avouez que vous n'êtes pas de taille à entreprendre de pareilles croisades. Braves aux combats, vous n'êtes pas des Hercules. Voudriez-vous une régence féminine? Le Français, né galant, est un aimable troubadour qui ne reçoit la loi des belles que sur les théâtres, dans les boudoirs et les jardins d'Idalie, ou dans le royaume de Cythère. La France, depuis un siècle, a perdu la mémoire des régences; la génération actuelle ne peut en avoir qu'une très-mauvaise opinion, puisqu'elle ne connaît que les régences de Tunis, d'Alger, de Tripoli et d'Angleterre: elle sait que ce n'est pas là que l'on trouve le vrai bonheur!... Mais, y pensez-vous, mes frères? préfériez-vous voir sur le trône du bon Henri, sur celui du vertueux Louis XVI, une jolie petite figure enfantine, et qui plus est *étrangère*, au lieu d'une bonne grosse figure *française* et paternelle?

Mais, où vous conduiraient vos séditions,

vos rébellions ? à la guerre civile ! Chacun de de vous, peut-être, aspirerait à la royauté ; l'esprit de parti vous diviserait. Restés maîtres du champ de bataille, vous apercevriez, avec effroi, un père, un fils, un frère, immolés par vos barbares mains. Parricides, infanticides, fratricides, poursuivis par de terribles Euménides, réduits à suivre l'exemple du peuple des Marais, vous demanderiez un Roi à Jupiter. Le maître des Dieux vous répondrait d'une voix terrible : Race de Canaan, j'ai voulu ton bonheur ; tu as mis la barque à flot sur la mer orageuse des révolutions ; tu n'as point écouté ma voix, je t'abandonne, je te maudis. Aussitôt vous apparaîtraient les Syrènes d'Albion, qui, entourant votre poupe de guirlandes de fer, vous conduiraient à la remorque vers leur île, au milieu de concerts charmans, terminés par de grands feux d'*artifices*. Ah ! quel bouquet ! Pauvres Français ! que diriez-vous quand vous vous sentiriez harponnés par un animal amphibie, qui, depuis plus d'un siècle, a la mâchoire ouverte pour vous avaler ? En vain vous reconnaîtriez vos erreurs, vous vous lèveriez, vos chaînes rendraient vos efforts impuissans ; vous voudriez retourner vers vos illustres proscrits : vaine illusion ! Privés de vos vaisseaux, il ne vous resterait que des bateaux pêcheurs ; que feriez-vous sans votre boussole, et surtout si, comme je le prévois, vous finissiez par perdre la carte? Je vous dirais alors, le cœur navré de douleur, en partageant votre captivité : Ah! mes frères, mes frères, *qu'alliez-vous faire dans cette maudite galère!*

Que le bonheur public, qu'une étincelle de ce feu sacré réchauffe en vous l'amour de la patrie. Si la raison, si l'intérêt de la France, si la sécurité de vos familles n'exercent aucun pouvoir sur vos cœurs, que la crainte des Anglais dirigent vos actions vers un noble but. Les Anglais, dit-on, sont nos amis, soit ; mais ne peut-on pas leur dire : Vous nous serrez de trop près ; vous nous étoufferez sous le poids de vos caresses. Ah! de grâce, éloignez-vous, et laissez-nous respirer. Si l'on formait un ostracisme pour exiler de notre territoire les légions anglo-bretonnes, j'imiterais cet Athénien qui condamna Aristide ; et j'écrirais sur une écaille d'huître de Plymouth, Falmouth ou de Portsmouth : *Je suis ennuyé de les entendre nommer nos amis.*

Quand je pense à l'*étonnante* amitié des Anglais, je songe à la comédie du Tartuffe, ou je me rappelle les paroles que Laocoon adressa aux soldats d'Ilion : *Timeo danaos et dona ferentes.* Je suis tenté de dire aux habitans de Lutèce : *Timeo anglicanos et amicitiam ferentes.* Ce latin ne vaut pas celui de Virgile ; mais, vous m'entendez bien, mes frères, vous me comprenez, *sufficit.*

Vous criez *à bas la calotte!* en seriez-vous plus avancés si vous les faisiez sauter toutes? plus de calottes, point de cultes. Vous sentez-vous en état de marcher seuls dans le chemin de la vie, vous, mes frères, qui, comme des enfans à la lisière, avez si souvent bronché et fait tant de faux pas; vous qui n'êtes que plaies, bosses et contusions; vous qui vous êtes vautrés dans la fange des révolutions? Fi donc! ayez moins de prévention. Si ne pas respecter la calotte est chez vous un besoin plus fort que nature, faites-la respecter à vos enfans, recommandez-les au prône, et taisez-vous.

Quels crimes ont commis les prêtres? les uns, observant la règle de toutes les vertus, ont pratiqué les devoirs que leur imposait leur saint ministère; les autres, au lieu de bien boire, de bien manger, de s'engraisser comme des moines, auraient dû montrer l'exemple de la tempérance, j'en conviens; d'autres se sont livrés à la concupiscence, tentés par le démon de la fornication. N'étaient-ils pas hommes comme vous ? N'êtes-vous pas, ainsi qu'eux fornicateurs, concupiscens, intempérans, et quelque chose de plus ? Le premier ne toucha-t-il pas au fruit défendu ?

Les femmes de quelques-uns d'entre vous, il est vrai, ont donné le jour à des enfans dont leurs maris n'étaient pas les pères. Est-ce la faute des Prêtres si ces femmes se sont mal comportées, si elles ont reçu de la nature un penchant libidineux, une forte propension vers les plaisirs clandestins, un goût décidé pour les amusemens occultes, vices qui n'ont point été réprimés par de sages exemples de votre part, et par une bonne éducation ? Les prêtres étaient-ils des étourneaux comme vous ? ont-ils criés vive la Nation ! vive la Convention ! vive la République ! vive le Consul ! vive l'Empereur ! vive le Roi ! puis, vive l'Empereur ! Ah ! mes frères ! grâce pour des hommes coupables sans préméditation ! Considérez donc que jadis le sacerdoce était si richement doté, que chaque chef de famille voulait lancer au moins un de ses enfans dans la carrière ecclésiastique. Les pères exercèrent un pouvoir despotique, en exigeant des vœux forcés. Il en résulta que ces enfans devenus hommes, et curés contre leur volonté, alléchés par la sensualité que leur offrait leur position prospère, suivirent l'impulsion de leurs sens et de leurs passions. On condamna à vivre dans les temples et dans les monastères, des hommes qui, abandonnés à leur vocation ou à leur penchant naturel, seraient devenus, les uns des militaires, des avocats, de gros fermiers, des marchands, des négocians, des procureurs ; les autres des gastronomes, de bons vivans, des hommes du monde ; d'autres des damoiseaux, des petit-maîtres et des conteurs de fleurettes.

Ne sont-ils pas assez punis de quelques fautes, par les mauvais traitemens que vous leur avez fait éprouver? Privés de certaines prérogatives, ils ont été avilis, humiliés, chassés, *envoyés en purgatoire* par vous, qui vous annonciez ministres des autels, souverains pontifes et sacrificateurs.... par vous, qui aviez emprunté la foudre de l'amant de Sémélé ; par vous qui, armés de la tête de Méduse et de la mâchoire d'âne de Samson, opériez tant de miracles ; par vous, enfin, qui rendiez des oracles, présidiez aux aruspices, et n'étiez, au fond, que des oiseaux de mauvais augure.

Vous leur avez dit : Citoyen, tu es suspect, car tu n'abandonne point le culte de ton Dieu, pour brûler ton encens au nez de notre déesse Liberté ; Citoyen, tu es suspect, parce que tu ne fraternises point avec tes frères et amis, en venant DÉRAISONNER *avec eux dans le temple de la* RAISON. Oui, mes frères, vous l'avez dit; ne me donnez point un démenti, je vous prie, car je vous dirais à mon tour : Citoyens, vous êtes suspects, très-suspects, et plus que suspects.

Vous criez : *à bas la noblesse!* Eh, mes frères! n'est-elle pas assez descendue par le droit et par le fait? Vous le savez, mais vous craignez qu'elle ne s'élève de nouveau et ne vous écrase un jour sous le poids de sa grandeur. Plaisante chimère! ces craintes ne m'étonnent pas. Vous avez fabriqué tant de Constitutions, que vous prenez les articles d'une Charte pour des fariboles, comme le fidèle serviteur du héros de la Manche prenait les moulins à vent pour des châteaux, et vous bâtissez des châteaux en Espagne. Les nobles ne se fient point à vous; ils se rappellent que vous avez secoué d'une main robuste la poussière de leurs vieux parchemins; que vous êtes prêts à recommencer la partie, car, au 20 mars, vous étiez en bon chemin; vous ressentîtes à cette époque quelques accès nouveaux de cette maladie délirante qui vous fit faire tant de folies, et dont vous ne paraissez pas être encore bien guéris. La chinomanie vous indiquera un baume salutaire, un remède efficace contre cette épilepsie politique qui finirait par disloquer tous les membres de votre corps. Pour revenir en parfaite santé, soyez chinomanes ; vous le serez, mes frères, à moins cependant que la nouveauté ait perdu son charme séducteur, et cet attrait irrésistible qui vous fit courir après elle mille et une fois.

Vous débitez tant d'absurdités, qu'un in-folio de deux ou trois mille pages ne suffirait pas pour les recueillir. Le Roi, dites-vous, a violé la Charte ; avez-vous tort, avez-vous raison ? c'est ce qu'il faut examiner avec impartialité. Vous êtes citoyens actifs, *et même un peu trop actifs*. En cette qualité vous avez voté, ou vous étiez libres de voter pour la nomination de vos électeurs, qui ont élu nos députés composant le Corps Législatif, et ces députés maintiennent l'exécution de la Charte. Il importe fort peu que quelques-uns d'entre vous ne l'aient point acceptée ; car s'il existe en France cinq millions de votans, si quatre millions neuf cent quatre-vingt-dix-neuf mille neuf cent quatre-vingt-dix-neuf donnent leur suffrage, il ne faudrait pas en concluré qu'un récalcitrant aurait le droit de troubler l'ordre et de conspirer contre le gouvernement qu'il n'approuverait pas. Ainsi donc, le petit nombre doit se conformer au vœu de la majorité, dont l'opinion et le consentement sont l'expression de la volonté générale. Vous avez donc accepté la Charte, il est de votre devoir de la respecter, d'observer ce qu'elle vous prescrit. C'est vous qui l'avez violée, cette Charte, en fomentant des dissentions domestiques et civiles, en forçant le Gouvernement à se mettre en garde contre les atteintes que vous tentez de porter à la tranquillité, à la liberté, à la sûreté du peuple dont il est conservateur. Le Roi a dérogé à l'esprit de la Charte, en plaçant beaucoup de nobles à la tête de toutes les administrations, en les nommant aux places qui se présentent successivement vacantes. Je voudrais voir dans toutes les fonctions administratives, un mélange parfait des membres de toutes les classes de la société.

J'avoue néanmoins que l'on ne peut blâmer le Roi de ces mesures; je ne suis cependant pas adulateur, et cette considération devrait vous engager à vous ranger de mon avis. Rappelez-vous qu'en 1814, tous les hommes employés sous le gouvernement impérial furent maintetenus; que le Roi était plein de sécurité et de confiance dans les fonctionnaires civils et militaires; que l'arrivée de l'usurpateur à Fontaine-bleau fut le signal du départ précipité de la famille royale. Qu'a fait le Roi à son retour? Sa Majesté réintégra encore les fonctionnaires qui existaient avant son départ; mais bientôt elle sentit la nécessité de faire de nouvelles réformes, commandées par la prudence, en songeant aux évènemens de 1815, aux causes qui les avaient produits. Sa Majesté a acquis la douloureuse expérience, qu'elle devait mettre à la tête des administrations, des nobles, parce que c'est dans cette classe d'individus qu'elle trouve ou qu'elle croit trouver le plus de fidélité et de dévouement: les nobles n'ont pas plus de droit que vous et moi aux emplois civils et militaires; mais le Roi, en s'écartant d'un des articles de la Charte, n'a point commis une violation en employant une mesure de répression dans l'intérêt du Gouvernement, dans l'intérêt de tous : *salus populi suprema lex esto*, le salut du peuple est la suprême loi. Faites comme moi, mes frères; ne lisez point dans l'avenir à l'égard des nobles; estimez ceux qui sont estimables; méprisez ceux qui méritent de l'être. Si quelqu'ancien seigneur, dans votre paroisse, s'arroge des droits en exigeant l'offerte du pain béni, *offrez-lui la Charte dans la corbeille du bedeau*; s'il récidive, bornez-vous à blesser son amour-propre, en lui disant avec civilité : *Nous ferons tout ce qu'il vous plaira*......, sauf NOTRE BON PLAISIR, MONSEIGNEUR.

Si votre curé vient d'un air d'autorité pour décimer vos moissons, ne lui jetez point de pierres à la tête ni de la boue sur sa soutane; ne faites point sauter sa calotte, mais engagez-le à retourner lire son bréviaire au presbytère, dussiez-vous mentir en lui assurant qu'il va tomber une pluie d'orage : vous ne serez point damnés pour une telle peccadille......, sermonez-le en tête à tête, et priez Dieu pour lui.

Vous vous plaignez de ce que la liberté de la presse est restreinte. J'avoue que cette liberté devrait être pleine et entière; mais songez-y bien, l'établissement de la censure n'est encore qu'une mesure *temporaire* de répression. Si cette liberté était illimitée, vous verriez bientôt paraître un essaim de petits nains politiques; vous en verriez des tricolores et de trente-six couleurs : ce serait une véritable arlequinade; vous entendriez crier le soir, sous vos croisées, dans la capitale, un nouveau père Duchêne qui vous apprendrait ce qui se serait passé de plus remarquable pendant la journée, dans les halles, les marchés, les tavernes et les tripots; vous vous réveilleriez en grommelant, en jurant, et vous réciteriez, comme par inspiration, ces deux vers de Boileau, en vous frottant les yeux :

Qui frappe l'air, bon Dieu! de ces horribles cris?
Est-ce donc pour veiller qu'on se couche à Paris?

D'ailleurs, les écrits qui feraient gémir les presses piqueraient la curiosité de nos Parisiens naturellement légers, frivoles, inconstans et soumis à l'empire de la nouveauté. Que deviendraient nos journalistes? le nombre de leurs abonnés diminuerait sensiblement. Chacun ici-bas ne vit-il pas de son métier? condamneriez-vous les auteurs et les rédacteurs qui marchent dans la bonne route, à redevenir ce qu'étaient leurs confrères au temps de Molière; à ne paraître en public qu'en habit-veste et culotte de bouracan noir rapé; les réduiriez-vous à loger au cinquième ou sixième étage, pour recevoir du ciel l'influence secrète; auriez-vous la barbarie de les forcer à ne vivre qu'en la compagnie des rats et des souris qui, vous le savez, sont les ennemis jurés des auteurs et surtout de leurs ouvrages, que ces petits satiriques se plaisent à mordre à belles dents. Non, mes frères, non; vous êtes trop humains pour être aussi cruels; prêchez, prêchez *la liberté* sans la licence, *l'égalité* sans la loi agraire; prêchez *l'unité* sociale, *l'indivisibilité* de la nation, *l'union* des sujets au Monarque, LA FRATERNITÉ SANS LA MORT, et vos écrits seront librement imprimés à la barbe des censeurs.

Priez Dieu pour les faux frères et les brebis égarées; mais ne les égorgez pas en les ramenant vers le troupeau : l'Éternel repousse les sacrifices humains. Nous ne verrons plus ce que nous avons vu *in illo tempore*.... Vous m'entendez bien. Mes très-chers frères, je vais vous faire une petite confidence bien anodine, bien bénigne : *vous ne savez ce que vous dites* ni *ce que vous faites* ni *ce que vous voulez*.

Déliez les cordons de vos bourses, mes frères; la France, cédant à la force des armes, a signé un engagement de 700 millions, aveuglément, et dans l'obscurité formée par le croisement de plus de 500 mille bayonnettes; il faut payer, mes frères; mes frères il le faut. C'est devant le tribunal de la postérité que vous accuserez les Souverains alliés d'avoir violé le droit des gens et le droit des nations. Le burin de l'impartiale histoire retracera leurs manifestes, leurs proclamations, le tableau de leur conduite, qui formeront la masse des pièces justificatives dans ce grand procès, ainsi que les aveux des officiers supérieurs de leurs armées, qui répondirent à un grand nombre de personnes qui s'empressaient de leur prouver leur attachement à la cause royale : *Allez-vous....* (vous m'entendez-bien) *avec votre Louis XVIII ; nous ne sommes point venus ici pour lui.* Ces paroles vous apprennent, mes frères, que les Souverains alliés ne se sont point armés dans l'intérêt de notre Roi ; qu'ils ont formé une croisade contre l'hydre politique dont les bataillons se renouvellaient sans cesse. *Français*, ont-ils dit, *nous ne déclarons point la guerre à la France*, *mais à celui qui vient troubler la tranquillité de vos familles ; mettez bas les armes ; ouvrez-nous vos portes*, *nous sommes vos amis.* Comme maître corbeau, ne vous sentant pas de joie, vous avez lâché votre proie en mettant bas les armes ; vous avez ouvert vos portes, et vous avez vu...., siècles futurs, pourrez-vous le croire ! vous avez vu vos amis.... les ennemis. Les alliés ont profité des dissensions intérieures qui régnaient parmi vous, pour émousser les traits que vous deviez diriger contre eux. Les phalanges nationales ne furent point grossies par la majorité. Les alliés n'ont servi que leur propre cause, et n'ont réussi dans leur entreprise, qu'en offrant au peuple français son roi légitime. Ce n'est qu'à l'aide de ce puissant talisman d'une vertu reconnue efficace, qu'ils sont parvenus à pénétrer sur le sol de votre patrie, jusques au milieu de vos pénates, et à renverser ce colosse formidable qui marcha tant de fois à pas de géant pour planter ses étendards sur le faîte des palais des souverains, car nos soldats, quoiqu'en nombre très-inférieur, ont long-temps disputé la victoire. Croyez les alliés sur parole, mes frères, *ils n'ont point déclaré la guerre à la France, mais à vos fortunes, à votre commerce, à votre prospérité.* Hélas! est-ce avec 700 millions qu'ils rendront un père à son fils, un fils à son père, un époux à son épouse, un frère à son frère? est-ce avec 700 millions qu'ils rendront à la vie ces victimes de l'inhumanité des Potentats, immolées aux champs de Waterloo.....? Quand l'Angleterre cessera-t-elle enfin de peser au poids de l'or, le repos et le bonheur des peuples? quand viendra-t-il ce moment où le cabinet anglais renoncera à l'horrible profession de marchand de chair humaine? C'est parce que les Anglais ont été assez *négligens* pour laisser échapper le souverain de l'île d'Elbe avec 1100 hommes et quelques vaisseaux, que je vois avec effroi cette nation figurer au nombre des alliés, et réclamer une part dans la contribution.....

Payez, mes frères, payez avec honneur une obligation deshonorante pour les bénéficiaires. Payez généreusement, pour les Anglais, les frais d'une guerre que leur EXTRÊME NÉGLIGENCE a causée. *Timeo anglicanos et* DONA *ferentes ;* je crains les Anglais, lors même qu'ils nous font CERTAINS PRÉSENS.

Ne confiez point la garde de votre territoire aux soldats de cette nation, qui n'a pu garder un petit homme dans une petite île.....Vous m'entendez bien. Aimez les Anglais individuellement, car un vieil adage vous dit qu'il y a de bonnes gens partout; mais surtout, *méfiez-vous de leur gouvernement*. Rappelez-vous, mes frères, que le royaume de Priam ne renferma qu'un cheval de bois, créature inanimée, et que la France nourrit des milliers de chevaux anglais, etc. qui mangent votre pain quotidien. Détachez-vous des biens de ce monde, vous trouverez vos sacrifices centuplés par le bonheur dont vous jouirez dans une autre vie politique.

Renoncez pour toujours à l'anglomanie, et même à la francomanie; embrassez la chinomanie. Eh quoi! vous hochez la tête; vous dites: cet homme nous ennuie avec sa chinomanie. Ah! mes frères, ne condamnez pas cet homme sans l'entendre. Ces bons économistes que l'on a qualifiés si injustement du titre de sectaires, parce qu'ils n'étaient ni entendus ni compris; ces bons économistes brodaient de la chinomanie sans s'en apercevoir, comme ce pauvre

M. Jourdain, bourgeois et gentilhomme, faisait de la prose sans le savoir.

La chinomanie vous apprend que la France ne renferme qu'une grande famille dont le monarque n'est ni le tyran ni le despote, mais le père, et que vous devez le regarder comme tel. Dieu vous l'ordonne, pauvres pécheurs. *Ossa arida audite verbum Dei. Ossa arida*, mes frères, signifie vieilles carcasses; vieilles carcasses, mes frères, écoutez la parole de Dieu.

La chinomanie vous apprend que les ecclésiastiques sont les enfans privilégiés par leur instruction et leur éducation, choisis par le père de famille, pour diriger leurs frères vers la pratique de la vertu, en les maintenant par leurs sages conseils et leur exemple dans la soumission due à l'autorité paternelle.

Que les représentans de la nation sont les élus chargés par la grande famille, éparse sur une immensité de territoire, d'exposer au père de famille les besoins de ses enfans, en lui indiquant les moyens d'ajouter à leur félicité.

Que les Pairs sont les sages de la grande famille, dépositaires des conventions sociales et patrimoniales, chargés de juger la nature et la validité des demandes et des réclamations soumises par l'organe des élus; que leur sollicitude ne peut avoir d'autre objet que de resserrer les nœuds qui unissent les frères entr'eux et les enfans au père de famille.

Que les administrateurs partagent une division et une subdivision de l'autorité paternelle qui leur est confiée par le père ; qu'ils doivent par conséquent secourir le faible contre le fort, *et non le fort contre le faible*, protéger l'orphelin sans appui, sans défense, par tous les moyens en leur pouvoir, et compter leurs jours par autant de bienfaits.

La chinomanie vous enseignera quels sont vos droits et vos devoirs comme membres d'une société civilisée, droits et devoirs que vous ignorez, et dont la connaissance restreindra vos énormes prétentions.

La chinomanie vous guidera dans les sombres détours du labyrinthe où vous vous êtes égarés ; elle vous conduira dans la bonne route et dans la voie du salut. Ah ! mes frères !

Aux mortels fatigués, le repos est bien cher.

Abjurez donc de bonne foi vos erreurs; ne soyez plus égoïstes et inconstans ; aimez votre patrie, votre gouvernement ; sondez la profondeur de l'abîme dans lequel vous vous êtes plongés ; éloignez de votre esprit toute idée de vengeance ; ne suivez point l'exemple de ces petits polissons qui, après avoir reçu un coup de poing, s'éloignent, en disant *tu me paieras çà*. Si nos amis, les ennemis, vous ont donné les étrivières, invitez-les à retourner chez eux, en leur jurant, parole de Français, de ne point leur faire payer çà, car l'argent que vous recevriez vous reviendrait à un taux si élevé, que les intérêts cumulés absorberaient le capital. *C'est le propre des grands cœurs de pardonner les injures*. Ces paroles sont tirées du bon homme Sénèque, qui n'était pas un sot ; elles sont d'ailleurs confirmées par les préceptes de votre religion. Oubliez les injures, mes frères, et l'Europe étonnée, admirant votre sagesse, s'écriera : c'est fier, mais c'est beau !

Ne suivez point les conseils de ces écrivains qui, au lieu de se borner à réformer quelques abus, ont voulu tout détruire, en tentant de saper la religion de fond en comble. Ce Voltaire était un fin matois qui n'écrivait pas tout ce qu'il pensait, et ne pensait pas tout ce qu'il écrivait. Ce Rousseau qui vous indiqua la règle de votre conduite, qui vous prêcha la tendresse paternelle, ce Jean-Jacques enfin n'était qu'un bon apôtre, qui fit, dit-on, claquer son fouet tout comme un autre.

Ce bon La Fontaine qui faisait penser, parler et agir les petits insectes et les animaux beaucoup mieux que vous ne pensez, ne parlez et n'agissez vous-mêmes, vous montre ce qu'il vous reste à faire. Les entretiens de la cigale et de la fourmi ont été la première substance dont votre mémoire s'est nourrie : ainsi que la cigale, vous avez chanté, dansé, carmagnolé; suivez l'exemple de la fourmi; rappelez-vous que dame grenouille tenta de s'enfler comme un bœuf, et que la chétive pécore s'enfla si bien qu'elle creva. Ne vous enflez pas, mes frères; laissez à l'orgueilleuse et jalouse Angleterre la triste satisfaction d'imiter la chétive pécore. Rappelez-vous que Jupin envoya aux grenouilles une grue qui les croqua toutes, et qui ne fit jamais de meilleur repas que ce jour-là. Si vous avez reçu des coups de pied, songez au lion mourant. L'histoire des deux pigeons vous invite à rester chez vous. N'oubliez pas que les aigles françaises volèrent jusques aux rives de la Moscowa, et qu'elles revinrent toutes déplumées pour avoir voulu plumer les oiseaux moscovites. Guérissez-vous de la pérégrinomanie, car vous êtes très-maniaques. Ne redoutez point les vengeances célestes, petites absurdités avec lesquelles on a bercé votre enfance. Craignez un Dieu juste et bon, qui ne se venge point comme le font de misérables mortels, mais qui sait punir les méchans.

> Celui qui met un frein à la fureur des flots,
> Sait aussi des méchans arrêter les complots.
> Ici tout est soumis à sa volonté sainte :
> Mes frères, craignez Dieu ; n'ayez point d'autre crainte.

Vivez en bons frères et en amis, mais plus de frères et amis. Réunissez-vous autour de votre Roi, non pas comme ce peuple, dit le *sage*, qui se presse et s'empresse de jeter de la boue sur la voiture de son souverain, et de lui lancer des pierres par la portière de son carrosse, en le saluant d'une nuée d'acclamations que l'on nomme *houra* en langue tartare, et *huée* en bon français ; mais en criant *vive le Roi!* non-seulement parce qu'il faut que tout le monde vive, mais encore parce que vous avez plus besoin de sa paternité que vous ne le pensez ; parce qu'enfin il ne peut vivre trop long-temps pour votre bonheur.

Puissent tous les cadrans qui marquent l'heure de la vengeance être à jamais brisés! Puissiez-vous ramener au sein de vos campagnes ces mœurs patriarchales de l'ancienne et romantique Suisse, et ces vertus pastorales que célébra la lyre du chantre de Mantoue! Puissiez-vous jouir d'un bonheur sans nuages, transmissible à vos enfans et aux générations futures! Puissiez-vous fixer en France la concorde et l'union de tous les citoyens, une paix éternelle et durable, *in sæcula sæculorum!* Tels sont les vœux d'un pauvre chinomane.

Ainsi soit-il.

---

## POLITIQUE ET MORALE.

### *Gouvernement. — Administration.*

La politique est la science du Gouvernement, ou l'art d'administrer un Etat. Elle embrasse la connaissance des mœurs, du caractère et de l'esprit public d'une nation.

Les fastes de l'Histoire consultés nous apprennent que les meurtres, les usurpations, le pillage, l'incendie, le malheur des peuples furent le résultat de la politique employée par chaque souverain qui ne suivit que l'impulsion qu'il reçut de ses caprices et de ses passions.

Sous le régime de l'inféodation, la politique fut dirigée par la force et l'arbitraire; elle ne respecta, dans ces temps de barbarie, ni les mœurs, ni l'honneur; elle fut sourde à la voix de la raison, de l'humanité et au cri de la nature.

Jusqu'au dix-septième siècle, la politique fut considérée comme un mystère dont la connaissance n'était réservée qu'aux rois et à leurs ministres : n'étant établie sur aucun principe certain, elle enfanta des désordres qui se succédèrent rapidement, et les abus se multiplièrent.

Les croisades, sous saint Louis, arrêtèrent les progrès de la saine politique soumise au joug de la superstition. L'étude des lois romaines commença à jeter quelque jour sur la politique, sous Philippe-le-Hardi. Plusieurs écrivains s'occupèrent de l'interprétation des lois, sans en examiner la justice, sans remonter aux principes et sans songer à les établir. Ces ouvrages eurent le sort des livres de controverse.

Le machiavélisme, professé à la Cour sous Charles IX et Henri III, introduit par Catherine de Médicis, qui tenait alors le timon des affaires, fit faire un pas rétrograde à la marche de la saine politique. Les désordres qui résultèrent de la pratique de ces fausses maximes firent éclore plusieurs ouvrages pleins de bon sens et de patriotisme; des opinions lumineuses furent émises dans les assemblées des États.

Chaque siècle ayant apporté de nouvelles lumières, la politique fut établie sur des principes malheureusement ignorés ou trop méconnus des hommes d'état.

La politique et la morale, divisées chez tous

les peuples civilisés, ne doivent former qu'une même science établie sur les lois naturelles.

Sans la connaissance des lois naturelles, l'homme n'a nulle règle dans sa conduite, nulle distinction pour lui de l'ordre physique et de l'ordre moral ; il ignore le rapport de l'intérêt privé avec l'intérêt général, les causes de la prospérité des nations, les moyens de remédier aux malheurs qu'elles éprouvent ; il ignore, enfin, ses droits comme homme privé, et ses devoirs comme homme social. C'est à cette ignorance qu'il faut attribuer cette multitude de lois sans cesse publiées et successivement abrogées. C'est cet oubli des vrais principes qui introduit tant de vices et d'abus dans l'administration des gouvernemens. Le droit naturel n'est plus respecté, la trop grande inégalité dans les fortunes est le fruit des exactions et de la dépravation des mœurs, et les dépenses des riches circulent par des canaux tout-à fait étrangers à la source des richesses. L'affreuse misère gîte près de l'extrême opulence; le pauvre sans travail est privé du nécessaire; la mendicité, le vagabondage conduisent à l'immoralité et enfantent le crime. La loi punit lorsqu'elle devrait éviter à l'homme les occasions de devenir criminel, en respectant ses droits, en lui indiquant ses devoirs.

Les lois naturelles sont gravées en caractères indélébiles dans le grand livre de la Nature. Les gouvernemens ne devant s'écarter de l'ordre naturel, la politique ou la science de l'administration générale d'un état doit s'identifier et se confondre avec la morale fondée sur la connaissance des lois de la nature instituées par l'Être suprême.

La politique et la morale, immuables par leur essence, sont évidemment établies sur des principes fondamentaux. C'est de la pratique de ces principes que dépendent l'existence précaire ou durable des sociétés politiques, la sûreté et le bonheur de chaque membre du corps social. Or, le droit naturel des citoyens étant implicitement renfermé dans les lois primitives, les lois politiques et civiles promulguées par les gouvernemens doivent être l'explication et l'interprétation évidentes des lois de l'ordre naturel, et la confirmation de l'inviolabilité du droit naturel de chaque individu.

Les animaux reçurent un instinct de la nature, l'homme reçut l'intelligence et la raison. C'est par la raison que le Créateur lui fait connaître ses volontés. C'est la raison qui nous instruit, nous éclaire et nous guide dans le chemin de la vie que nous avons à parcourir. La raison nous indique les droits et les devoirs que l'Auteur de la Nature a prescrits à notre intelligence. La morale, indiquant à chaque homme sa conduite, la morale est donc le guide de la politique et de l'administration.

L'homme se doit à lui-même et à la perpétuité de son existence. Le travail que lui impose la nécessité de chercher des moyens d'exister est un de ses premiers devoirs. C'est dans la culture de la terre qu'il trouve ses ressources. Lorsque, par l'extension de ses organes et de son intelligence, il a multiplié les produits capables de satisfaire ses goûts et ses penchans naturels, il éprouve le besoin de s'associer avec ses semblables. L'homme ayant des devoirs à remplir envers la culture de la terre, a des droits à réclamer sur le produit. Si cette reproduction n'a pu avoir lieu sans aide, chaque aide aura des droits sur le produit : de là des devoirs à remplir envers eux. Ainsi, les hommes réunis en société exercent donc les uns envers les autres une réciprocité de devoirs ; il en résulte une fluctuation de rapports qui leur indiquent les droits qu'ils ont à réclamer, et les devoirs qu'ils ont à remplir ; de là naît la nécessité de s'entr'aider, puisqu'il n'existe pas un seul membre de la société qui ne soit utile à l'autre directement ou indirectement. La raison développe dans l'esprit de l'homme l'idée du juste et de l'injuste, l'idée du bien et du mal; de là des devoirs envers les auteurs de ses jours, qui lui ont avancé l'existence; envers ses frères, avec lesquels ces avances lui sont communes; envers le corps politique, qui lui avance sa protection.

L'homme a droit à la vie, à la sûreté, à la liberté, à la propriété. Cette loi de propriété maintient chaque individu en possession de sa personne, de ses facultés, de son industrie et de ses biens, quels qu'ils soient. Par le droit de propriété, chacun jouit donc des avantages qu'il peut espérer en se réunissant en société. Le meilleur gouvernement sera celui qui offrira ces avantages au corps politique.

La raison indique à l'homme que le droit de propriété lui laisse la libre disposition de sa personne, de tous ses biens, pour en jouir avec toute la latitude possible, pourvu qnil ne blesse en rien la même faculté accordée à autrui; puisque, s'il voulait disposer librement de la personne et de la propriété des autres, ses prétentions deviendraient réciproques; il substituerait l'état de guerre civile à l'état social: alors plus de sûreté, de liberté et de propriété pour lui, puisque le droit de propriété étant la mesure de la liberté, ne serait plus qu'un vain titre s'il n'y avait pas sûreté.

Les hommes ne peuvent jouir que d'une égalité de droit et non de fait. L'égalité de droit consiste dans celle où la loi met tous les membres d'un même état, par rapport à ce qu'elle ordonne ou défend ; tous jouissent du droit commun qui protège toutes les prétentions légitimes, et chaque citoyen peut faire librement ce qui convient à son intérêt personnel, sans blesser l'intérêt commun. L'égalité de fait n'est qu'une chimère, on ne la rencontre point dans les anciennes républiques purement démocratiques. Les peuples nomades, les Arabes du désert et les Sauvages du Canada ont établi entre eux une inégalité réelle, en se divisant en hordes et tribus; ils ont des chefs qui leur commandent, les punissent ; ils ont des propriétés inégales.

L'objet de l'homme, quand il s'associe à ses semblables, est son avantage personnel et son intérêt particulier. L'objet de la société est l'avantage de tous et l'intérêt commun. Si tous les hommes étaient vertueux, les lois naturelles règleraient leurs actions, ils vivraient en famille ; mais l'homme naissant avec des passions, l'intérêt et l'ambition le portent à s'écarter de ses devoirs; il tourne ses forces, ses facultés, son intelligence au détriment de l'union sociale : s'il restait sans frein, toute société serait dissoute dès sa naissance. Cet inconvénient, inhérent à la nature même de l'homme, rend nécessaire une autorité à la tête de toute société et des lois politiques et civiles pour contenir les égaremens des membres du corps social.

Si la société veillait elle-même à sa conservation et sur ses membres, ce ne serait plus une société ; le peuple serait un souverain sans sujets, et formerait un état sans peuple : de là dérive la nécessité de faire des lois et des règlemens dans l'intérêt commun. Le corps politique ne pouvant faire exécuter ces lois, doit confier l'exécution des conventions sociales de l'association civile, à une puissance revêtue de son pouvoir ; l'investiture de cette puissance, cette déléguation n'a lieu qu'en vertu d'un pacte social par lequel le corps politique confie le pouvoir exécutif à un corps intermédiaire qui devient le déposisaire d'un pouvoir suffisant pour faire agir les forces de la société, comme gardien de la liberté publique et politique, et le protecteur de tous les citoyens. Cette puissance intermédiaire est ce qu'on nomme *gouvernement.* Le pacte social est la constitution, parce qu'il constitue le pouvoir de gouverner.

On distingue trois espèces de gouvernement, l'*Aristocratie*, la *Démocratie* et la *Monarchie*.

Le gouvernement aristocratique est exercé par

un petit nombre de familles privilégiées ; cette forme entraîne nécessairement des désordres, des intrigues suscitées par les prétentions des hommes puissans en crédit et en fortune : les nobles réunissent le pouvoir législatif et le pouvoir exécutif. Lorsqu'ils observent les lois, l'état est gouverné avec modération ; s'ils les enfreignent, l'aristocratie dégénère en un despotisme exercé partiellement par chaque membre du sénat. L'hérédité fortifie la puissance des nobles, et les conduit aux abus du pouvoir. Sous un gouvernement aristocratique, le peuple n'est ni proposant ni délibérant : ce gouvernement n'est donc point en rapport avec les principes des institutions politiques ; il est opposé au but que se sont proposés les hommes, en se réunissant en société.

Dans la démocratie, le peuple réunit le pouvoir exécutif et le pouvoir législatif : l'un est confié à des magistrats élus par le peuple, et l'autre est exercé par le peuple lui-même. A Rome, la puissance exécutive fut confiée aux consuls, aux décemvirs, et la puissance législative fut partagée entre les patriciens et les plébéiens.

Carthage eut ses suffètes qui présidaient le sénat, les convoquaient et proposaient les affaires.

Le sénat avait une forme aristocratique, et décidait de toutes les affaires de l'état; il prononçait en dernier ressort quand les avis étaient unanimes; et dans le cas contraire, les affaires étaient portées devant le peuple, qui avait droit de décider.

Sparte avait deux rois. Le sénat jouissait d'une autorité étendue qui maintenait l'équilibre entre les rois et le peuple.

Les Athéniens furent gouvernés par des archontes nommés d'abord à vie, ensuite pour dix ans, puis pour une année. Solon donna aux Athéniens une constitution purement démocratique. Le peuple fut maître absolu des affaires. Les assemblées nationales prononçaient sur la paix, la guerre, les finances, etc. Le peuple partagea l'autorité dont il avait été revêtu, avec un sénat composé de cent personnes. Le sénat proposait, le peuple délibérait et décidait.

Le gouvernement républicain ou démocratique est celui qui convient aux sociétés civilisées. Un grand état, néanmoins, ne peut être régi par la démocratie. La partie du peuple toujours ignorante, abuse souvent de ses droits et de sa liberté. Un peuple livré au luxe et à l'ambition, a besoin d'un frein dans une autorité supérieure. Les républiques anciennes et modernes offrent le tableau d'une succession continuelle de troubles, de divisions et d'émeutes. L'état populaire, à la vérité, est conforme à l'égalité primitive. La liberté est plus favorable au développement des talens et de l'industrie; elle entretient l'amour de la patrie, un dévouement à la cause commune et au bien général. Les nobles passions prennent leur essor et toute leur énergie. Sous un gouvernement libre où tout est permis, hors ce que défendent les lois, qui sont l'expression de la volonté générale, le paiement des impôts s'effectue sans murmure, chacun en connaissant l'emploi; mais chez un peuple puissant, les factions s'agitent sans cesse dans son sein; le foyer de la discorde est toujours entretenu par la corruption ou par l'ascendant des hommes éloquens qui priment dans les assemblées tumultueuses, et s'emparent des suffrages de la multitude. Les proscriptions, la violence, l'injustice ne s'arrêtent qu'au terme fixé par un nouvel ordre de choses. Les républiques dominées par le désir ardent des conquêtes, finissent par recevoir le joug d'un chef ambitieux qui dispose des forces militaires. *Le premier qui fut roi fut un soldat heureux.* Les républiques anciennes et modernes en offrent des exemples : quels que soient les avantages que présentent le système républicain, sous un pareil gouvernement, l'orage succède sans cesse au calme; le peuple ne jouit que d'un bonheur passager, et la démocratie finit par la monarchie.

Je ne parlerai point du gouvernement despotique qui dégrade l'homme, l'assimile aux brutes, et deshonore l'humanité.

La monarchie est le gouvernement d'un seul. Dans chaque monarchie, la plus ou moins grande étendue des droits et des devoirs du souverain constitue la monarchie modérée et la monarchie absolue.

« La monarchie absolue, dit un publiciste, est un poste trop éminent pour une créature humaine; elle ne convient qu'à Dieu qui est immuable, non sujet à l'orage des passions, exempt d'erreurs, et à qui tout est présent. »

L'excès de la puissance est aussi contraire aux intérêts du prince qu'au bonheur de ses sujets. Les bornes que la liberté met à son autorité, sont posées par les lois naturelles, un seul ne pouvant être plus que tous, si le corps social ne lui constitue un pouvoir qui l'élève au-dessus de chaque citoyen.

Louis XIV, jaloux à l'excès de son autorité, a dit à la fin de son règne. « Qu'on ne dise pas que le souverain n'est point sujet aux lois de son état, puisque la proposition contraire est une vérité du droit des gens, que la flatterie a quelquefois attaquée, et que les bons princes ont toujours défendue comme une divinité tutélaire. »

« La première loi du souverain, dit Sully, c'est de les observer toutes ; il a lui-même deux souverains : Dieu et la loi. La justice doit présider sur son trône, et la douceur en être le plus solide appui ; Dieu étant le propriétaire de tous les royaumes, et les rois n'en étant que les administrateurs, ils doivent représenter au peuple celui dont ils tiennent la place, par ses qualités et ses perfections ; surtout, ils ne régneront comme lui, qu'autant qu'ils régneront en pères. Dans les états monarchiques héréditaires, il y a une terreur que l'on peut appeler aussi héréditaire ; c'est que le souverain est le maître de la vie et des biens de ses sujets, et que moyennant ces quatre mots, *tel est notre plaisir*, il est dispensé de faire connaître les raisons de sa conduite, et même d'en avoir. Quand cela serait, y a-t-il imprudence pareille à celle de se faire haïr de ceux auxquels on est obligé de confier à chaque instant sa vie? et n'est-ce pas tomber dans ce malheur, que de se faire accorder de force une chose, en témoignant qu'on en abusera ? »

L'illustre Henri pratiquait les mêmes maximes que le vertueux Sully, digne ministre d'un si bon roi : lorque ce prince convoqua, à Rouen, l'assemblée des notables ; il leur dit : « Si je faisais gloire de passer pour un excellent orateur, j'aurais apporté ici, plus de belles paroles que de bonne volonté ; mais mon ambition tend à quelque chose de plus haut que de bien parler : j'aspire au glorieux titre de libérateur et de restaurateur de la France. Je ne vous ai point ici appelés, comme le faisaient mes prédécesseurs, pour vous obliger d'approuver aveuglément mes volontés ; je vous ai fait assembler pour recevoir vos conseils, pour les croire, pour les suivre, en un mot, pour me mettre en tutelle entre vos mains. C'est une envie qui ne prend guère aux rois, aux barbes grises, aux victorieux comme moi ; mais, l'amour que je porte à mes sujets, et l'extrême désir que j'ai de conserver mon état, me font trouver tout facile, et tout honorable. »

« Le prince, dit Sénèque, est le tuteur de la chose publique, *reges sunt tutores status publici;* la royauté est la charge de veiller, de pourvoir au salut d'autrui, *cura salutatis alienœ.* »

Un prince ne doit sa puissance qu'à l'élection, à l'hérédité ou au droit de conquête. L'hérédité supposant une cause primordiale, aucun individu n'a pu parvenir au trône que par le choix du peuple ou par la force des armes. Si le peuple l'a choisi, il a donc des devoirs à remplir envers lui, et ne peut être le maître de ceux à qui il doit son élévation. Le droit de conquête n'attribue point au souverain la propriété du pays conquis; il a commandé, et son armée a conquis : or, ses officiers et ses soldats auraient une part à réclamer. La conquête, par conséquent, n'appartiendrait pas seule au prince; mais le monarque conquérant n'ayant pu établir ses conquêtes qu'avec le secours et les forces de ses états, le pays conquis appartient à la nation conquérante, dont le prince est le chef. C'est au nom de la nation qu'il a conquis, il ne peut être propriétaire; s'il acquiert comme roi, c'est pour l'état; s'il acquiert comme homme privé, il cesse d'être roi.

La domination n'est point l'objet de la royauté qui n'est que le soin, la défense, la protection du bien public. C'est pour le bonheur des sociétés que les administrations et les magistratures ont été établies. L'état n'appartient point au souverain, mais le souverain appartient à l'état. « Les lois de Minos, observe Fénélon, veulent qu'un homme serve par sa sagesse et sa modération à la félicité de tant d'hommes, et non pas que tant d'hommes servent par leur misère et leur servitude à flatter la noblesse d'un seul. Sa qualité d'homme lui est commune avec tous ses sujets.

Un roi ne peut être roi sans peuple, mais un peuple peut être peuple sans roi. Comme membre de la société, le monarque ne peut lier tous les autres sans leur être uni par un lien. Les hommes, en renonçant à l'usage d'une partie de leur liberté, de leurs forces et de leur propriété dans l'intérêt commun, ont voulu retirer quelque fruit de cette cession; en se soumettant à l'un d'entr'eux, ils ne se sont point interdits les moyens de travailler à leur propre bonheur; ils se sont réservés une part dans l'administration et le droit de faire les lois. Le sort d'une nation ne peut dépendre de la volonté des passions, des faiblesses d'un seul homme souvent égaré par les conseils perfides des flatteurs, ou par les mensonges de ses agens, naturellement portés à lui déguiser la vérité; il était donc nécessaire de modérer son autorité.

L'empereur Marc-Aurèle, qui connaissait toute l'étendue et la nature du pouvoir souverain, dit au préfet du prétoire : « Je vous remets cette épée pour me défendre tant que je m'acquitterai fidèlement de mes devoirs ; mais elle doit servir à me punir, si j'oublie que je suis sur le trône pour faire le bonheur des Romains. »

Le sage Antonin disait un jour à son conseil : « Ce ne sont ni les grands revenus ni la multiplicité des gardes qui font la grandeur d'un prince, et qui lui assurent l'obéissance de ses sujets, si le zèle et l'affection des peuples ne concourent avec l'obéissance qu'ils leur doivent. Un prince n'a rien à craindre de ses peuples tant que leur obéissance vient de leur inclination et non d'une contrainte servile. Ils obéiront facilement lorsqu'ils sentiront qu'en obéissant au monarque, ils obéissent à la justice et à la loi. »

Ainsi donc la monarchie absolue est en opposition avec la loi naturelle, et contraire à l'objet de la réunion des hommes en société.

Le corps politique, en investissant l'un de ses membres d'une partie de ses droits et de ses pouvoirs, doit se réserver l'autre partie.

Le monarque ne doit être revêtu que de la puissance exécutrice et de toute la dignité que comporte son rang dans l'état.

Le gouvernement monarchique mixte, où le peuple délibère, est la meilleure forme de gouvernement possible.

La monarchie doit-elle être héréditaire ou élective ? Dans les temps héroïques de l'antiquité, les rois furent électifs. Les inconvéniens de l'élection se renouvellent à chaque interrègne. Le système d'élection offre à la nation la possibilité d'élever au trône un prince distingué par son mérite, ses talens et ses vertus, capable de gouverner ; mais l'intrigue et la corruption président aux élections. Si le roi électif a acheté l'état, il le vend à son tour. La faction succombante prépare sourdement de nouvelles armes. La couronne élective est la plus facile à usurper. Si le roi se fait aimer du peuple par ses qualités naturelles ou par sa politique, il rendra sa famille puissante, et s'efforcera de lui attacher l'hérédité du trône. La famille des Jagellons et celle des Sobiesky donnèrent plusieurs rois à la Pologne. Huit empereurs électifs d'Allemagne furent assassinés ; plusieurs empereurs romains éprouvèrent le même sort : l'hérédité ou l'adoption ont arrêté le cours de ces forfaits. L'hérédité donne à l'état plus de consistance. Le bonheur public exige que cet ordre soit établi pour éviter l'incertitude et l'arbitraire. La loi qui règle la succession au trône est donc une loi politique, dont l'objet est la conservation de l'état.

Avant d'entrer dans quelques considérations

sur le gouvernement actuel de la France, je crois devoir examiner avec attention et impartialité une question d'une grande importance, que chacun a résolue suivant l'impulsion qu'il recevait de ses idées, de ses opinions, de ses préventions, et même de son intérêt privé.

Les Bourbons, expulsés de France par le régime révolutionnaire, ont-ils pu conserver des droits à la couronne?

Les nations, qui n'ont point de lois fondamentales écrites, ont des règlemens généraux sanctionnés par l'usage. Lorsque le droit de succession n'est conféré par une nation qu'en vertu d'une convention, s'il n'existe point de volonté expresse écrite, la longue possession a un consentement tacite. Le peuple français, et les ancêtres de la famille régnante, sont-ils liés par un contrat? C'est ce qu'il sera facile de démontrer; d'ailleurs, dans le cas contraire, les droits des Bourbons seraient appuyés sur une hérédité non-contestée depuis plus de huit cents ans.

Après la mort de Jean, fils de Louis-le-Hutin, Jeanne, sa sœur, forma des prétentions sur la couronne. Philippe-le-Long, son oncle, comte de Poitou, fit valoir de son côté des droits appuyés sur l'exclusion des femmes, prononcée par la loi salique : on convoqua une assemblée de seigneurs, de prélats et de bourgeois qui se rendirent à Paris, et validèrent les prétentions de Philippe-le-Long. Cette loi, rendue par les trois corps de l'état réunis, est devenue loi fondamentale.

Après la mort de Charles-le-Bel, Edouard III, roi d'Angleterre, fils d'Isabelle, fille de Philippe-le-Bel, prétendit à la succession du chef de sa mère. « Les pairs, barons, et autres sages du royaume, dit un historien du temps, s'assemblèrent à Paris le plutôt qu'ils purent, et donnèrent le royaume d'un commun accord à messire Philippe de Valois, et én ôtèrent la reine d'Angleterre et le roi son fils, laquelle était demeurée sœur germaine du roi Charles dernier, trépassé par la raison de ce qu'ils disent que le royaume de France est de si grande noblesse, qu'il ne doit mie par succession aller à femelles. »

L'arrêt du parlement de 1593 a maintenu l'ordre de la succession en faveur d'Henri IV.

Les droits des Bourbons reconnus par la nation, sanctionnés par trois lois fondamentales, sont donc incontestables.

Le républicain immodéré se contentera-t-il de ces preuves ? Il soutiendra que le droit naturel est inné dans les sociétés politiques de se gouverner à leur gré ; que chaque nation pourvoit à ses besoins par les voies que lui inspire sa sagesse ; que tous peuvent régler d'un commun accord ce qui concerne leur sort et leur conservation mutuelle, et constituer tel gouvernement qu'ils jugeront convenable. Cette assertion reste sans réplique sous le rapport du droit, mais il est facile de la réfuter par le fait.

On ne peut contester à la nation l'établissement des lois fondamentales et la jouissance de ses droits dans toute sa plénitude. La nation a contracté un pacte social avec la famille des Bourbons. La transgression de ce contrat emporte nullité ; alors le souverain et la nation se trouveraient déliés des devoirs respectifs qu'ils s'étaient engagés à observer.

Louis XVI a-t-il violé le contrat social ? non; Louis XVI, bon, juste, vertueux, aima son peuple; il reconnut ses droits, et introduisit dans son gouvernement les changemens politiques que réclamaient les progrès de la saine philosophie et les lumières du siècle. L'infortuné Louis XVI n'est plus, mais sa famille a revendiqué la validité du contrat synallagmatique.

La représentation nationale forme, ainsi que

l'hérédité du trône, une des lois fondamentales de notre monarchie. Les droits de la nation ont été long-temps reconnus.

Pharamond fût élu roi par le peuple et par les soldats; sous Clovis la réformation de la loi salique fut traitée dans une assemblée : il fut reconnu que les Francs seraient juges les uns des autres avec le prince, et qu'ils décerneraient ensemble les lois à l'avenir. Childebert fit de nouvelles additions à la loi salique; il reconnut qu'elles étaient le résultat des délibérations d'une assemblée composée de grands, et de personnes de toutes conditions. Toutes les lois promulguées dans ces temps font mention du consentement général de la nation en ces termes : *Placuit atque convenit inter Francos et eorum Proceres, ità convenit et placuit leudis nostris.*

Les assemblées du mois de mai furent rétablies par Charlemagne; la nation recouvra la puissance législative dont elle avait été dépouillée par les grands du royaume. Charlemagne voulant faire une addition à la loi salique, demanda l'avis du peuple, et ordonna que chaque particulier qui consentirait à l'addition y mit son seing : *Ut populus interrogetur de capitulis quæ in lege noviter addita sunt, et postquam omnes consenserint suscriptiones vel manu firmationes suas in ipsis capitulis faciant.*

Philippe-Auguste, pour établir la dîme saladine, convoqua une assemblée générale. Philippe-le-Bel convoqua l'assemblée des états pour lever un impôt ; quelquefois il se contenta d'assembler les états provinciaux, et d'y envoyer des commissaires. Par son ordonnance de 1302, il leur recommande « d'assembler les plus suffisans des villes, de leur faire entendre comment cette ordonnance est courtoise à ceux qui paieront, de les attraire à son intention, de lui écrire hâtivement les noms de ceux qu'ils trouveront contraires pour qu'il mette conseil de les ramener par bonnes et douces paroles, et si courtoisement qu'esclandre n'en puisse faire. »

Les successeurs de Philippe-le-Bel respectèrent les droits de la nation jusques à Charles VII. Louis XI tyrannisa le peuple; mais son fils revint à l'ancien ordre du royaume.

Sous le ministère du cardinal de Richelieu, on cessa de consulter la nation.

Les assemblées générales devenues trop nombreuses, nécessitèrent une autre forme. Les Francs s'assemblèrent dans chaque province, le vœu de chaque assemblée fut ensuite rapporté par des députés à l'assemblée générale, composée alors des grands du royaume. C'est donc dans les assemblées générales de la nation que se sont formés les anciens parlemens tenus sous la seconde race de nos rois, d'abord ambulatoires, et ensuite sédentaires à Paris sous Philippe-le-Bel. Ces parlemens furent composés des grands du royaume, et autres personnes qui avaient caractère pour y entrer, et les Francs étaient censés représentés par eux.

Les barons ou grands vassaux de la couronne, assistaient au parlement et s'énonçaient ainsi: *Nous acceptons parce que ladite ordonnance nous semble convenable et profitable à la besogne, et si peu gréveuse que nul ne la doit refuser. Nous y consentons.*

La forme de l'enregistrement et des vérifications fut ensuite subsituée au droit que les parlemens avaient de faire les lois avec le souverain; mais l'enregistrement ne fût pas un simple cérémonial; les lois n'étaient enregistrées qu'après vérification. Charles IX fit dire au Pape, par son ambassadeur, qu'aucune ordonnance n'a force de loi dans son royaume, qu'il n'en ait été délibéré au parlement. Le parlement de Paris n'enregistra une déclaration du roi, en 1563, qu'après d'itératives remontrances, fondées sur le droit qu'il avait de vérifier les édits avant les autres parlemens.

Jadis les barons et grands du royaume tenaient les parlemens, et dans la province la justice était rendue par des ducs, des comtes et des vicomtes. Les ducs et pairs concouraient à l'administration de la justice dans le parlement. Les gouverneurs de certaines provinces étaient conseillers-nés dans les cours souveraines du chef-lieu de leur département; mais les barons étaient tellement ignorans, qu'ils ne savaient *ni lire ni écrire;* on leur associa des gens de loi, dans le parlement, qui prirent le titre de *sénateurs* et de *conseillers.* Le nombre des gens de robe s'étant accru, on leur confia spécialement l'administration de la justice, et les barons s'occupèrent également de cet emploi, et s'adonnèrent à la profession des armes, on les nomma *chevaliers-ès-lois* et *chevaliers d'armes.*

Dans le principe, les parlemens jouirent donc de la prérogative de représenter la Nation, lorsquelle n'était pas assemblée.

On se borna, depuis 1614, à faire enregistrer les ordonnances dans les cours souveraines qui usaient du droit de remontrances; mais ces droits furent plus ou moins respectés dans les deux derniers siècles. En 1673, Louis XIV défendit aux cours de recevoir aucune opposition à l'enregistrement de ses lettres patentes. Depuis, les premiers Corps de l'État réclamèrent en faveur des droits de la Nation.

**Lettre** *adressée au Roi, par le parlement de Rouen, le 8 février* 1771.

« C'est à la Nation, Sire, à recourir, avec respect, à la dernière ressource que lui offrent les lois, en sollicitant de V. M. l'assemblée des Etats-Généraux. Plus d'une fois le désordre y a trouvé son remède et l'Etat son soulagment; jamais, peut-être, il ne fut plus intéressant à la Nation d'en obtenir la convocation, et aux magistrats de la demander.... »

**Remontrances** *du Parlement de Bordeaux, du* 25 *février* 1771.

« S'il était vrai que le Parlement, devenu sédentaire sous Philippe-le-Bel; et perpétuel sous Charles VI, n'est pas le même que l'ancien Parlement ambulatoire, convoqué dans les premières années du règne de Philippe-le-Bel, sous Philippe-le-Hardi, sous Louis IX, sous Louis VIII, sous Philippe-Auguste; le même que les *Placita*, convoqués sous Charlemagne et ses descendans; le même que les anciennes assemblées des Francs, dont l'histoire nous a transmis des vestiges avant et après la conquête. Si la distribution de ce Parlement en plusieurs ressorts avait changé son essence constitutive; en un mot, si vos Cours de Parlemens, Sire, n'avaient pas le droit d'examiner et de vérifier les lois nouvelles qu'il plaisait à V. M. de proposer, ce droit ne pourrait pas être perdu pour la Nation. Il est imprescriptible et inaliénable ; attaquer ce principe, c'est trahir, non-seulement la Nation, mais les Rois mêmes ; c'est renverser la Constitution du Royaume, c'est détruire le fondement de l'autorité du Monarque. Croirait-on que la vérification des lois nouvelles dans vos Cours de Parlemens, ne supplée à ce droit primitif de la Nation ? L'ordre public pourrait-il gagner à la voir exercer encore par la Nation ? *Si V. M. daigne la rétablir dans ses droits*, on ne nous verra point réclamer cette portion d'autorité que les Rois, vos prédécesseurs, nous avaient confiée, dès que la Nation les exercera elle-même.... »

REMONTRANCES *de la Cour des Aides, présentées au Roi, par l'organe de M. Lamoignon-Malesherbes, premier Président, le 6 mai* 1775.

« Votre Cour des Aides, Sire, tient de plus près que toutes les autres aux assemblées représentatives de la Nation ; notre existence est le gage de la parole donnée par les Rois, que les lois enregistrées seraient toujours la mesure du fardeau des peuples, sans qu'ils eussent à craindre de le voir aggraver par les abus dans la perception.

« Ce n'est point blesser la juste subordination, que de mettre sous vos yeux une suite d'infractions faites à la liberté naturelle de tous les hommes, qui vous mettent aujourd'hui dans l'impossibilité d'entendre vos sujets, et d'éclairer la conduite de vos administrateurs.

« 1°. On a cherché à anéantir les vrais Représentans de la Nation.

« 2°. On est parvenu à rendre illusoires les réclamations de ceux qu'on n'a pas encore pu détruire.

« 3°. On veut même les rendre impossibles ; c'est pour y parvenir que la clandestinité a été indroduite : il en est de deux genres ; l'une qui cherche à dérober aux yeux de la Nation, à ceux de V. M. elle-même, les opérations de l'administration ; l'autre qui cache au public la personne des administrateurs.

« La justice est rendue aux particuliers ; mais les corps, les communautés, les villes, les provinces entières, peuvent aussi l'obtenir ; et, pour pouvoir défendre leurs droits, *elles doivent avoir des Assemblées et des Représentans.*

« Nous devons faire connaître à V. M. que le Gouvernement que l'on voudrait établir en France, est le vrai despotisme des pays non policés ; et que chez la Nation la plus instruite dans le siècle, où les mœurs sont les plus douces, on est menacé de cette forme de Gouvernement, où le Souverain ne peut pas être éclairé, lors même qu'il le veut le plus sincèrement ; c'est ce despotisme des administrateurs, et surtout ce système de clandestinité, que nous devons dénoncer à V. M.

« Les assemblées de la Nation n'ont point été convoquées depuis 160 ans, et long-temps auparavant elles étaient devenues très-rares ; nous osons dire presqu'inutiles, parce qu'on faisait sans elles ce qui rendait leur présence si nécessaire, la levée de l'impôt.

« Quelques provinces avaient des assemblées particulières ; plusieurs ont été privées de ce précieux privilége ; les vrais élus des provinces n'existent plus.

« Il restait au moins à chaque corps, à chaque communauté de citoyens, le droit d'administrer ses propres affaires, droit que nous ne dirons point qui fasse partie de la constitution primitive du royaume, car il remonte bien plus haut : *c'est le droit naturel, c'est le droit de la raison;* cependant il a été enlevé à vos sujets, et nous ne craindrions pas de dire *que l'administration est tombée, à cet égard*, dans des excès qu'on peut nommer puériles.

« Il avait cependant fallu donner à la Nation une satisfaction apparente, quand on avait cessé de convoquer les Etats ; aussi les Rois avaient-ils annoncé que les Cours de justice tiendraient lieu des Etats, que les Magistrats seraient les Représentans du peuple. Après leur avoir donné cette consolation, pour consoler la Nation de la perte de ses anciens et véritables Représentans, on s'est souvenu dans toutes les occasions que les fonctions des juges étaient restreintes à leur seul territoire et à la justice contentieuse, et on a mis les mêmes limites au droit de représentation.

« Ainsi tous les abus possibles peuvent être commis dans l'administration, sans que *le Roi en soit jamais instruit*, ni par les Représentans du peuple, puisque dans la plupart des provinces il n'y en a point; ni par les Cours de justice, puisqu'on les écarte comme incompétentes, dès qu'elles veulent parler de l'administration, *ni par des particuliers*, auxquels des exemples de sévérité ont appris que c'est un crime d'invoquer la justice de leur Souverain (1).

(1) M. de Malesherbes fut immédiatement nommé ministre garde-des-sceaux.

L'administration est l'ordre établi pour faire respecter les lois fondamentales de l'état, et faire exécuter les lois du gouvernement; elle doit faire jouir le peuple de ses droits et des avantages de l'association politique.

Une bonne administration est établie sur des principes fixes; elle doit être en rapport avec les usages reçus, la nature du climat, l'étendue du territoire, les ressources de la nation, ses institutions politiques, et surtout avec l'opinion publique.

Charlemagne est le premier de nos rois qui se soit occupé d'établir une bonne administration, en respectant les droits du peuple; il convoquait, chaque année au printemps et en automne, les états-généraux, composés des trois ordres de l'état, pour traiter de toutes les affaires législatives; il introduisit dans chaque province, l'administration populaire et la forme démocratique. On voit dans un de ses Capitulaires, *que lorsqu'il s'agira d'établir une nouvelle loi, la proposition en sera soumise à la délibération du peuple, et que s'il y a donné son consentement, il le ratifiera par ses représentans.* Des délégués furent chargés de tenir les assemblées provinciales, de trois mois en trois mois, où l'on délibérait sur toutes les affaires de la province.

Les peuples furent heureux sous le règne éclatant de ce prince. Charlemagne sentit qu'il attachait les citoyens au bien même de l'état, en leur donnant une part dans l'administration. « Sous lui, dit Condillac, les Français connurent la liberté, eux qui, jusqu'à lors, n'avaient connu que la licence; ils eurent une patrie; ils devinrent citoyens, et parurent presque dignes d'être gouvernés par un Charlemagne. Rien ne prouve mieux l'étendue et la sagesse des vues de ce prince, que les changemens qui se firent dans les mœurs, car la noblesse et le clergé cessèrent de se haïr; le peuple cessa d'être foulé, et tous les ordres concoururent au bien général. » Il s'est écoulé dix siècles depuis cette époque où les arts, les sciences, la politique et la civilisation sortaient à peine de l'état de barbarie, depuis ce temps où Charlemagne conçut l'idée du système représentatif.

Sous les successeurs de Charlemagne, le peuple perdit ses droits, et la féodalité s'établit sur les ruines de la liberté publique. Les seigneurs et gouverneurs des villes et des provinces, profitèrent de l'affaiblissement de l'autorité royale, pour rendre héréditaires, des titres qu'ils n'avaient possédé qu'à vie, et s'érigèrent en propriétaires suzerains des lieux dont ils n'avaient été que les magistrats civils ou militaires. La noblesse était alors confondue; la possession des terres fit des nobles qui eurent des petits vassaux.

Vers le onzième siècle, les petits nobles, les marchands, les hommes libres, se reunirent dans les villes murées; ils appelèrent *commune* leur association, qui donna lieu à l'administration municipale, et se gouvernèrent par leurs propres lois. Les communes furent protégées par les rois; en 1278, Philippe-le-Hardi donna à plusieurs villes, l'autoritation d'administrer la haute justice au nom du roi, et comme par le passé.

Sous saint Louis, l'administration des communautés acquit de nouveaux privilèges. Ce prince établit les appels des justices des barons aux justices du roi, et mit de l'ordre dans toutes les branches de l'administration.

Sous le règne d'Henri IV, l'administration, confiée aux soins de Sully, prit une nouvelle forme. Sully connaissait les maux de sa patrie; la plaie était profonde, il la sonda, et forma l'honorable entreprise de la guérir, de la cicatriser; il réforma les abus, créa des établissemens utiles, encouragea l'agriculture. L'administration de Sully, fondée sur la morale et la saine politique, changea la face de la France.

Montesquieu fait remonter à près de trois siècles, les causes de la décadence de l'empire romain. C'est au règne de Louis XIV que nous trouverons le germe de notre révolution. Les intendans furent revêtus de pouvoirs trop étendus, le peuple fut privé de ses droits, les administrations communales cessèrent de jouir de leurs prérogatives : les habitans des provinces manquèrent par conséquent de secours, d'appui et de protection ; les charges de l'état, la multiplicité des taxes accablèrent le peuple ; les grands établissemens, les sommes qu'il fallait lever sous ce règne, pour subvenir aux frais nécessités par des guerres ruineuses et insensées ; les désordres que fit naître le besoin d'argent, en vendant tout ce qu'il y avait de respectable, en sacrifiant le bonheur du peuple aux besoins d'un fisc barbare et déprédateur ; tous les abus enfin, dans l'ordre politique, introduisirent des excès sans exemple dans l'administration.

Le règne de Louis XV ne fut pas plus heureux ; toutes les sources de revenus publics furent épuisées ; les ministres se succédèrent rapidement ; la voix du peuple ne fut point écoutée ; une cour et une administration prodigues, ne surent que dépenser sans mettre à profit les ressources qu'offraient les richesses et l'industrie de la nation.

Sous le règne de Louis XVI, les idées nationales prirent une nouvelle forme; des ministres éclairés s'occupèrent du bonheur de la nation. Le Roi convoqua en février 1787, une assemblée des notables; le plan des administrations provinciales y fut arrêté. M. de Calonne, alors ministre des finances, offrit au Roi un plan de réforme. « Un royaume, dit ce ministre, composé de pays d'états, de pays d'élections, de pays d'administrations provinciales, de pays d'administrations mixtes; un royaume dont les provinces sont étrangères les unes aux autres, où des barrières multipliées dans l'intérieur séparent et divisent les sujets du même souverain, où certaines contrées sont affranchies totalement des charges dont les autres supportent tout le poids, où la classe la plus riche est la moins contribuante; où les *privilèges* rompent tout équilibre, où il n'est possible d'avoir ni règles constantes ni vœu commun, est nécessairement un royaume très-imparfait et très-rempli d'abus, et tel qu'il est impossible de le bien gouverner: il en résulte, en effet, que l'administration générale est excessivement compliquée, la contribution publique inégalement répartie, le commerce gêné par mille entraves, l'agriculture accablée, les finances de l'état appauvries par les frais de recouvrement, et par l'altération des produits. »

Plus on réfléchit sur les abus et les désordres auxquels donnent naissance les administrations mal organisées, et plus on est frappé de l'influence qu'elles exercent, non-seulement sur la morale publique, mais encore sur la propriété des nations.

La France n'a jamais joui de cet état prospère, de cette tranquilité, de cette sécurité auxquellles semblent l'appeler les richesses de son sol, la civilisation de ses habitans, la douceur de son climat, et son heureuse position topographique. C'est aux vices de l'administration que l'on doit attribuer la privation d'une paix et d'une prospérité durables.

De toutes les institutions sociales, l'administration et la religion sont celles qui peuvent exercer le plus de pouvoir sur le caractère et le bonheur des peuples ; c'est de leur combinaison et de leur rapport que naisssent tous les abus ; c'est en réfléchissant sur les évènemens que nous retrace l'histoire, qu'il est aisé de s'en convaincre.

Il est essentiel de distinguer néanmoins, les

effets qu'il faut attribuer aux hommes, à leur ignorance, aux préjugés, de ceux que produit la nature même des institutions civiles. Le plus grand reproche que l'on pourrait faire à une administration générale, serait de s'obstiner à ne pas se conformer aux besoins du peuple, de vouloir maintenir ce qu'un nouvel ordre de choses proscrit ou rend inutile; elle doit, au contraire, agir suivant le temps et les lieux, sacrifier d'anciens préjugés, de vieilles habitudes aux convenances, aux progrès des lumières et au vœu de l'opinion publique. Ravir à l'homme sa liberté et ses droits, c'est en quelque sorte détruire en lui tous les germes de la civilisation, c'est, en un mot, le corrompre, le forcer à la rébellion.

L'abus du pouvoir dans l'administration, les iniquités, l'arbitraire, les faveurs, enfantent de grands maux. Les abus, dans les grandes administrations, peuvent se commettre par erreur ou volontairement; ceux qui ne sont pas causés par les chefs le sont par les subalternes. Comment un ministre s'occuperait-il de tous les détails de son immense administration? Se livrant à une faible partie des travaux qui le concernent, il abandonne le reste à ses bureaux, et les provinces sont entièrement soumises aux vues particulières de la bureaucratie : alors tout se règle au gré des subalternes ; le bien public dépend de la fantaisie d'un commis ambitieux, accessible à la corruption.

Ce désordre est d'autant plus nuisible à la paix intérieure et au bonheur du peuple, qu'il tend à détruire le pouvoir de la loi, le respect qui lui est dû, et qui enchaîne tous les ordres de citoyens. Si la nation s'aperçoit que dans les administrations du premier et du second ordre, les lois sont enfreintes, que la liberté privée cesse d'être respectée, elle n'obéit qu'à la force de l'autorité. Les monopoles, les vexations, les exactions dans les finances, les injustices des tribunaux irritent le peuple. Les hommes les plus modérés souvent gémissent et murmurent; les ennemis naturels du gouvernement profitent de ses fautes ; ses amis deviennent méfians et circonspects. *L'homme, dans les temps malheureux, reste indifférent, et s'abandonne à la merci des évènemens.*

Tout individu qui parvient au ministère, est frappé de l'aspect imposant de sa puissance ; il a des amis à protéger, et quelquefois des ennemis à persécuter ; son amour-propre est flatté de la multiplicité des hommages provoqués par la multiplicité de ses pouvoirs et de ses attributions.

Les grands oublient toujours que leur grandeur n'est qu'un faible roseau que peut briser le moindre vent. Les places et les emplois sont le fruit du trafic et de l'intrigue. Le mérite et les vertus sont évincés, un fripon supplante un homme de bien, un imbécile remplace l'homme instruit, disgracié sous de frivoles prétextes, et souvent le ministre, mal informé, commet des fautes involontaires.

La mauvaise administration suscite des ennemis au souverain. Le peuple, ne voit, ne connaît que lui, et le monarque est coupable aux yeux de ses sujets des fautes qu'il n'a point commises, des vexations et des injustices qu'il n'a point ordonnées. Ah! plaignons les princes vertueux animés d'un sincère amour pour leurs peuples; toujours flattés, toujours trompés, ils ignorent le bien qu'ils peuvent faire et les maux qu'ils devraient éviter.

Les ministres sont comptables de leur conduite envers la nation. Sous un gouvernement représentatif, ils tenteraient en vain de se soustraire à la responsabilité, qui est une conséquence naturelle de la nature de leurs fonctions. La personne du roi est inviolable et sacrée. Les dépositaires de son autorité sont donc les seuls responsables de l'administration.

Serait-ce au milieu des progrès de la civilisation et des lumières qui nous éclairent de toutes parts, que nous nous exposerions à accuser et à condamner un ministre coupable seulement d'avoir souffert des désordres qu'il ignorait, parce qu'une trop grande multitude d'affaires ne permet pas à un seul homme d'embrasser toute l'étendue de son administration et de voir ce qui se passe dans le fond d'une province, sans arrêter la marche du travail de ses bureaux.

Ces considérations démontrent la nécessité d'introduire dans l'administration générale de l'état une nouvelle forme qui, en allégeant le fardeau des ministres, n'affaiblirait point leur dignité, leur conserverait leur rang ; qui, enfin, donnerait une impulsion régulière à l'expédition des affaires, contribuerait à la stabilité du gouvernement et au bonheur des citoyens.

Une législation trop positive met obstacle aux changemens qu'exigent les progrès de la civilisation et de la raison ; il faut de longs désordres et de grands malheurs pour qu'on se détermine à en attaquer la source ; mais la force des évènemens y contraint. L'opinion publique doit être le guide de l'administration. « Elle repose sur tous les esprits, dit M. Necker, et les princes eux-mêmes la respectent, s'ils ne sont pas entraînés par de trop grandes passions : les uns la ménagent volontairement par l'ambition qu'ils ont de la faveur publique ; les autres, moins dociles, y sont encore soumis, sans s'en apercevoir, par l'ascendant de ceux qui les entourent. »

Les changemens qui s'opérèrent dans notre gouvernement, à l'époque de la révolution, démontrent l'ascendant de l'opinion publique et des lumières nationales. L'opinion publique, comprimée par le régime de la terreur, protesta sourdement contre le procès de Louis XVI. L'opinion publique improuva la conduite du corps législatif impérial ; mais, subjuguée par un gouvernement militaire, elle céda sous le poids de l'oppression. C'est encore l'opinion publique qui réclame le maintien des Bourbons sur le trône. Ce qu'on nomme majorité dans une assemblée peut quelquefois errer ; mais la majorité d'une nation grande et éclairée sur ses intérêts n'est point susceptible de commettre ces sortes d'erreurs. L'opinion publique, que l'on peut considérer comme un grand moyen de civilisation, est le résultat de l'expérience et des progrès des lumières ; elle se compose de la réunion des opinions particulières des hommes sages et éclairés, qui, par la force des circonstances, deviennent la volonté générale : elle exerce son influence sur toute l'étendue d'un état ; elle modifie les mœurs, les usages, les coutumes d'une nation ; elle doit être la boussole du législateur.

Les ouvrages des économistes et des écrivains philosophes fixèrent l'opinion publique vers le milieu du dernier siècle. En dévoilant les abus, en attaquant de front les préjugés, ils éclairaient le peuple sur ses droits et ses devoirs, et la morale publique s'étaya des faits de l'expérience.

Jusqu'alors le Gouvernement avait basé sa conduite sur d'antiques erreurs ; mais bientôt il parvint à la connaissance des vérités politiques et morales nécessaires au bonheur de la société.

En comparant les mœurs et les lois actuelles aux lois et à la morale publique des anciens, on apprécie les bienfaits produits par une innovation raisonnée et les progrès réels qu'a faits la civilisation. A Athènes, la loi ordonnait de faire mourir tous les hommes inutiles lorsque la ville serait assiégée. En Grèce, la prise d'une ville en emportait l'entière destruction. Les habitans d'un pays conquis perdaient leur liberté civile ; ils étaient vendus comme esclaves. Les lois de Lycurgue autorisaient le vol, l'esclavage et le meurtre des enfans estropiés. A Rome, les pères eurent le droit de vie et de mort sur leurs enfans, et la permission de les vendre. Les lois de Sylla offrirent les moyens de condamner arbitrairement les citoyens à l'exil. Les lois de César ordonnèrent en outre la confiscation des biens. Si nous remontons aux institutions des Gaulois, nous n'y verrons que des coutumes barbares, ainsi que celles pratiquées sous les premières races de nos rois.

Notre morale publique s'est épurée. Nous avons proscrit ces tortures et ces supplices affreux pratiqués dans le dernier siècle ; la question arrachait à un innocent l'aveu d'une culpabilité supposée et confessée au milieu des angoisses pour se soustraire à de plus longues souffrances ; on condamnait des innocens. Les cendres des Calas attestent les erreurs et les fautes des anciens corps judiciaires. On pendait pour le moindre vol. On offrait aux yeux du peuple des supplices inhumains. Lorsque l'on rompait vif, que l'on brûlait à petit feu, l'ami de l'humanité croyait être environné de Caraïbes faisant leurs féroces repas.

Plus la morale publique d'une nation diffère de la morale naturelle, et plus les préjugés, les abus se glissent dans le corps social ; les lois portent l'empreinte et le caractère des mœurs de la nation chez laquelle elles sont en vigueur; des mœurs dures et barbares ne peuvent être contenues que par des lois sévères ; une société humaine et civilisée laisse moins à faire à l'administration pour le maintien de l'ordre.

La morale publique des anciens fut en rapport avec leur fureur guerrière et leurs mœurs austères et farouches, si différentes des principes de la morale et des devoirs qu'imposent les lois naturelles. La conduite de Brutus condamnant ses fils, la mort de Cornélie, le dévouement des femmes spartiates qui encourageaient leurs enfans à mourir pour la cause commune, offrent un spectacle mêlé de grandeur d'ame et de barbarie. La force des institutions étouffait la voix de la nature. Quelles que soient les atteintes que des désordres passagers puissent porter à la morale publique d'une grande nation, l'exemple du gouvernement, la sage conduite de l'administration peuvent ranimer l'esprit public et réchauffer l'amour de la patrie.

L'homme est ennemi de la contrainte; il exige la conservation de ses droits et de la propriété qu'il a acquise; ce n'est qu'au sein de la paix, de l'aisance et de la liberté qu'il peut éprouver ce sentiment délicat qui l'attache à son pays et au lieu commun. Il ne peut goûter ce bonheur qu'en obéissant spontanément à une administration sans préjugés civils et religieux, qui ne commet aucun abus en faisant une fausse interprétation des lois. La bonne administration entretient parmi le peuple des sentimens généreux ; la modération les soutient, les propage et les perpétue.

Il est essentiel de distinguer la morale publique de la morale religieuse ; l'une reçoit l'impulsion des évènemens, l'autre dicte aux peuples la règle de leurs devoirs et de leur conduite. Si la morale religieuse est nécessaire chez un peuple policé, le système théocratique est néanmoins dangereux ; en perpétuant le règne de l'erreur, il plonge le peuple dans la superstition. La religion produit des effets plus ou moins avantageux sur les mœurs, selon les progrès des lumières et de la raison.

Le christianisme s'éleva sur les débris du paganisme et du polythéisme. Il civilisa les peuples anciens en corrigeant l'âpreté de leurs mœurs ; mais les ministres du culte, abusant bientôt de leur pouvoir, s'écartèrent de l'esprit de l'Évangile. Dans toutes les parties de l'Europe, un théocratisme barbare s'établit sur l'aveuglement et le fanatisme des peuples. L'inquisition devint le tribunal devant lequel était rendue une justice arbitraire et superstitieuse.

Lorsque les ecclésiastiques devinrent possesseurs de fiefs, ils furent à ce titre obligés au service militaire ; les évêques étaient à la tête de leurs vassaux. Il est dit dans les Capitulaires de Charlemagne, que l'on présenta au Roi une requête tendant à ce que les ecclésiastiques fussent dispensés du service militaire, en alléguant qu'ils serviraient mieux l'État en s'occupant dans leur église à des prières pour le Roi et ses sujets. Les prélats furent dispensés du service militaire, pourvu qu'ils envoyassent leurs vassaux à l'armée. Les évêques s'obstinèrent à faire le service personnellement, craignant de perdre leurs fiefs et d'avilir ainsi leur dignité. Les uns combattirent en personne ; d'autres, plus pacifiques, levaient les mains vers le ciel ; ceux qui combattaient crurent ne pas répandre le sang humain en s'armant d'une massue de bois pour abattre les ennemis. On rapporte qu'à la bataille de Bouvines, l'évêque de Beauvais, qui avait été réprimandé par le pape pour s'être trouvé à un combat contre les Anglais, crut se mettre à l'abri de tout reproche en assommant les ennemis avec une massue. On vit au siége de Bréval, sous Philippe Ier., les curés à la tête de leurs paroissiens rangés sous leur bannière: C'est ainsi que, dans ces temps de barbarie, les prêtres interprétaient la morale de l'évangile. Dans ces guerres de religion, on vit les ministres du christianisme intolérans, en prêchant une religion tolérante, barbares lorsque leur saint ministère leur ordonnait de secourir l'humanité. On les vit le crucifix au côté, l'évangile d'une main et le poignard de l'autre, professer cette affreuse maxime : *Sois chrétien, ou je te tue.* On les vit, ces fanatiques, offrir au Dieu juste et bon un encens brûlé sur des autels élevés sur des décombres, des monceaux de ruines et des milliers de cadavres ensanglantés.

L'exécution des Vaudois, les massacres de la St.-Barthélemy, la révocation de l'édit de Nantes, attestent l'esprit d'intolérance qui régnait dans ces temps. Des hommes puissans ou corrompus firent servir la force attractive de la religion à l'exécution de leurs desseins ambitieux. Les peuples, alors ignorans et superstitieux, dominés par les préjugés, tombèrent dans le piége que l'on tendait à leur crédulité. L'abus de la religion devint une source de crimes, et causa les plus grands malheurs.

Si la doctrine évangelique a éclairé et amélioré les hommes, les ministres n'en ont que trop abusé, en établissant une morale religieuse en quelque sorte opposée à la morale naturelle, qui est celle de l'évangile.

Pendant les trois premiers siècles, les Chrétiens ne connurent que l'évangile, quelques épîtres, un petit nombre de canons, décisions des premiers conciles : ces lois suffirent à la pureté des mœurs et à la simplicité de la foi.

Les décisions du concile de Nicée, les premiers des œcuméniques, acceptées par toutes les églises, devinrent la règle de la doctrine et de la discipline. L'église romaine ajouta à ces canons ceux de l'église d'Afrique, ensuite ceux des conciles d'Ephèse, de Constantinople et d'Antioche, plusieurs décrétales des papes, des lettres de quelques pères de l'église sur la foi. Toutes ces additions jetèrent nécessairement de la confusion dans les lois de l'église, et les conciles devinrent par conséquent plus fréquens. Chaque église eut son Code particulier ; celui de l'église gallicane était composé des décisions du concile de Nicée, de quelques règles des conciles nationaux. Lorsque Charlemagne eut apporté la collection de Denis-le-Petit, on en fit usage, et l'on ne connut néanmoins que fort tard les canons apostoliques ; ils furent reçus comme autorité respectable, susceptible néanmoins d'être discutés.

Isidore Mercator publia les décrétales des anciens papes, et des épîtres qu'il avait fait lui-même dans l'intention d'élever la puissance des papes au-dessus de celle des rois. Les fausses décrétales d'Isidore Mercator, que l'on avait attribuées à Isidore de Séville, furent reçues en France, puis rejetées, comme n'ayant point été recueillies dans les anciens Codes. Les papes défendirent avec opiniâtreté la doctrine des fausses décrétales, et établirent sur cet ouvrage le nouveau droit et cette puissance énorme, qui ont existé jusques au concile œcuménique de Bâle. Les papes, avant cette époque, s'arrogeaient une autorité suprême dans le temporel et le spirituel. Cette prétention fit naître toutes ces querelles qui eurent lieu à l'occasion des investitures et des bénéfices. De là ces inventions nouvelles qui rendirent les souverains pontifes dispensateurs des bénéfices du clergé, et firent refluer dans leurs coffres une partie des richesses du monde chrétien. Ce sont enfin la cupidité et l'ambition de la cour de Rome, qui causèrent les maux dont l'église fût accablée, et qui firent livrer près de 80 batailles rangées, et périr plusieurs millions d'hommes.

L'excès des abus dessilla enfin les yeux trop long-temps fascinés. Le concile de Constance voulut attaquer les prétentions des papes, les priviléges des cardinaux et les nouvelles doctrines; mais la cour de Rome présenta tant d'obstacles que les pères furent obligés de se séparer sans avoir fait aucune réforme. Le concile de Bâle suivit une marche plus assurée, malgré les entraves que le pape mit à ses opérations. La France seule profita de ses sages décisions. Le concile de Trente restreignit la puissance absolue des papes. Ses règlemens de discipline ne furent point néanmoins reçus en France, où l'on a mis dans tous les temps une grande différence entre les lois sur le dogme et celles sur la discipline. L'église gallicane a toujours reconnu les décisions des conciles œcuméniques quant au dogme, et non quant à la discipline. Elle a rejeté constamment, ainsi que les églises des premiers siècles, les nouveaux règlemens : les règlemens du concile de Trente n'eurent d'autorité parmi nous qu'autant qu'ils étaient conformes à nos mœurs et à la saine raison.

Le clergé de France, dans son assemblée de 1682, déclara 1°. que ni le pape ni l'église n'ont aucun pouvoir sur le temporel des rois, que leurs sujets ne peuvent être dispensés du serment de fidélité ; 2°. que le concile général est au-dessus du pape ; 3°. que la puissance du pape a été limitée par les canons ; qu'il ne peut rien faire, rien statuer qui soit contraire aux maximes établies par les anciens conciles et par les anciens canons, ni aux libertés de l'église gallicane, qui ne sont point des priviléges ni des immunités, mais des barrières établies contre les abus que les papes font de leur autorité, ou contre leurs atteintes contre *le droit des rois* sur les anciens usages et les anciennes constitutions de l'église ; 4° que le pape n'est point infaillible, non-seulement quant au fait, mais encore quant au droit, à moins qu'il ne soit à la tête d'un concile.

Les écoles de théologie et de droit canonique reçurent l'ordre d'enseigner ces quatre déclarations, qui furent enrégistrées au parlement le 23 mars 1682.

Lorsque les papes voulurent tout envahir et soumettre les états de la chrétienté à l'empire théocratique, l'ignorance des princes et du clergé, la superstition des peuples étaient les plus forts soutiens des prétentions de la cour de Rome ; mais bientôt le clergé s'éclaira en approfondissant des questions qui, aux yeux du vulgaire, paraissaient être couverte d'un voile sacré, dont l'enlèvement devait frapper d'anathème les téméraires; mais les évêques, en résistant aux souverains pontifes, s'arrogèrent aussi des droits, en empiétant sur la juridiction civile.

L'église gallicane, jouissant depuis long-temps de ses libertés, a reconnu que nos rois ont dans tous les temps le droit d'assembler les conciles nationaux. La plupart des maximes, qui constituent nos libertés, ayant rapport aux bénéfices, immunités, etc., sont de nul effet aujourd'hui, d'après le nouvel ordre de choses.

Chaque état a ses lois particulières, selon la forme de son gouvernement et les mœurs de ses peuples. Les règlemens de discipline ecclésiastique ont été accommodés à ces lois; il en est résulté le droit public ecclésiastique de chaque nation, lequel est légitime dès-lors qu'il n'a rien de contraire à l'essence de la religion et à la morale de l'évangile. Ce droit public est une émanation de la loi naturelle, qui permet aux hommes de faire des règles conformes à leur caractère, à leurs besoins proportionnés au gouvernement politique qui les régit; la religion et le droit naturel ayant le même principe, l'auteur de la nature.

Le droit canonique permet que l'on regarde

comme condition nécessaire dans une loi ecclésiastique, qu'elle n'ait rien d'opposé à la coutume du pays, qu'elle soit accommodée au temps et au lieu. Les lois de l'église sont de droit divin ou de droit humain. Les premiers se composent des dogmes et des canons; elles forment les articles de foi; gardons-nous bien d'y toucher : les secondes doivent émaner du législateur temporel. Le souverain, comme chef de la société politique dans laquelle l'église est reçue et protégée, peut les réformer ou en faire de nouvelles, puisqu'il le peut, sans entreprendre sur la puissance spirituelle, qui n'a de regards que sur les articles de foi. Il doit décider des causes qui ont un rapport immédiat avec l'ordre et la tranquillité publique dont il est le conservateur.

La réforme des abus en matière de religion, lorsqu'elle est réclamée par l'opinion publique, est donc du ressort du temporel des rois, en ce qui concerne les institutions humaines. Les lois de l'église sont de droit humain, ainsi que les lois civiles et politiques; elles peuvent être changées. Le droit divin est immuable; il est le fondement de la religion révélée.

Les églises jadis étaient constamment remplies par les fidèles qui se comptaient par le nombre des habitans de chaque paroisse : les temples sont beaucoup moins nombreux et beaucoup moins fréquentés. Ce système anti-religieux dérive de diverses causes. « La source la plus empoisonnée des malheurs des Grecs et des Romains, observe le sage Montesquieu, c'est qu'ils ne connurent jamais la nature et les bornes de la puissance ecclésiastique et séculière. Cette grande distinction, qui est la base sur laquelle repose la tranquillité des peuples, est fondée non-seulement sur la religion, mais encore sur la nature et la raison qui veulent que des choses réellement séparées, et qui ne peuvent subsister que séparément, ne soient jamais confondues. »

En effet, si nous voulons être heureux, que le pouvoir des prêtres, restreint dans la juridiction ecclésiastique, ne s'immisce dans aucunes affaires temporelles. Si nous nous écartons de ce grand principe, posé par la raison pour le bonheur du genre humain, nous marcherons d'un pas rétrograde vers les abus, les préjugés et les dissensions domestiques et civiles.

Les temples sont abandonnés ; mais d'où provient cet abandon ? Pour détruire les effets, il faut connaître les causes. Les prêtres, revêtus d'un pouvoir trop absolu, exercèrent une autorité trop étendue. Au milieu des désordres de la révolution, le peuple aperçut quelques vérités; et chacun, plus éclairé, commença à réfléchir, on s'étonna de voir l'exemple du scandale donné par des hommes qui devaient montrer l'exemple des vertus, dont ils enseignaient la pratique. Cette fausse maxime, prenez garde à nos *dires* et non pas à nos *faits*, fût appréciée à sa juste valeur. Bientôt on se raconta dans les villes et les campagnes les anecdotes mondaines et la vie licencieuse de quelques monastères, que révélèrent les chroniques scandaleuses; les aveux secrets de quelques ecclésiastiques furent mis au grand jour. La profession de foi de quelques autres, qui avouèrent dans les sociétés populaires qu'ils n'avaient enseigné que des sottises, pervertirent tellement l'esprit du peuple, que celui-ci s'accoutuma à vivre loin des temples, fermés dans ces temps de fureur et de démence. Les habitans des campagnes, en prenant un frugal repas, égayèrent la veillée en racontant à leur famille assemblée les faits et gestes des curés et des moines du voisinage, de même que leurs bons aïeux les divertissaient par des contes de fées et de revenans; mais les enfans de cette époque sont les hommes d'aujourd'hui, et les pères d'alors sont nos vieillards. La majorité de la nation a donc adopté le système anti-religieux. Cette irrévérence pour le éulte n'a point été amortie par une année du règne des Bourbons. On a vu, après le 20 mars, avec quel acharnement les prêtres furent ridiculisés et humiliés.

L'exemple du gouvernement ne trouverait des imitateurs que dans le corps des administrans et leurs subordonnés; mais les administrés se réserveront, pour leur conduite privée dans le spirituel, le pouvoir discrétionnaire dont aucune force humaine, dont aucune loi, même coercitive, ne pourrait les priver. Il faut donc employer des moyens autres que l'exemple des administrans, et une attraction plus puissante pour vaincre parmi le peuple de nouveaux préjugés résultant de son aversion pour des préjugés anciens.

Tous les hommes sensés considèrent la religion, dans un état, comme la base fondamentale de l'harmonie sociale. On ne peut contester son influence sur l'ordre public, ni la nécessité de lui conserver le juste pouvoir qui lui convient pour diriger le peuple vers la morale. En améliorant les mœurs, elle peut simplifier les ressorts du gouvernement civil; mais comment faire respecter la religion, si ses ministres ne sont pas eux-mêmes respectés; elle ne produira donc des effets salutaires que si les prêtres savent l'employer à propos en offrant eux-mêmes l'exemple aux fidèles. S'ils s'écartent de leurs devoirs, c'est au Souverain qu'il appartient de les y amener en employant la voie de l'équité et une juste sévérité. Mais, il serait aussi absurde de détruire l'administration religieuse, que d'accroître ses pouvoirs. La religion, n'agissant que par conseils et par persuasion, dirigera les hommes vers le bien plus efficacement qu'une loi, dont l'exécution porte toujours avec elle un caractère d'autorité qui exige l'obéissance. Avouons-le franchement, la vraie morale que nous enseigne le pur christianisme ne formera que des hommes vertueux, mais l'abus qu'en ont fait et qu'en font encore quelques ecclésiastiques ambitieux ou fanatiques semble autoriser les incrédules à douter de son importance et de son utilité.

Profitons des lumières de l'expérience, opérons les réformes que commande la force des évènemens. Ce n'est point toucher aux maximes du christianisme, que de réformer les accessoires et tout ce qui peut porter les peuples à la superstition ou à les éloigner du culte public. Les papes s'immiscèrent jadis dans les affaires temporelles des nations ; ils déposaient les rois, déliaient les sujets des sermens qu'ils avaient prêtés au souverain. Pourquoi les papes et les prêtres ne s'arrogent-ils plus le même pouvoir? parce qu'ils franchirent les limites de leur ministère, et que les hommes, devenus moins ignorans et par conséquent moins crédules, ont secoué le joug d'une autorité usurpée. Rappelons-nous que ce sont les abus introduit dans le christianisme qui ont donné lieu aux réformes des dogmes; que le pape Léon X, après avoir épuisé ses trésors, par son luxe et ses prodigalités, eut recours à la vente des indulgences, pour rétablir ses finances; que l'obtension en fut mise à si haut prix que les pauvres paysans du Tyrol et de la Basse-Autriche, ruinés par des guerres récentes, ne purent obtenir la rémission de leurs péchés; que quelques théologiens profitèrent de cette circonstance pour attaquer les dogmes et les articles de foi; que de là naquirent les sectes de Luther, de Calvin, de Zuingle, de Jean Hus, etc. Si les Papes s'étaient renfermés en dedans des limites que prescrivaient les règles de la primitive église et les maximes de la vraie religion, nous ne connaîtrions ni les Luthériens, ni les Calvinistes, ni les Presbytériens; l'Europe ne formerait qu'un peuple de Chrétiens, et la terre n'eut point été teinte de leur sang, par l'effet des disputes religieuses.

Conservons notre religion ; soyons pieux, mais, surtout, ne soyons pas bigots. Le bigotisme enfante le fanatisme, et le fanatisme conduit au crime. S'il n'eut point existé ce fanatisme, les noms des Balthazard Gérard, des Clément, des Ravaillac, des Damiens, restés dans l'oubli et dans l'obscurité, n'eussent point acquis une affreuse célébrité ; le bon Henri eut vécu plus longtemps, pour le bonheur d'un peuple qui rendit un culte dans son cœur au meilleur des princes au modèle des rois.

Bannissons à jamais la fiscalité des administrations civiles et religieuses. Les guerres de religion, les dispenses, les règles abusives de l'église, sont les armes dont se servirent les sectaires de notre révolution pour renverser les autels, saper le christianisme et réduire cet antique et saint édifice à l'état dans lequel nous le voyons aujourd'hui : ces sectaires n'étaient que trop convaincus qu'en employant de telles armes ils frapperaient à coups sûrs.

Mais, hélas ! tous les maux, résultant de ces désordres, seront suivis de plus grands maux encore. La jeunesse actuelle est élevée dans ce même esprit, dans l'éloignement du culte public, et chaque jour elle reçoit l'impression que lui communiquent les dédains qu'affectent les parens pour toutes les superstitions, les règles et les observances religieuses. Cet éloignement de la majorité de la population entière, compose une force d'opinions telle qu'il est impossible à un gouvernement de résister contre un pareil torrent. De là la nécessité des réformes des objets de discipline que semblent exiger les progrès des lumières et de la civilisation, le génie de la nation, son caractère, l'opinion publique et un nouvel état de choses.

Ce sont les maximes publiques, les idées populaires, généralement reçues, qui effacent dans les ames les principes de la primitive éducation ou qui en affermissent les premières impressions. Il n'est donc pas indifférent de remarquer l'influence qu'exerce l'éducation sur l'esprit national. Avant la révolution, elle était toute monacale, depuis elle fut toute militaire. L'instruction théocratique instruisait la jeunesse des dogmes religieux, de l'esprit des anciennes écritures, et lui transmettait les préjugés et les superstitions accréditées; elle ne retenait des principes, qu'on lui avait inculqués, que les erreurs qui coïncidaient le mieux avec ses penchans et ses passions; elle ne fut point habituée à faire la comparaison des préceptes du christianisme avec la morale humaine, dont elle ignora l'importance et les rapports vec la morale de l'évangile. Les jeunes gens connurent leurs devoirs comme chrétiens, mais ignorèrent ceux qu'ils avaient à remplir comme destinés à vivre en société avec leurs semblables, les droits qu'ils devaient respecter et les institutions politiques. On négligea les connaissances positives, les qualités naturelles et tout ce qui peut améliorer le caractère moral. Ce n'est qu'en nous rapprochant des loix de la nature, en développant les principes d'équité, de sensibilité, que nous reçûmes d'elle, qu'on pourra faire germer les vertus sociales dans le cœur des hommes.

En Espagne, la morale publique se ressent du bigotisme, des préjugés absurdes et des superstitions qui dominent ce peuple. Dans les états mahométans, elle porte, ainsi que toutes les branches de l'administration et les gouvernemens eux-mêmes, le cachet de la nature des impressions que l'esprit du peuple a reçu dès l'enfance des rites religieux, des usages superstitieux : leur attachement pour leurs coutumes serait difficilement détruit.

L'étude méthodique et pratique de l'histoire, trop négligée, devrait former une partie essentielle de l'éducation. L'histoire conduit à la connaissance des institutions sociales des peuples, de leurs mœurs, de leurs usages, des progrès de la civilisation, des causes qui ont amélioré ou corrompu les principes de leur morale.

On a paru douter de la nécessité d'éclairer le bas peuple par une primitive éducation. On a cru qu'il était de l'intérêt du souverain que cette classe fut ignorante et grossière. Il serait à désirer, au contraire, que le peuple reçut une éducation morale et gratuite qui pût rectifier ses mauvais penchans, et l'instruire de ses devoirs dès son enfance, afin de fortifier l'ordre social. Il est à remarquer que les annales du crime, que les listes annuelles des cours criminelles ne sont composées que des noms d'individus de la classe du bas peuple : ces faits attestés et confirmés par l'expérience souffrent peu d'exceptions. L'intérêt et l'ambition qui enfantent tant d'autres passions funestes sont les grands moteurs de toutes les actions de l'espèce humaine ; les véhicules qui soulèvent, entraînent les hommes vers les grandes et les belles actions, ou qui, en étouffant le cri de la nature, la voix de leur conscience, les portent à devenir coupables ou criminels. Mais ces passions peuvent être changées en émulation, si la saine politique sait les employer et les diriger adroitement, en évitant surtout aux administrés les occasions de commettre des fautes et des délits;

car il ne suffit pas de créer des lois répressives, il faut éloigner les évènemens, les circonstances et les causes qui provoquent la répression. L'éducation nationale est un ressort dont un bon Gouvernement doit se servir pour indiquer aux hommes leurs devoirs. On connaît les désordres causés par la superstition, qui n'est qu'une suite de l'ignorance. C'est dans les campagnes principalement que le peuple est le plus ignorant, et par conséquent le plus superstitieux; moins les peuples sont instruits, plus il est facile de les tromper, de les égarer, d'imprimer à leur esprit une fausse direction. Leur crédulité les rend le jouet de leur imagination et des malveillans. Mahomet proscrivit l'instruction publique dans les états musulmans, parce qu'il ne lui fallait que des ignorans et des imbéciles; il aurait eu à redouter l'instruction. Si nous voulons être gouvernés comme des hommes, formons des hommes par l'instruction publique et par une éducation nationale. Regarderions-nous comme dangereux que le peuple fut instruit des rapports de l'intérêt commun avec l'intérêt particulier; ne serait-ce pas resserrer tous les liens qui unissent les membres d'une société policée?

Nous sommes, dit-on, corrompus, Le sommes-nous plus que nos aïeux ? *Nous ne valons pas nos pères* : tel est le vieux dicton que chaque génération répète depuis plus de mille ans. Prétendra-t-on que les hommes de nos jours, étant plus éclairés, doivent offrir des modèles de perfection ? Mais la perfectibilité de l'espèce humaine est une belle chimère que les philantropes ne verront jamais se réaliser. L'homme naît avec des faiblesses et des passions inhérentes à sa nature ; il reçoit du créateur la raison pour les réprimer : on ne peut les détruire entièrement ; il suffit donc d'atteindre un seul but, *le mieux possible*. L'expérience et la philosophie sont les deux grands régulateurs dont le législateur doit mettre à profit les leçons. Préférera-t-on à nos mœurs douces et *corrompues* ces mœurs barbares et intolérantes de nos fanatiques ancêtres? Regretterons-nous de ne point vivre dans ce siècle où notre pays fut pendant quarante ans le théâtre des fureurs de la ligue et des guerres de religion, ou dans ces temps antérieurs où l'on vit cinq à six millions d'individus de tout sexe, de tout âge, de tous pays, mus par un faux zèle, abandonner leurs familles, leurs concitoyens, leur patrie, pour conquérir un coin de terre, en pensant faire un acte pie et méritoire au nom d'une religion qui défend l'effusion du sang? Depuis le règne de St. Louis, la civilisation a fait constamment et successivement des progrès. Sous François I^er^., le peuple fut plus civilisé ; il l'était moins que sous Louis XIV. Nos paysans regretteront-ils de n'avoir plus de seigneurs, de droits à leur accorder de dîmes à compter et de corvées à fournir? On vante la simplicité de l'ancien temps : cette simplicité existerait-elle parmi nos aïeux, s'ils vivaient dans notre siècle? non, sans doute. Nos pères, privés de nos moyens actuels de jouissance, n'étaient point séduits par la tentation de ces mêmes jouissances; mais ils jouissaient à leur manière dans les temps où l'industrie au berceau ne fournissait que des produits grossiers. Etaient-ils plus heureux, lorsqu'ils ne pouvaient être libres de leurs actions et de leur volonté? Nos pères étaient-ils réellement plus vertueux, lorsque l'on voyait des hordes de brigands parcourir les campagnes, assassiner, piller et voler, désordres renouvelés sous le régime républicain, et qui n'existent plus? Les criminels, jadis, étaient-ils plus nombreux ou moins communs, lorsque l'on rencontrait fréquemment des hommes pendus sur le bord des chemins, lorsque la vie du voyageur était continuellement en péril?

Les moralistes considèrent le luxe comme

la cause primitive de la corruption des mœurs. Le luxe, à la vérité, engendre la mollesse, la prodigalité et le relâchement de la morale : vainement on tenterait de l'attaquer de front par des mesures forcées et des lois somptuaires. Des mesures coercitives ne produiraient qu'un mécontentement général et l'effet contraire à leur objet ; mais le luxe n'est lui-même que le résultat de la trop grande inégalité des richesses et des conditions parmi les hommes, et de l'accroissement des fortunes subites qui en sont vraiment une cause primordiale.

Le luxe d'ostentation et le faste sont aussi préjudiciables à l'état et au maintien de la pureté des mœurs, que le luxe de superfluité ou de consommation est nécessaire. Les dorures, les vaisselles plates, les bijoux d'une grande valeur, les glaces et autres meubles précieux éveillent la cupidité et le désir des jouissances, en enlevant des fonds considérables productifs qui diminuent le capital national utile. On censure notre frivolité, mais l'inconstance dans nos goûts, dans nos vêtemens, renouvelle chaque année nos besoins ; elle devient l'aliment constant de nos manufactures. Cette consommation ne peut être arrêtée que par des temps malheureux. Des temps plus prospères verraient s'accroître le superflu des riches. Un plus grand nombre d'ouvriers serait sans cesse occupé à ce renouvellement de besoins, augmenté par les demandes successives de toutes les classes de la société. Dans un grand état qui renferme une grande population, le luxe de consommation est une nécessité, surtout lorsqu'il absorbe les produits nationaux.

On vante les siècles de Periclès, d'Auguste et de Louis XIV : ce fut à ces époques que le luxe se montra avec le plus d'éclat. Sous les Gouvernemens où la faveur décide de tout, lorsque le mérite et la vertu sont des mots vides de sens, lorsque l'or conduit à tous les honneurs, lorsque tout se fait par ostentation, le luxe y est nécessairement en crédit.

La disproportion monstrueuse dans les fortunes offre un attrait à l'envie, à l'imitation, et irrite les désirs. Depuis notre révolution, les richesses acquises rapidement par le commerce et les finances ont porté le luxe à l'excès. Les nouveaux riches figurèrent successivement sur la scène, parurent et disparurent comme des marionnettes ou des ombres chinoises ; mais l'impulsion était donnée. Tout individu dont la fortune s'était accrue voulut imiter tel autre qu'il avait vu naguère dans la médiocrité. L'orgueil, la jalousie, l'ambition de paraître avec ostentation furent de nouveaux aiguillons qui excitèrent la rivalité dans les dépenses fastueuses.

Mais la France est actuellement dans une situation favorable à la répression du luxe. Chaque individu, forcé de s'astreindre à une sévère économie, connaît la nécessité de proportionner sa dépense à ses moyens d'existence. Le commerce dans un temps calme n'offre point ces hausses subites, ces chances qui élevaient si rapidement les hommes favorisés par d'heureux hasards. La restriction observée dans l'emploi des finances est devenue un obstacle à l'accroissement des fortunes financières. Une sage administration, en prévenant, en évitant de nouveaux abus, achevera cet ouvrage commencé par de funestes évènemens et sous d'heureux auspices pour le perfectionnement de la morale.

Le meilleur remède et le plus efficace que l'on puisse apporter à la corruption des mœurs, effet passager, suite inévitable des révolutions, consiste à réveiller l'industrie de sa longue léthargie. En offrant un travail constant et continuel à l'oisiveté, on évite la débauche et la prostitution. Les manufactures, tantôt actives, tantôt inactives, privent par intermittences l'ouvrier du salaire nécessaire à son existence. La suspension des dépenses des riches réduit à la misère des hommes qui, naturellement laborieux, se livrent à des désordres suscités par de pernicieux conseils, par de mauvais exemples, par l'espoir fallacieux d'un soulagement prochain à leurs maux.

Il en est des orages politiques comme des orages physiques. Les météores, la pluie, la grêle ravagent les campagnes, renversent la chaumière du laboureur, détruisent en un instant ses moissons, son espoir, le seul gage de son existence; mais les bestiaux, prêts à périr, trouvent de nouvelles eaux pour étancher leur soif. Les torrens se précipitent du sommet des montagnes pour enfler les ruisseaux; les sources taries reprennent leurs cours; les prés desséchés par l'ardeur brûlante des rayons du soleil, vivifiés par de salutaires inondations, promettent d'abondantes récoltes. L'atmosphère, chargé de miasmes et de vapeurs pestilentielles, s'épure, tous les êtres reprennent une nouvelle vie en respirant un air plus sain. Il en est de même des révolutions; elles appauvrissent les uns, ruinent les autres; elles conduisent à l'anarchie populaire, à de grands désordres; mais, en déplorant ces malheurs, on glane quelque bien sur leurs traces, on récolte encore quelques fruits lorsqu'un calme profond a succédé tout-à-fait à l'orage.

Les lumières nationales appelaient un changement dans nos institutions politiques; le siècle de Louis XIV, fertile en hommes savans et éclairés, avait jeté la semence qui devait produire un jour les idées recueillies par la philosophie moderne. L'opinion publique se prononçait contre les vieilles maximes, les préjugés et les abus d'une administration vicieuse et d'un gouvernement imparfait. Vers la fin du règne de Louis XV, les hommes les plus instruits et les plus sages réclamaient de salutaires innovations, et un nouvel ordre de choses. Les parlemens, la cour des aides, plaidaient la cause de la nation en faveur de ses droits méconnus depuis Henri IV; mais la cour, intéressée à conserver ses priviléges, fut sourde à la voix de la raison. Un monarque faible et débile n'écouta que les pernicieux conseils des grands et des hommes en crédit, portés naturellement à le tromper sur les intérêts du peuple pour maintenir et conserver leur puissance; mais bientôt la force de l'opinion publique triompha de tous les obstacles sous son successeur: des moyens curatifs trop violens, toujours funestes aux nations qui les adoptent, furent employés avec trop de précipitation.

Le Gouvernement, au milieu d'un conflit d'opinions divergentes, pressé par l'état critique et alarmant des finances, crut devoir appliquer aux grands maux les grands remèdes. Cette impolitique porta un coup terrible à la sécurité publique; on exécuta simultanément toutes les réformes qui devaient être opérées successivement et par gradations. Le peuple, sorti tout à coup comme par magie d'un long engourdissement et d'une profonde léthargie, sentit le prix de la liberté, s'étonna de son pouvoir, et voulut tout oser. Cette liberté dégénérée en licence ouvrit un libre champ aux passions qui prirent un essor désordonné, et reçurent un dangereux élan des écrits et des déclamations des faux philosophes, de ces hommes qui, n'ayant rien à perdre, mais tout à gagner, profitèrent de leur ascendant sur l'esprit populaire pour fonder leur crédit et leur fortune. Telles les eaux de la mer, en brisant les digues qui les retiennent dans leurs limites naturelles, inondent la plaine en engloutissant tout ce qu'elles rencontrent sur leur passage; de même le torrent des passions, franchissant les bornes de la liberté, produisit un débordement qui entraîna le bonheur et la prospérité de la Patrie. Les animosités, la jalousie, les vindications particulières, exercèrent leur empire, et ne reçurent aucun frein. Le peuple devenu souverain se tyrannisa lui-même, et, sous l'égide de l'égalité, il opprima les riches, et ceux mêmes dont le pouvoir colossal l'avait long-temps tenu sous le joug.

Toutes les nations policées ont éprouvé des révolutions plus ou moins violentes, qui n'ont été que l'effet immédiat des progrès de la civilisation, puisque les peuples les plus puissans commencèrent par l'état de nature ou de barbarie. Cette Rome qui subjugua ses voisins; cette Rome, la patrie des Scipions, des Brutus, des Caton, des Cicéron, des Virgile et des Horace, si fertile en grands évènemens, qui fournit au burin de l'histoire la transmission de si glorieux souvenirs; cette Rome qui, après avoir porté la gloire de ses armes et le flambeau des lumières jusques au fond des Gaules et de la Germanie, succomba sous le fer des Vandales et des Goths; Rome enfin fut fondée par une poignée de brigands. Chaque période de temps épura ses mœurs et la civilisa, en apportant des changemens dans ses institutions. Les Grecs eurent des législateurs qui améliorèrent successivement et leurs mœurs et leurs lois; mais la véritable source des révolutions naît de l'entêtement des Gouvernemens et de leur obstination à repousser toute réforme exigée par la raison, les besoins et la félicité des administrés. L'expérience de tous les peuples et de tous les temps vient à l'appui de cette assertion.

« C'est parce qu'on dédaigne par paresse, par indifférence ou par présomption, dit l'abbé de Condillac, de profiter de l'expérience des siècles passés, qui chaque siècle ramène le spectacle des mêmes erreurs et des mêmes calamités. De là ces vicissitudes, ces révolutions capricieuses et éternelles, auxquelles les états semblent être condamnés. Nous faisons ridiculement et laborieusement des expériences malheureuses, quand nous devrions profiter de celles de nos pères. »

Des hommes à petites idées, mus par l'intérêt personnel, pour lesquels le bien public et le bonheur de 25 millions d'individus ne sont d'aucune considération, regrettent l'ancien ordre de choses, en déclamant contre les prétendues lumières de la philosophie qu'ils regardent comme les agens de tous nos maux; mais il serait aussi ridicule, aussi absurde d'attribuer à la civilisation et aux progrès de la philosophie les horreurs de la révolution française et les conséquences, que de considérer la morale évangélique et les maximes du christianisme, comme les causes des disputes des controversistes, des guerres de religion et des crimes de l'intolérantisme ecclésiastique, tant il est vrai que dans tous les temps les abus, et les fausses interprétations des plus sages préceptes, ont conduit aux excès.

Nous n'avons point encore atteint cette sécurité, ce calme qui, par la force irrésistible des évènemens et le cours naturel des choses, doivent succéder infailliblement aux orages qui ont causé tant de désastres sur le sol de notre patrie. Pourrions-nous être véritablement vertueux, lorsque le relâchement de nos mœurs n'est que le ricochet de nos révolutions et l'effet de cette commotion politique dont la force insensiblement atténuée ne cessera de se faire sentir, et ne pourra s'amortir qu'en nous éloignant progressivement du moteur qui lui imprima la première secousse ?

Ces peuplades anciennes, ces petites républiques dont l'histoire nous retrace la pureté des mœurs, les vertus et la félicité, passées parmi nous en proverbe, ces peuples qui vivaient aux époques du siècle d'or auraient-ils joui d'une tranquillité sans nuages au milieu des dissentions civiles et domestiques, et de ces désordres qui fuient les petits états faibles en territoire et en population, pour se fixer chez les grandes nations, si un fer ennemi, ravageant leurs campagnes, eût troublé la paix de leurs familles, en introduisant la haine, les passions et la misère dans leur sein ?

Lorsque nous serons parvenus au terme de nos malheurs, lorsque nous aurons récupéré notre indépendance politique, lorsqu'enfin des jours plus prospères luiront pour notre belle France, c'est alors que nous pourrons apprécier les effets de la bienfaisante influence des progrès de la civilisation et des lumières de la *saine* philosophie, sur le bonheur et la prospérité du genre humain.

---

# RÉFLEXIONS DIVERSES,

## POLITIQUES ET MORALES.

Nous avons adopté en France l'hérédité de la pairie qui existe dans la chambre haute de l'Angleterre. Il me semble que l'imitation servile de la constitution anglaise serait déraisonnable ; pour s'en convaincre, il suffit de jeter un coup d'œil sur l'institution du parlement anglais.

Guillaume, duc de Normandie, après avoir conquis la Grande-Bretagne, se réserva la puissance judiciaire. Le tribunal qu'il institua prononça en dernier ressort sur l'honneur, la vie et les biens des barons, et tint sous le joug ses seigneurs et ses sujets. Les seigneurs sentirent la nécessité de se faire des créatures parmi le peuple, et lui inspirèrent le goût de la liberté.

Les habitans des campagnes commencèrent à s'apercevoir que les efforts de leurs seigneurs seraient impuissans sans leur appui : ils exigèrent que les lois protégeassent toutes les classes de citoyens : la fermentation alors devint générale. Henri Ier. adoucit les rigueurs du droit féodal introduit par les grands vassaux sous Guillaume. Ce fut sous Jean Santerre que la nation se révolta. Ce prince, abandonné de ses sujets, se mit à leur disposition, signa la Charte de Forêt, et la grande Charte d'Édouard-le-Confesseur, en abrogeant la partie la plus tyrannique des lois féodales. Le peuple dicta des conditions favorables à sa liberté. Les servitudes à l'égard des seigneurs, et celles des petits vassaux furent abolies. La liberté des citoyens et le droit de propriété furent publiquement reconnus.

Le parlement ne commença à se former qu'en 1248; il n'était composé que des seigneurs et des pairs du royaume, qui seuls représentaient la nation, et partageaient avec le roi la puissance législative. Il ne fut question de la chambre des communes, que vers 1264 : les députés étaient choisis par le roi.

Après la mort de Henri III, les provinces profitèrent de l'absence d'Édouard son fils, alors en croisade en Palestine, pour élire les députés qui devaient les représenter, et ne permirent point que l'élection en fût faite par le régent. Le parlement, c'est-à-dire les pairs consentirent à admettre les députés qui, depuis cette époque, ont joui du privilège de l'élection populaire.

Les communes ne purent obtenir néanmoins une voix délibérative au parlement; leurs prérogatives étaient bornées aux doléances; elles représentaient les besoins ou les griefs de la nation, et priaient le roi d'y remédier par l'avis de ses seigneurs spirituels et temporels. Tous les arrêts du parlement étaient conçus en ces termes : *Accordé par le Roi et les seigneurs spirituels et temporels du royaume aux prières et supplications des communes.*

Ce ne fut qu'à l'avènement d'Édouard IV, en 1461, que les communes prirent une part dans le pouvoir législatif; les actes portaient : *Accordé par le roi et les seigneurs, avec le consentement des communes.* Plusieurs seigneurs ayant vendu leurs fiefs avec la permission du roi, le pouvoir des communes prit de l'accroissement.

Cromwell supprima la chambre des Pairs, en déclarant que la puissance législative appartenait au peuple. A l'époque de la restauration, cette chambre fut rétablie par Charles II.

La révolution de 1688 consolida les bases sur lesquelles les Anglais établirent l'édifice de leur liberté; ils modifièrent la constitution, mirent de nouvelles bornes à l'autorité royale et firent reconnaître, par le nouveau roi, la liberté de la presse et le droit de pétition.

Depuis cette époque, le parlement n'a subi aucun changement. L'hérédité a été maintenue dans la personne des membres de la chambre haute; mais il faut se rappeler que cette même chambre, aux douzième et treizième siècles, représentait le pouvoir législatif, qu'elle était composée de seigneurs feudataires qui ont constamment conservé jusques à ce jour les prérogatives d'autant moins contestées, qu'ils avaient reconnu et maintenu les droits du peuple; que dans toutes les crises, ils avaient agi dans l'intérêt commun, et que cette hérédité fut confirmée au dix-septième siècle, époque où le régime féodal existait encore en Europe.

« Comme le gouvernement anglais, dit un écrivain célèbre, n'est qu'une réforme de ce gouvernement féodal qui avait opprimé toute l'Europe, il en a conservé beaucoup d'usages qui, n'étant dans l'origine que l'abus de l'esclavage, sont plus sensibles encore par leur contraste avec la liberté que le peuple a recouvrée; on a donc été forcé de joindre des lois qui laissaient beaucoup de droits à la noblesse, avec les lois qui dominent, abrogent ou modifient ces droits féodaux, de là tant de lois d'exception pour une loi de principe, tant de lois interprétatives pour une loi fondamentale, tant de lois nouvelles contraires aux lois anciennes. »

Il n'est donc point étonnant de voir l'hérédité de la pairie dans le parlement anglais ; mais notre chambre des pairs étant de nouvelle création, son institution doit être en rapport avec nos lois politiques. Or, cette hérédité est tout-à-fait contraire à l'esprit de nos constitutions.

L'hérédité introduit dans le premier corps de l'état des membres beaucoup trop jeunes pour examiner les affaires publiques avec cette maturité et cette attention qu'elles réclament impérieusement. Peut-on, sous un gouvernement sage, leur soumettre les délibérations prises sur les grands intérêts d'une nation entière. Le mérite, les talens et les vertus doivent être les principaux titres de tout homme à la pairie. Mais le mérite, les talens et les vertus ne sont point héréditaires. Ferait-on dépendre le salut d'un peuple, le bonheur de vingt-cinq millions d'individus, des jeux du hasard? La raison, la saine politique, la sûreté du trône, l'intérêt des citoyens, tout s'oppose au maintien de cette hérédité.

La chambre des députés a adopté la restitution des *biens du Clergé*. Cette chambre entraînée par son zèle, a, selon moi, commis une erreur. Les biens *restitués* au Clergé actuel ne lui appartenaient pas. Ces bois, ces monastères invendus qui lui sont *restitués*, étaient la propriété des communautés religieuses auxquelles ils avaient été donnés ou légués par l'état, par des souverains ou par des particuliers. Les communautés étant dissoutes, les membres n'avaient qu'un droit viager à exercer envers elles; ce droit a été remplacé par des pensions : les biens des corporations religieuses, après leur dissolution, revenaient naturellement aux donateurs ou à leurs héritiers; mais l'origine de ces donations se perd dans la nuit des temps. Les héritiers n'ont formé aucune réclamation, leurs ancêtres ne leur ont laissé aucuns titres pour réclamer un jour la possession des propriétés qu'ils abandonnaient sans retour avec l'intention de ne les jamais revendiquer. L'état, comme héritier naturel des biens et des successions non-reclamés, s'en est emparé. Les biens *des corporations religieuses* que l'on désigne sous la dénomination *impropre* de *biens du clergé*, sont donc les propriétés de l'état.

Les revenus qui fournissaient des moyens d'existence au clergé, dont le ministère était, comme il l'est encore aujourd'hui, consacré au service du culte public dans les villes et dans les campagnes, ne consistaient que dans les bénéfices accordés par la cour de Rome, les redevances, et dans les dîmes qui n'étaient qu'un véritable impôt territorial payé en nature. Les membres du clergé n'étaient qu'usufruitiers de ces revenus ; pourquoi donc le corps entier du clergé serait-il propriétaire aujourd'hui? Les presbytères n'étaient pas plus les propriétés du clergé que les bâtimens civils, les propriétés des corps judiciaires ou des fonctions publiques. Les fonctionnaires ecclésiastiques ont droit à un traitement comme les fonctionnaires judiciaires.

Il existe beaucoup plus de rapport qu'on ne se l'imagine entre le corps ecclésiastique et le corps judiciaire. L'un agit par conseil sur les ames comme pouvoir spirituel ; l'autre agit par répression comme pouvoir temporel, en employant la puissance coactive dont il est depositaire, pour réprimer les atteintes que tout individu porte à l'ordre naturel en s'écartant des devoirs qui lui sont insinués par l'autorité spirituelle, protégée par le chef de l'état et dont l'objet est de soumettre les esprits par la voie de la persuasion, et de diriger les cœurs vers la pratique des vertus sociales, dont l'observance constitue le principe de la sécurité de tous les citoyens et le bonheur des sociétés politiques. L'institution du corps ecclésiastique dans un état civilisé, tend à maintenir les hommes dans les bornes posées par leurs devoirs, par la crainte des châtimens spirituels et de l'infliction des peines intérieures. L'institution du corps judiciaire tend au même but, en les retenant par la crainte des châtimens corporels, dans l'observance des lois politiques et civiles qui sont plus ou moins interprétatives des lois naturelles.

Tel qui s'écartant des maximes et des préceptes de sa religion tenterait de devenir coupable ou criminel, est retenu par un double frein en songeant qu'il échapperait difficilement aux peines infligées par la puissance judiciaire. Le corps ecclésiastique enfin prescrit la règle par devoir, et le corps judiciaire la fait observer par crainte.

Le corps judiciaire est et doit être indépendant, parce que la conduite de ses membres a pour guide l'équité naturelle dans l'interprétation des lois et leur conscience. Le corps ecclésiastique, par une semblable raison, doit être indépendant, puisque la règle de sa conduite lui est indiquée par les maximes et les préceptes de la religion et par les lois invariables de la morale naturelle. L'administration civile établie sur des règles variables, doit être par conséquent dépendante. Les membres de ces trois administrations ne sont rangés dans la même cathégorie que sous le rapport de la manière dont ils exercent des fonctions qui leur sont confiées par le chef de l'état.

La donation foncière du clergé, aussi impolitique qu'irréfléchie, a produit et devait produire de funestes effets. Des esprits toujours craintifs qui se plaisent à lire dans l'avenir sans asseoir leur opinion sur d'autres bases que les écarts de leur imagination, n'ont vu dans cette dotation qu'un acheminement vers la restitution des biens nationaux, et quoique les proclamations du monarque, sa loyauté et la pureté de ses intentions soient d'une nature suffisamment rassurante, les biens nationaux sont distingués par l'opinion des biens patrimoniaux, et cette distinction est de plus en plus observée.

\-\-\-

Beaucoup d'anciens propriétaires de domaines nationaux ne dissimulent pas qu'ils ont l'espoir de rentrer dans la possession de leurs biens, en prétendant que le gouvernement ne rendra qu'un acte de justice en opérant cette restitution. Je suis loin d'éprouver ce sentiment d'équité. Les émigrés doivent être rangés dans cette classe si nombreuse d'individus qui ont perdu une partie ou la totalité de leur fortune, malheurs inséparables des bouleversemens et des commotions politiques. Si, pour prévenir de nouveaux désastres, la raison et le bien public n'ordonnaient pas de jeter un voile épais sur le passé, pour ne songer qu'au présent et à l'avenir, on trouverait certainement en France des citoyens qui devraient fixer l'attention du gouvernement avant les émigrés. Les anciens créanciers de l'état ne peuvent-ils pas dire : Nous avons donné au gouvernement, dans des temps calamiteux, des preuves de notre confiance ; nos prêts ont soutenu la majesté du trône ; nous sommes venus au secours de l'état, en lui prêtant des fonds sous le gouvernement de Louis XVI, et nous réclamons le paiement de nos rentes, ou le remboursement de nos capitaux sous le gouvernement de l'héritier légitime ? Ces capitaux n'ont point été dissipés par le régime républicain, *nos prêts étaient antérieurs à l'année 1790, etc.*

Les émigrés sont dans une position bien différente ; le gouvernement royal actuel n'a point contracté et ne peut contracter l'obligation de réparer les fautes du gouvernement révolutionnaire. Si le roi, au lieu de respecter nos lois fondamentales, écoutait les clameurs d'un certain nombre d'émigrés et suivait leurs conseils, il en résulterait que ces mêmes émigrés assimileraient le gouvernement royal au gouvernement révolutionnaire. Le gouvernement républicain a violé le droit de propriété, en s'emparant des biens des émigrés, sous de frivoles prétextes ; le gouvernement royal commettrait la même violation, en dépouillant les nouveaux propriétaires. On objecte vaguement que les premiers acquéreurs devaient se garder d'acheter ces biens. Je n'entrerai dans aucune dissertation sur ce sujet ; je me bornerai à observer que les trois quarts des biens nationaux ont subi plusieurs mutations. Les propriétaires actuels diront : Nous avons acheté ces biens qui, par l'effet des mutations, sont devenus patrimoniaux ou ont été transmis par héritage ; nous les avons payés à leur valeur réelle ; nous avons rempli toutes les formalités voulues par les lois du gouvernement sous lequel nous vivions ; nos actes d'acquêts ont été enregistrés ; aucune subtilité n'a présidé à leur rédaction. Ces biens sont devenus notre propriété, puisque nous avons fourni en échange une valeur mobiliaire en or et argent monnoyés aux titre et cours du jour. Si nous étions dépouillés de nos biens, nous serions privés de notre fortune mobiliaire échangée ; or, la propriété mobiliaire, chez une nation civilisée, est aussi sacrée que la propriété foncière ; elles sont garanties par *le droit de propriété*, qui comprend les choses et les personnes.

Les propriétaires de biens d'émigrés diront : Nous avons acheté des premiers acquéreurs, nous avons cru devoir ne faire aucune différence entre ces biens et les propriétés patrimoniales ; les constitutions nous en garantissaient l'inviolabilité ; le gouvernement était reconnu de toutes les nations ; par les Etats-Unis, en Amérique ; par l'empereur de Fez et de Maroc, et par les deys, en Afrique ; par le roi de Perse, en Asie ; par toutes les puissances européennes ; et l'Angleterre elle-même, sur le sol de laquelle habitaient les Bourbons, l'Angleterre reconnut ce gouvernement par le traité d'Amiens. Le chef de la dynastie impériale fut sacré par le Pape, bénévolement ; avions-nous besoin de plus amples garanties ?

Dans tous les temps, les ventes faites par l'état furent inviolables ; les persécutions des Catholiques d'Irlande, des Quakers, des Puritains dans la Grande-Bretagne ; l'affreuse inquisition exercée en Espagne, en Portugal, contre les Juifs ; les persécutions qu'éprouvèrent les Protestans en France, donnèrent lieu à des confiscations de la part des gouvernemens qui exercèrent envers les innocentes victimes de l'intolérantisme religieux, la même force coactive, les mêmes abus d'autorité que ceux déployés par le régime révolutionnaire. Si l'on pouvait remonter à l'origine de toutes les propriétés foncières de la France, combien de paisibles possesseurs seraient étonnés d'apprendre que leurs propriétés proviennent d'anciennes et arbitraires confiscations.

D'autres diront : Nous n'avions point encore acquis des biens d'émigrés, mais le Gouvernement impérial s'étant de jour en jour affermi, nous vîmes assise sur le trône à côté du chef de cette dynastie, une petite-fille de Marie-Thérèse ; nous vîmes, dans le jeune héritier de ce même trône, un petit-fils de Léopold, de Joseph et de François II. Nous savions que la maison d'Hanovre avait remplacé la maison des Stuarts, et que le dernier rejeton des Stuarts mourut il y a quelques années à Rome ; nous achetâmes donc des biens d'émigrés. Enfin, en 1814, en 1815, la Charte constitutionnelle ayant maintenu la validité de ces aliénations, nous crûmes pouvoir en acquérir de nouveau.

Le gouvernement révolutionnaire n'a-t-il pas violé le droit de propriété mobiliaire en établissant des magasins d'accaparement, en forçant les commerçans à vendre au *maximum*, en ruinant les capitalistes par l'énorme émission d'un papier-monnoie qui devait infailliblement anéantir leur fortune?

Ainsi donc les émigrés ont été enveloppés dans le malheur commun. Ils ont perdu leur propriété foncière ; les commerçans et les capitalistes ont été dépouillés de leur propriété mobiliaire, et les créanciers de l'Etat ont perdu leurs capitaux et leurs rentes. Quels crimes avaient donc commis ces honnêtes commerçans auxquels l'orage de la terreur enleva le fruit de trente à quarante années de travaux ? . . .

Si la noblesse et le clergé, qui possédaient les emplois, des priviléges immenses, la plus grande partie des richesses de l'état, *sans contribuer aux charges publiques ;* si la noblesse et le clergé, qui devaient être les plus fermes appuis du trône, eussent offert au Roi des preuves d'un *noble* dévouement, en payant les 58 millions de déficit, en destinant chaque année une très-faible portion de leur reveuu pour l'extinction de la dette publique, de funèbres cyprès n'eussent point couvert le sol français de l'ombre lugubre de leurs rameaux ; ce vertueux monarque qui régnait alors sur notre belle patrie n'eut point porté sa tête innocente sur un échafaud, pour expier les forfaits d'un gouvernement révolutionnaire ; sa fille, cette malheureuse princesse, renfermée dans une étroite prison, n'eut point frémi d'horreur en voyant sa main convoitée par un tyran populaire qui aspirait à ce même trône naguère ensanglanté par ses complices ; une famille infortunée n'eut point abandonné ces palais, séjours de ses ancêtres, ces lieux témoins des jeux de son enfance, embellis jadis par la présence de Henri, et qui rappellent de si doux souvenirs; la France n'aurait point à gémir d'avoir vu naître dans son sein des monstres qui répandirent à grands flots un sang innocent, un sang qui n'a pu racheter la perte de leur vie; les regnicoles n'eussent point émigré; libres possesseurs de leurs biens, dont ils auraient transmis l'héritage à leurs enfans, ils n'auraient point appris, par une douloureuse expérience, *que quiconque veut tout avoir, tout envahir, s'expose à ne rien conserver.*

Mais existerait-il encore des hommes assez égoïstes, assez aveuglés pour prétendre que Louis XVIII doit tout faire pour eux; pour eux qui n'ont rien fait pour l'état; pour eux qui n'ont rien fait pour Louis XVI; pour eux qui n'ont rien fait pour sauver sa famille?

---

On assure qu'il existe en France une classe de royalistes désignée par le nom d'*Ultra-Royalistes.* On doit donc comprendre, sous cette dénomination, ces individus qui veulent nous ramener vers nos anciennes institutions; ces hommes qui ont atteint le *nec plus ultrà* de la déraison et de la folie, et sur lesquels on pourrait lancer, comme au temps jadis si regretté, des lettres-de-cachet pour les écrouer, les uns aux Incurables, les autres aux Petites-Maisons.

C'est l'évangile à la main, en déroulant à leur yeux le tableau de l'expérience, que je leur démontrerai qu'ils sont aveuglés par une folle passion, par un égoïsme inconsidéré; leur propre intérêt leur ordonne de renoncer à leurs sinistres projets. Qu'ils acquièrent donc la connaissance des vrais principes de la politique et de la saine morale; qu'ils commencent donc à penser à s'instruire avant de raisonner. Malheur aux hommes qui, en reconnaissant la toute-puissance de l'Être-suprême, auraient la témérité de l'injurier en lui prêtant un langage indigne de sa sagesse divine!

Nous voyons tous les jours des partisans de nos anciennes institutions se précipiter aux pieds des autels, faire itérativement des génuflexions, de grands signes de croix, se frapper la poitrine, lever les yeux vers le ciel, rester dans des extases prolongées, affecter un ridicule bigotisme, et croire en imposer, par une feinte dévotion, à l'Eternel, dont l'œil clairvoyant scrute leur pensée, interroge leur conscience. A peine ont-ils franchi le pas de la porte du sanctuaire sacré, qu'on les voit faire une fausse application des préceptes d'une religion de paix, d'union, de charité et d'humilité, qui leur dit : *Soyez frères, soyez unis ; aimez votre prochain comme vous-même ; faites à autrui ce que vous voudriez qu'on vous fît.*

Les sectateurs de Zoroastre et de Confucius, le quaker et le presbytérien, le luthérien et le calviniste, le bonze et le bramine observent ces sages préceptes, qui dérivent de la loi naturelle.

Des rives du fleuve Amour aux rives des Amazones, des bouches de l'Indus aux bouches Saint-Laurent, du Caucase aux Cordilières, tous les temples élevés en l'honneur du Dieu de l'univers retentissent de cette voix de l'Éternel : *Soyez frères, soyez unis ; aimez votre prochain comme vous-même ; faites à autrui ce que vous voudriez qu'on vous fît.*

Mais ces faux dévots, qui voudraient faire des maximes immuables du christianisme et de la morale naturelle autant d'interprétations qu'ils ont de caprices, de passions et d'intérêts à satisfaire, prétendent-ils mériter la protection divine, sauver leur ame, monter au séjour des bienheureux, jouir des béatitudes célestes, en s'écartant ici-bas de la morale de l'évangile, en refusant d'être les égaux des autres hommes qui, comme eux, sont les enfans de la nature ; en altérant le sens de la parole de Dieu, *en voulant faire à autrui* CE QU'ILS NE VOUDRAIENT PAS QU'ON LEUR FÎT? Est-ce ainsi *que l'on aime son prochain comme soi-même*, qu'on exécute les arrêts de l'Être suprême? Est-ce ainsi *qu'on remplit les devoirs du chrétien?*

Cette révolution française, cette affreuse révolution qui brisa la verge de fer sous laquelle le peuple gémissait, ne nous offre-t-elle pas l'application de ce précepte du christianisme, *quiconque s'élève, sera abaissé.* Cette vérité de tous les temps est confirmée par les fastes de l'Histoire. Ces payens, qui déifièrent les choses, le sentiment même, représentèrent Jupiter foudroyant les Titans; Phaéton fut précipité du char du Soleil, et l'imprudent Icare devint la victime de son aveugle témérité : funestes et terribles leçons pour l'ambition, léguées, sous l'emblème de l'allégorie, par les anciens à la postérité!

Les conquêtes d'Alexandre furent partagées par ses généraux. L'empire romain devint l'empire du monde. Le sceptre des Césars s'éloigna du Capitole, et s'avança sur le Bosphore. On chercha Rome dans l'ancien Latium et sur les bords du Tibre; Mais Rome n'était plus dans Rome, Rome était dans Byzance.

Les vastes états de Charlemagne furent disloqués par ses successeurs.

La France d'aujourd'hui n'est plus cette orgueilleuse France qui suivit les bannières d'un ambitieux conquérant. Elle n'est plus cette France qui entendit le cliquetis de ses armes victorieuses, répété par les échos des côteaux de la Dalmatie, par les échos des vallons de la Castille, par les échos des sauvages forêts de la Moravie et de la Moscovie. L'aigle prit un vol rapide, s'éleva dans la nue et retomba sur la terre. L'aigle fougueuse a disparu. L'humble lis a relevé sa tige majestueuse. *Quiconque s'élève sera abaissé; quiconque s'abaisse sera élevé.*

C'est de la voûte azurée qu'est descendue, par la volonté de l'Éternel, une étincelle du feu sacré, pour allumer le flambeau de la vraie philosophie, qui doit, au 19e. siècle, éclairer l'Europe entière.

Un rayon de cette lumière céleste a pénétré dans le Nouveau-Monde. Les peuples barbares vont sortir de l'état de barbarie. La civilisation fera des progrès encore parmi les peuples de l'ancien Monde. Les Francs délibérèrent sur les affaires publiques, dans les plaines de Lutèce. Les fiers Saxons délibérèrent dans le sein d'Albion ; ils connaissaient leurs droits et les firent reconnaître. Nous voyons déjà les descendans des Huns, des Goths et des Germains apprécier les bienfaits des nouvelles institutions et réclamer à grands cris des lois politiques et civiles, interprétatives des lois naturelles. Malheur aux souverains qui tenteraient de résister à la force de l'opinion publique ! Potentats, téméraires mortels, prétendriez-vous opposer vos faibles, vos impuissans efforts à la toute-puissante volonté du Roi des Rois ?

Mais quels sont donc ces attraits qui sourient aux prosélites de nos anciennes institutions si regrettées ? L'honneur d'asservir la plus forte portion de l'espèce humaine, d'exercer un pouvoir arbitraire, de ruiner la veuve, de dépouiller l'orphelin, de tout soumettre à leur volonté, au gré de leurs caprices, de traiter leurs égaux en esclaves, le *bonheur* enfin de *rendre malheureux* des hommes qu'ils doivent, en leur qualité de chrétiens, soulager et secourir dans le malheur, des hommes que l'Être suprême leur ordonne d'aimer comme eux-mêmes. Ah ! j'en conviens, ce *bonheur* est bien digne d'envie !...

Mais, après avoir exécuté ces sacriléges projets, oseraient-ils se présenter aux pieds des autels comme ces fanatiques qui, couverts d'opprobre, levèrent devant l'image de la Divinité des mains homicides dégoûtantes du sang encore fumant de leurs frères, en sollicitant du Dieu de miséricorde la récompense de leurs forfaits, avec cette sécurité d'ame que devrait seule inspirer le sentiment d'une bonne action? Oseraient-ils alors offrir leur encens au Dieu juste et bon qui repousserait leurs vœux, leurs chants et leurs offrandes...? Ah! conservez, conservez la paix du cœur; pensez, pensez à votre dernière heure, prosélites de nos anciennes institutions.

Seriez-vous jaloux des priviléges des princes du sang royal? observez les distances. Les prérogatives de la famille de Louis XVIII sont les prérogatives de la famille de Louis XV; elles sont inhérentes au titre d'aspirant à l'hérédité du trône, sanctionnée par nos constitutions: traiterions-nous en égaux des princes dont un jour nous pouvons être les sujets?

Pourquoi donc jeter des doutes par vos clameurs sur la validité de notre Charte, sur la stabilité de notre gouvernement, sur la pureté des intentions des Bourbons? Pourquoi donc imprimer à l'opinion une fausse direction attentatoire au repos public et subversif de l'ordre social? Pourquoi donc enfin traduisez-vous la pensée du monarque, en laissant dans votre traduction tant de contre-sens, de solécismes et de barbarismes ? La dignité de roi de France, dont l'autorité est modérée par nos institutions nouvelles, n'est-elle pas le plus beau poste auquel puisse aspirer et prétendre un mortel ?

Mais vous ignorez qu'une constitution est un contrat conditionnel qui lie la nation au souverain ; que la violation manifeste d'une loi fondamentale délierait les troupes de terre et de mer, les magistrats, les fonctionnaires publics de leur serment de fidélité, les sujets de leur obéissance, en fomentant de nouveaux troubles. Que gagnerait la famille royale à un pareil changement, je vous le demande ? vous-mêmes, accusés d'être les premiers coupables de la réaction, vous en seriez les premières victimes. Les nations ne sont que des réunions d'hommes ; les hommes naissent avec des passions qui, dans l'excès de leur effervescence, ne peuvent être retenues par aucune force humaine : il en est des passions nationales et des intérêts populaires, comme des passions et des intérêts domestiques. Vous en offrez la preuve, puisque, méconnaissant le danger, l'intérêt et la passion vous aveuglent tellement que vous franchissez les bornes de votre devoir ; comme hommes, comme citoyens de l'état, et comme sujets du roi, vous avez tout à redouter de la fureur populaire ; si vous l'avez oublié, je vous le rappelle en ami.

Souvenez-vous que le petit nombre de vos persécuteurs fut grossi par cette foule innombrable de Français qui composaient cette classe considérée jusqu'alors comme ignorante et grossière, de ces individus descendans des serfs opprimés jadis par le régime féodal, qui font valoir des droits que vous aviez usurpés, des droits que l'homme reçut en naissant de l'auteur de la nature. Rappelez-vous qu'au 20 mars le bas-peuple entoura le char triomphal de l'usurpateur ; que bien loin de retrouver ces prérogatives que, dans votre délire, vous réclamiez à grands cris, vous perdites vos titres et les avantages dont vous jouissiez sous le gouvernement légitime.

La cause primordiale de cette catastrophe dériva de l'effroi qu'inspirait tout retour vers nos anciennes institutions. Les bruits répandus par quelques frénétiques, devenus le domaine des ennemis du gouvernement, répétés de bouche en bouche, se répandirent comme un torrent de village en village, de ville en ville, de province en province, et votre espoir fut bientôt déçu.

Une minorité de quelques millions de Français s'abuse, en concevant l'espérance chimérique de parvenir à asservir un peuple belliqueux, et quelques millions d'hommes déterminés à défendre, à conserver leurs droits.

L'histoire vous retrace le tableau des vêpres siciliennes; le sol français, témoin des massacres de Lyon, fut teint du sang des Protestans, infortunées victimes du fanatisme, assassinés par la main du chrétien, le jour de St. Barthélemy, au nom d'une religion qui proscrit les sacrifices humains.

Si, dans des temps de ténèbres, on égorgea des innocens, craignez que dans des temps de lumières, des criminels de lèse-nation, devenus coupables d'avoir conspiré contre le repos et la félicité d'un peuple entier, ne soient immolés comme moteurs de ses nouvelles souffrances.

Prosélites de nos anciennes institutions, si vous commîtes des fautes, elles sont assez expiées par quelques années de malheurs; mais des fautes ne sont pas des crimes. Pardonnez à vos frères, car vos frères vous pardonnent; ne retombez pas dans une nouvelle culpabilité qui enfanterait de nouveaux persécuteurs naturellement portés à commettre de nouveaux excès suscités, provoqués par le feu d'un ressentiment mal éteint, que vous essayez de ranimer.

Soyez sages, justes, circonspects et prudens;

soyez bons fils, bons époux et bons pères; pensez à vos femmes; pensez à vos enfans; ne les précipitez pas dans l'abîme que vous creusez chaque jour sous leurs pas, en aiguisant de nouvelles armes contre vous; ne vous laissez point séduire par l'attrait trompeur d'une vaine et fugitive chimère, et soyez sourds aux conseils d'un vain amour-propre. Je vous parle le langage de la raison; j'aime l'humanité; vous êtes hommes, donc je suis votre ami : une coupable et ridicule animosité, une vindication sans motifs ne dirigent point ma plume; écoutez mes sages avis. Ah! puissiez-vous, éclairés par le flambeau de l'expérience, consolider au sein de vos familles ce bonheur réel, après lequel vous avez si long-temps couru, en parcourant de sinueux détours! Puissiez-vous, contens d'avoir retiré du naufrage les débris de vos fortunes, ne point étouffer la voix de la nature! Telle est l'expression des vœux d'un véritable philantrophe.

---

Je crois avoir démontré la nécessité de changer la forme de l'administration française, les lumières du siècle, le bonheur du peuple, le repos des descendans de Henri IV réclament ce changement. Je vais exposer un plan d'administration générale, dont je propose l'adoption. Je pense qu'il présente les avantages que doit offrir un bon gouvernement, établi sur des bases solides et industructibles.

# PLAN

## D'ADMINISTRATION GÉNÉRALE.

1°. Les ministères et le conseil d'état seront supprimés.

2°. Il sera créé une haute-cour d'état, composée de six conseillers supérieurs, présidée par le Roi ou par un délégué qui prendra le titre de *président de la haute-cour d'état.*

3°. La haute-cour d'état sera divisée en six chambres, savoir :

La chambre des finances, du commerce et des manufactures ;
— des relations intérieures (et de la police) ;
— des relations extérieures ;
— de la justice ;
— de la guerre ;
— de la marine.

4°. Chaque chambre sera composée de plusieurs

conseillers, dont le nombre ne pourra être moindre que quatre, ni excéder celui de huit ; elle sera présidée par un *conseiller supérieur* qui prendra le titre de *ministre du roi, président de la chambre de...... en la haute-cour d'état.*

5°. Les conseillers de chaque chambre jouiront du même rang que les conseillers d'état actuels, et seront choisis dans le conseil d'état avant sa dissolution, si le Roi le juge convenable.

6°. Les conseillers de chambre prendront le titre de *conseiller de la haute-cour d'état, chambre de........*, et recevront un traitement de 25,000 francs.

7°. Chaque conseiller sera chargé de la direction d'une partie de l'administration dans les attributions de la chambre à laquelle il sera attaché.

8°. Les conseillers se réuniront sous la présidence (et en l'hôtel) du ministre du Roi, et délibéreront sur les affaires qui leur seront soumises, donneront leur avis. Leurs attributions seront réglées ultérieurement.

9°. Il sera établi près de la haute-cour, une *chancellerie*, sous la direction du *grand référendaire* (de la haute-cour), qui aura le titre et le rang de *ministre du Roi.*

10°. Les ordonnances, décrets, nominations,

et tous les actes émanant de l'autorité royale, seront enregistrés dans les bureaux de la chancellerie, et expédiés par le grand référendaire, aux ministres présidens de chambre.

11°. Les bureaux de la chambre et de la chancellerie seront sous la surveillance d'un secrétaire-général.

12°. Le président recevra les ordres du Roi, et convoquera la haute-cour d'état, qui se réunira sous sa présidence, en l'absence de S. M.

13°. Les présidens des chambres siégeront aux deux côtés du président. Le grand référendaire aura une place particulière.

14° La séance sera ouverte par le président. Le grand référendaire exposera à la cour le motif de sa convocation, et les affaires qùe le Roi soumet à sa délibération.

15°. Le grand référendaire portera au Roi les délibérations de la haute-cour, lesquelles, après avoir été revêtues de la sanction royale, seront enregistrées à la chancellerie, et expédiées au ministre président de la chambres qu'elles concerneront.

16°. Il sera créé, près de la haute-cour d'état, une chambre ecclésiastique, composée de six conseillers choisis par le Roi,. parmi les évêques et vicaires généraux, et présidée par un archevêque qui prendra le titre de *primat de l'église gallicane, président de la chambre ecclésiastique près de la haute-cour d'état.*

17°. Chaque chambre de la haute-cour d'état sera subdivisée en vingt chambres provinciales, comme il sera expliqué ci-après (à l'exception de la chambre des relations exterieures, dont les conseils d'ambassade près les puissances étrangères seront considérés comme chambres ou conseils subdivisionnaires).

---

# ADMINISTRATION DES PROVINCES.

1°. La France sera divisée en vingt provinces. Chaque province sera administrée par une chambre d'état, et composée de plusieurs départemens, comme suit :

## PROVINCES DE PREMIÈRE CLASSE.

| POPULAT. | *Résidences des Chambres d'État.* | *Noms des Départemens.* |
|---|---|---|
| 1,936,000 | BORDEAUX . . | Gironde, Lot-et-Garonne, Dordogne, Lot, Charente-Inférieure. |
| 1,535,000 | CLERMONT. . | Puy-de-Dôme, Creuze, Corrèze, Cantal, Allier. |
| 1,417,000 | DIJON. . . . | Côte-d'Or, Nièvre, Haute-Saône, Doubs, Jura. |
| 2,450,000 | LILLE. . . . | Nord, Pas-de-Calais, Ardennes. |
| 1,448,000 | LYON . . . . | Rhône, Ain, Loire, Saône-et-Loire. |
| 1,104,000 | MARSEILLE. . | Bouches-du-Rhône, Var, Vaucluse, Corse, Basses-Alpes. |
| 2,284,000 | NANTES . . . | Loire-Inférieure, Ille-et-Villaine, Finistère, Côtes-du-Nord, Morbihan. |
| 1,917,000 | PARIS . . . . | Seine, Seine-et-Oise, Seine-et-Marne, Eure-et-Loire, Loiret. |
| 2,577,000 | ROUEN. . . . | Seine-Inférieure, Eure, Calvados, Orne, Manche. |
| 1,930,000 | STRASBOURG. | Haut-Rhin, Bas-Rhin, Vosges, Meurthe, Moselle. |

## PROVINCES DE DEUXIÈME CLASSE.

| POPULAT. | *Résidences des Chambres d'État.* | *Noms des Départemens.* |
|---|---|---|
| 1,322,000 | AMIENS. . . | Somme, Aine, Oise. |
| 1,316,000 | ANGERS . . . | Mayenne, Sarthe, Maine-et-Loire, Vendée. |
| 1,110,000 | BAYONNE. . . | Basses-Pyrénées, Hautes-Pyrénées, Gers, Landes. |
| 845,000 | GRENOBLE. . | Isère, Drôme, Hautes-Alpes, Mont-Blanc. |
| 891,000 | MONTPELLIER | Hérault, Arriége, Aude, Pyrénées-Orientales. |
| 1,087,000 | NISMES . . . | Gard, Lozère, Ardèche, Aveyron. |
| 1,077,000 | POITIERS . . | Charente, Vienne, Deux-Sèvres, Haute-Vienne. |
| 1,162,000 | TOULOUSE. . | Haute-Garonne, Tarn, Lot, Tarn-et-Garonne. |
| 921,000 | TOURS. . . . | Indre-et-Loir, Indre, Cher, Loir-et-Cher. |
| 1,161,000 | TROYES . . . | Aube, Yonne, Marne, Meuse. |

2°. Les préfets cesseront d'être en rapport avec les ministères (ou les administrations générales); ils seront sous la dépendance immédiate des chambres d'état. Les conseils de préfecture seront supprimés.

3°. Les préfets prendront le titre d'*intendans*, et les sous-préfets celui de *sous-intendans*.

4°. Il sera créé, par chaque canton, un syndic résidant dans le chef-lieu.

5°. Il sera établi dans chaque village ou bourg, un *conseil communal* présidé par le maire, et par un vice-président élu par le conseil;

Dans chaque ville, un *conseil municipal* présidé par le maire, et un vice-président;

Dans chaque chef-lieu de sous-intendance, un *conseil d'arrondissement* présidé par le sous-intendant, et par un vice-président;

Dans chaque département, un *conseil de notables* présidé par l'intendant, et par un vice-président; de plus une *assemblée départementale.*

## CHAMBRE D'ÉTAT.

1°. Les chambres d'état seront composées de six conseillers, d'un président, d'un référendaire, et d'un secrétaire-général.

2°. Les fonctions des présidens, référendaires, et conseillers des chambres d'état, seront permanentes annuellement.

3°. Les conseillers de chambre d'état seront élus par les assemblées départementales.

4°. Chaque département élira trois candidats.

5° La liste des candidats de chaque province, dressée par départemens, sera présentée au Roi par le président de la haute-cour d'état.

6. Le Roi choisira le président sur la liste des candidats de la province, sans distinction de département.

7°. Les candidats seront conseillers de droit,

par rang d'élection, c'est-à-dire que si une province est composée de quatre départemens, les quatre premiers candidats seront conseillers (après la nomination du président), et les deux autres places de conseillers devant compléter le nombre de six, seront dévolues aux seconds candidats des deux départemens les plus peuplés, ou qui renfermeront le plus grand nombre d'arrondissemens.

8°. Les référendaires ne seront point assujettis à la forme de l'élection départementale. Le Roi les choisira dans toute l'étendue de la province.

9°. Les conseillers seront élus pour cinq ans, et susceptibles d'être réélus ou révoqués.

10°. Les présidens ne seront révocables que par le Roi.

11°, A la fin de la cinquième année, le président de la haute-cour d'état adressera une circulaire de convocation aux assemblées départementales, qui délibéreront sur l'élection.

12°. Lorsque les assemblées jugeront que leur député a rempli ses fonctions à la satisfaction du département, il sera réélu; dans le cas contraire, elles éliront un nouveau député.

13°. Le référendaire notifiera à la haute-cour d'état, le procès-verbal d'élection et de remplacement.

14°. Le traitement des conseillers de chambre d'état sera de 10,000 francs; celui des présidens et des référendaires de 20,000 fr.; de secrétaire général de 7,500. fr.

15°. Les traitemens seront augmentés d'un quart dans les provinces de première classe, et de 2,500 fr. pour le secrétaire général.

## ATTRIBUTIONS

### DES CHAMBRES D'ÉTAT.

1°. Les chambres d'état seront subministrantes et divisionnaires de la chambre des finances, du commerce et des manufactures, et de la chambre des relations intérieures.

2°. Elles seront composées de deux commissions de trois conseillers.

3°. Le président sera attaché à la commission des finances, du commerce et des manufactures.

4°. Le référendaire fera partie de la commission des relations intérieures.

5°. Cette distinction ne sera relative qu'à l'examen des affaires.

6°. Toutes les délibérations administratives ne pourront être prises que par la chambre, en corps et à la majorité.

7°. En conséquence de leurs attributions, les chambres d'état seront chargées de la levée des impôts, de la police de l'état, et des affaires administratives concernant l'agriculture, le commerce, les manufactures, les canaux, les chemins, les hôpitaux, l'éducation nationale, l'instrnction publique.

8°. Les présidens référendaires n'auront qu'une voix comme conseillers.

9°. Les présidens auront pour attributions particulières, la grande censure sur tous les fonctionnaires publics de la province, et sur les écoles, colléges et maisons d'éducation ; ils correspondront avec les intendans, sous-intendans et maires, et feront parvenir à ces fonctionnaires, les ordonnances et arrêtés de la chambre d'état.

10°. Les attributions des référendaires consisteront dans la direction de la haute-police de la province ; ils auront sous leurs ordres, un prévôt de gendarmerie ;

Ils seront chargés de la correspondance avec les chambres de la haute cour, de l'expédition des décisions, ordonnances, requêtes relatives à l'administration de la province, qui nécessiteront l'approbation des chambres de la haute-cour, et celle du Roi ; ils recevront les dépêches, et les remettront au secrétariat général de la chambre d'état, pour être mises ensuite sous les yeux de la chambre.

11°. Les présidens seront considérés comme les représentans de la puissance législative près la chambre, et les référendaires comme les représentans de la puissance exécutrice, et comme commissaires du Roi, et délégués de la haute-cour.

## ADMINISTRATION

### PROVINCIALE MILITAIRE.

1°. Il sera établi dans chaque province, une *chambre militaire*, qui sera subministrante et divisionnaire de la chambre de la guerre de la haute-cour.

2°. Un lieutenant-général sera gouverneur de la province, et résidera dans la capitale ou chef-lieu.

3°. Les maréchaux-de-camp commandans les départemens seront conseillers de cette chambre. Un ordonnateur en chef de la province remplira les fonctions de commissaire du Roi et de subdélégué de la haute-cour. Le commissaire des guerres du département fera les fonctions de secrétaire général.

4° La chambre militaire tiendra ses séances

dans la première quinzaine du premier mois de chaque trimestre. Elle arrêtera les comptes de fournitures, recettes, dépenses, etc. relatifs au service et au matériel de la province; elle nommera les sous-officiers et officiers jusqu'au grade de capitaine, sur la présentation de candidats faite par les colonels des légions départementales de la province. Ces nominations seront légalisées par la chambre de la guerre, et sanctionnées par le Roi.

5°. Le tableau général des opérations de la chambre, sera immédiatement envoyé à la chambre de la guerre de la haute-cour.

6°. Le lieutenant-général président sera chargé de la haute police militaire, des mutations de cantonnement, de garnison, etc.

## ADMINISTRATION

### PROVINCIALE MARITIME.

1°. Il sera créé une chambre maritime dans le chef-lieu de chaque préfecture maritime. Ces chambres seront subdivisionnaires de la chambre de la marine de la haute-cour d'état.

2°. Les chambres maritimes seront présidées par le préfet maritime, qui prendra le titre d'*in-*

*tendant.* La composition et les attributions de ces chambres seront réglées sur les mêmes bases que les chambres militaires.

## ADMINISTRATION

### PROVINCIALE JUDICIAIRE.

1°. Dans chaque capitale de province, il sera créé dans le sein de la cour royale une *chambre judiciaire*, composée des présidens de chambre, et des subtituts de l'avocat-général.

2°. Le premier président de la cour royale sera président-né de cette chambre, et l'avocat-général remplira les fonctions de *commissaire royal.*

3°. Les chambres judiciaires arrêteront les comptes, frais de greffe, de justice des tribunaux de la province; elles nommeront aux justices de paix, aux places de notaires, d'huissiers; aggrégeront les avocats, avoués, etc., sur la présentation de trois candidats faite par les tribunaux de première instance : ces nominations seront légalisées par la chambre de la justice de la haute-cour, et sanctionnées par le Roi.

4°. Dans le cas où, dans une province, il existerait deux cours royales, l'administration judiciaire sera formée dans le sein de celle qui résidera dans le chef-lieu.

# CHAMBRE

## DE DISCIPLINE ECCLÉSIASTIQUE.

1°. Il sera établi dans chaque province, une chambre de discipline ecclésiastique, composée de vicaires-généraux ou d'évêques, et présidée par l'archevêque, ou par l'évêque du principal diocèse.

2°. La chambre ecclésiastique nommera aux cures vacantes dans les villages, bourgs et villes, sur la présentation de trois candidats par l'évêque; elle sera chargée du maintien de la discipline.

3°. Le président de chambre d'état, comme grand censeur, pourra signaler à la chambre, les ecclésiastiques sur la conduite desquels il aurait obtenu des renseignemens défavorables, par ses relations avec les intendans, sous-intendans et maires.

4°. Nul ecclésiastique ne pourra recevoir aucuns legs de ses paroissiens, s'il n'a été autorisé préalablement par la chambre : toute donation non revêtue de cette formalité sera revendiquée par les héritiers du donataire.

5°. L'étendue des attributions des chambres de discipline sera réglée ultérieurement.

6°. Les chambres provinciales seront subdivisionnaires de la chambre ecclésiastique près la haute-cour d'état, laquelle nommera aux évêchés et aux vicariats-généraux.

7°. Toutes les nomminations ecclésiastiques seront sanctionnées par le Roi, et présentées à la chambre ecclésiastique.

8°. Les conseils ecclésiastiques provinciaux pourront être convoqués par le Souverain; leur réunion formera un concile national.

## CORPS LÉGISLATIF.

1°. La puissance législative sera représentée par un *parlement national* ( ou parlement représentatif ).

2°. Le parlement national sera divisée en deux chambres ; la *chambre des députés sédentaires* et la *chambre des députés ambulatoires*.

3°. Le parlement sera composé de trois cent soixante membres.

4°. Les cent vingt *députés-conseillers* des chambres d'état formeront la chambre des députés sédentaires représentans de la province.

Les députés des départemens formeront la chambre des députés ambulatoires.

5°. L'ouverture du parlement national aura lieu chaque année, le 15 janvier époque fixe.

Il sera convoqué par le président de la haute-cour d'état, par ordre du Roi.

6°. Le jour de l'ouverture de la première session de ce parlement, le président de la haute-cour d'état présentera la Charte constitutionnelle, modifiée seulement dans les articles qui concernent l'organistion de l'administration. Les membres du parlement feront le serment de respecter la Charte, de la faire respecter, de ne proposer et de n'y apporter aucun changement pendant la durée de leurs fonctions législatives. Ce serment sera renouvellé tous les cinq ans à l'ouverture du nouveau parlement.

7°. Les membres de la chambre sédentaire recevront un traitement additionnel de 1500 francs.

8°. Le président sera nommé au scrutin par les membres du parlement pour chaque session.

9°. Les députés ne pourront être choisis que parmi les citoyens *résidans dans leur département.*

## PARLEMENT SÉNATORIAL.

1°. Il sera formé un *parlement sénatorial*, en remplacement de la chambre des pairs.

2°. Le parlement sénatorial sera divisé en deux chambres; *la chambre des pairs résidens au parlement*, *et la chambre sénatoriale ambulatoire.*

3°. Les membres de la chambre des pairs résidens prendront le titre de *pairs de France inamovibles*, et les membres de la chambre ambulatoire celui de *sénateurs amovibles*.

4°. Le parlement sénatorial sera composé de cent quatre-vingts membres, nombre fixe; savoir: cent pairs, dont la nomination sera à la disposition du Roi, qui composeront la chambre des pairs, et quatre-vingt sénateurs représentés par les présidens et les référendaires des chambres d'état et présidens des chambres militaires et judiciaires.

5°. La chambre des pairs du parlement sénatorial représentera la Nation pendant les intersessions du *parlement national*. Le grand référendaire de la haute-cour d'état lui notifiera les traités de paix, déclarations de guerre, les mariages, naissances des princes et princesses de la famille royale, et les délibérations de la haute-cour relatives aux intérêts généraux de l'état; elle jouira du droit de remontrances et des prérogatives des anciens parlemens; elle sera enfin, pendant les intersessions, conservatrice des droits de la Nation, de même que la haute-cour d'état sera conservatrice des droits du souverain.

6°. Pendant la session du parlement sénatorial, la chambre des pairs résidens perdra son initiative et ses prérogatives par l'effet de sa réunion en parlement à la chambre ambulatoire.

Les membres des deux chambres ne formeront qu'un seul et même corps, et seront confondus.

7°. Le parlement sénatorial sera considéré comme grand conseil de révision, et formera un corps entièrement neutre et intermédiaire entre l'autorité royale, ou la haute-cour d'état, et le parlement national ; il maintiendra l'intégrité du pouvoir exécutif, les droits du souverain contre les atteintes et l'empiétement du pouvoir législatif, et *vice versâ*.

8°. Le parlement sénatorial adoptera ou rejetera les délibérations et décisions du parlement national, qui n'acquerront force de loi que par l'*enregistrement* dans la chancellerie de ce parlement, et dans la chancellerie de la haute-cour.

9°. Les orateurs du parlement sénatorial, en prenant leurs conclusions sur les délibérations du parlement national, s'exprimeront en ces termes : *Je me prononce pour* (ou *contre*) *l'enregistrement*. Le président, en demandant les voix, les recueillera *pour et contre l'enregistrement*.

10°. Les cent pairs résidens recevront de la Nation un traitement de 20 mille francs.

11°. Un revenu de deux millions composé des revenus des biens du sénat-impérial non restitués, et d'un complément pris sur les bois de l'état ou autres domaines, constitueront la dotation de la pairie, qui jouira de l'administration de ses propriétés ( indépendamment des frais de tenue d'assemblées ).

12°. Les membres de la chambre ambulatoire recevront un traitement additionnel ou supplémentaire de 2500 francs, en outre de celui qu'ils recevront dans la province.

13°. Les pairs seront nommés à vie, et devront être âgés de trente ans au moins: la pairie ne sera point héréditaire.

14°. Le parlement sénatorial sera convoqué tous les ans pour le 15 janvier, époque fixe.

15°. Le président de la haute-cour convoquera le parlement par ordre du Roi.

16°. Le président sera élu dans le sein du parlement par les pairs.

## PARLEMENS TEMPORAIRES

### DE LA PROVINCE.

1°. Il sera formé dans chaque province un parlement temporaire.

2°. Les parlemens temporaires seront composés des présidens et commissaires du Roi, des chambres d'état, des chambres militaires et judiciaires, des intendans, des conseillers de chambre d'état et d'un député de chaque département au parlement national.

3°. Les présidens des chambres d'état seront présidens-nés des parlemens temporaires avec voix délibérative.

4°. Les parlemens délibéreront en conseil secret; les membres n'émettront aucune opinion; ils se prononceront pour l'adoption ou le rejet des propositions qui leur seront soumises. Les délibérations auront lieu par voie de scrutin, afin que l'opinion de chaque membre soit ignorée et qu'il puisse voter selon l'impulsion de sa conscience.

5°. Les parlemens temporaires ne seront convoqués que dans les circonstances extraordinaires, c'est-à-dire dans le cas où il s'élèverait pendant les intersessions des parlemens des différends sur les grands intérêts de l'état entre la pairie et la haute-cour.

6°. Les parlemens temporaires se réuniront sur la convocation simultanée du grand référendaire de la haute-cour d'état, et du chancelier de la chambre des pairs.

7°. La comparaison des décisions des vingt parlemens temporaires par minorité ou majorité, *prononcera en dernier ressort.*

8°. Les délibérations par voie de scrutin avec stipulation du nombre des voix pour la minorité et la majorité, seront notifiées par le président, au grand référendaire de la haute-cour d'état et au chancelier de la pairie.

## CONSEILS

### DES COMMUNES, DES MUNICIPALITÉS, DES ARRONDISSEMENS ET DES DÉPARTEMENS.

1°. Les *conseils municipaux*, les *conseils généraux*, les *conseils électoraux* seront supprimés et remplacés par de nouvelles administrations locales.

2°. Il sera établi, dans chaque village ou bourg, un *conseil communal*, composé de cinq membres pour les communes au-dessous de mille habitans, et de dix pour celles au-dessus.

3°. Dans chaque ville, il sera formé un *conseil municipal*, composé d'un membre par cinq cents habitans dans les villes au-dessous de cinq mille ames. Quelle que soit la population des villes, le nombre ne pourra excéder celui de vingt.

4°. Il sera créé, dans chaque chef-lieu de sous-intendance, un conseil d'arrondissement, composé d'un député par chaque ville, et d'un par canton.

5°. Chaque département élira des députés qui composeront un conseil de notables. Ce conseil sera composé d'un notable par chaque ville, et d'un par canton.

6°. Les membres des conseils des notables et ceux des conseils d'arrondissement formeront, à perpétuité, de nouveaux colléges électoraux (assemblées départementales), auxquels sera uniquement confiée l'élection des députés au corps législatif et à la chambre d'état.

7°. Les élus au conseil des notables et d'arrondissement nommés par les cantons, seront choisis parmi les propriétaires; ceux nommés par les villes le seront indistinctement dans toutes les classes des habitans de la ville.

### *Attributions des Conseils Communaux, Municipaux, d'Arrondissement et des Notables.*

1°. Les conseils communaux et municipaux seront convoqués par les maires une fois par trimestre; *cette convocation sera de rigueur.*

2°. Ces conseils délibéreront sur les réclamations, changemens de domicile et dégrèvemens de contributions, sur toutes les affaires relatives aux impôts, sur les recettes et dépenses communales et municipales, sur la régie des propriétés communales, etc.

3°. Les conseils d'arrondissement seront convoqués par les sous-intendans et se réuniront sous sa présidence *au moins deux fois par an*, c'est-à-dire une fois par semestre. Ils arrêteront et viseront les comptes des conseils municipaux et communaux. Ils délibéreront sur les besoins des hôpitaux, sur l'entretien des grands chemins et chemins vicinaux, sur les moyens d'étendre et d'encourager l'agriculture, le commerce, l'industrie dans toute l'étendue de l'arrondissement.

4°. Les conseils des notables seront convoqués par les intendans, et se réuniront sous sa présidence le 15 des mois de juin et de décembre.

5°. Les procès-verbaux, décisions, demandes des conseils d'arrondissement seront examinés et revisés par les conseils des notables.

6°. Il sera dressé un procès-verbal général des opérations du conseil des notables.

7°. L'intendant fera connaître à la chambre d'état les décisions et délibérations du conseil des notables relatives aux besoins du département, et présentera un état détaillé de la situation du commerce, de l'agriculture, des chaussées, chemins, etc., et le tableau semestral des dépenses départementales des hospices, hôpitaux, etc.

## ÉTABLISSEMENS DE CHARITÉ.

Il sera formé, dans chaque département, des établissemens de charité, divisés en deux classes, les hospices et les hôpitaux.

### *Hospices.*

1°. Il y aura, dans chaque département, un hospice où seront reçus les enfans trouvés, ainsi que les vieillards et les infirmes nés ou domiciliés dans le département.

2°. Les départemens qui ne renfermeront point des localités convenables, pourront, avec l'autorisation des chambres d'état, envoyer leurs infirmes, leurs vieillards et leurs enfans trouvés à l'hospice d'un autre département dépendant de la même province, en payant annuellement une somme dont l'importance sera réglée ultérieurement.

### *Hôpitaux.*

1°. Il sera établi, dans le chef-lieu de chaque sous-intendance, un *hôpital d'arrondissement*, où seront reçus tous les malades de l'arrondissement.

2°. Les hôpitaux qui existent dans les villes

chef-lieux de canton seront chargés du soin des malades du canton.

3°. Lorsque les revenus de l'hôpital cantonnal et de l'hôpital d'arrondissement ne seront point suffisans, les chambres d'état, sur la demande des sous-intendans, présentés par l'intendant, fourniront le supplément, qui sera pris sur les fonds destinés à cet entretien.

*Médecins de canton.*

1°. Il y aura, dans chaque canton, un médecin commissionné par le sous-intendant, qui visitera les pauvres malades du canton.

2°. Le médecin de canton recevra une traitement annuel de 1000 fr.; de plus, la nourriture d'un cheval, fournie en nature par les cultivateurs les plus aisés du canton, lesquels seront désignés par le syndic, sur la présentation des maires réunis sous sa présidence, et indiqués antérieurement par les conseils communaux.

3°. Les médicamens seront fournis par l'hôpital de l'arrondissement, ou l'hôpital cantonnal le plus voisin de la commune habitée par le malade.

4°. La valeur des fournitures pharmaceutiques sera remboursée, à la fin de chaque semestre, sur les fonds destinés à l'entretien des hôpitaux, et le compte des fournitures sera arrêté par les maires

*Secours à domicile.*

Dans les villes populeuses, des secours seront portés aux pauvres femmes en couches. La nature et la distribution de ces secours seront réglées ultérieurement. Les fonds seront pris sur ceux des hospices, etc.

## MAISONS DE TRAVAIL.

1°. Il sera établi, dans chaque département et dans les grandes villes, des maisons de travail, où les travailleurs seront appliqués aux arts de diverses professions.

2°. La nature des travaux et les réglemens seront stipulés ultérieurement, et les profits des ouvriers seront mis en caisse et destinés à défrayer les établissemens.

## CORPORATION

### DES ARBITRES-JURÉS.

1°. Il sera établi, dans le chef-lieu de chaque arrondissement et près du tribunal de première instance, une *corporation d'arbitres-jurés*, composée d'avoués, avocats, architectes, laboureurs, géomètres ou arpenteurs, gens d'affaires, etc.

2°. La corporation sera présidée par un syndic nommé par le tribunal.

3°. Les arbitres-jurés prêteront serment, lors de leur réception, entre les mains du président du tribunal et devant le tribunal assemblé.

4°. Les arbitres-jurés pourront être consultés, par voie de conciliation, par toutes les parties, avant de porter les affaires contentieuses devant le tribunal.

5°. Les individus qui auront des contestations relativement aux héritages, successions, testamens, donations, partages, mitoyennetés, etc., auront la faculté de choisir chacun deux arbitres-jurés.

6°. Les frais de vacation et de déplacement seront tarifés lors de la création des corporations.

7°. Lorsque des arbitres-jurés seront parvenus à concilier les parties, il sera dressé un compromis signé par les arbitres. Tous les actes notariés et rédigés par suite de conciliation seront paraphés par les arbitres-jurés.

8°. Les arbitres-jurés pourront être entendus et consultés en matière commerciale.

## ÉDUCATION NATIONALE.

1°. Il sera créé des écoles communales dans toutes les paroisses. Ces écoles seront dirigées par les curés. Dans les grandes paroisses, des vicaires adjoints aux curés seront principalement chargés de la direction des écoles.

2°. Il sera établi, dans les villes et bourgs, des écoles dirigées par des corporations de *frères de charité*, auxquels il sera fourni un local, et la maison de l'école recevra une dotation annuelle.

3°. Les *frères de charité* ne pourront former de vœux et d'engagement de célibat que pendant l'espace de cinq ans; après ce délai, ils seront libres de renouveler leurs vœux ou d'embrasser toute autre profession.

4°. Le nombre des *frères de charité* sera fixé, dans chaque ville ou bourg, à raison de la population.

5°. Une commission sera chargée par le gouvernement de composer les livres classiques à l'usage des écoles de charité.

6°. Dans les paroisses et dans les écoles de charité, les enfans apprendront à lire, à écrire lisiblement et à calculer; on leur enseignera les principes de la religion, leurs devoirs sociaux, comme étant destinés à vivre en société. On les entretiendra de la nécessité d'obéir au gouvernement, à ses lois, d'aimer leur patrie, etc.

7°. Dans le chef-lieu de chaque arrondissement, il sera etabli un *pensionnat gratuit d'arrondis-*

*sement*, dans lequel seront reçus, chaque année, les enfans âgés de douze ans, au moins, qui se seront distingués dans les écoles par leur bonne conduite et leur intelligence. Ces enfans recevront une éducation soignée jusqu'à l'âge de dix-huit ans; et, dans ces pensionnats, seront choisis les frères des écoles de charité.

## SÉMINAIRES.

1°. Il sera créé un ou plusieurs séminaires dans chaque province.

2°. Les jeunes gens des pensionnats d'arrondissement qui manifesteront une vocation décidée pour l'état ecclésiastique, pourront être reçus gratuitement dans les séminaires.

3°. Dans chaque séminaire, il sera créé plusieurs chaires de langues anciennes, une chaire de théologie élémentaire et une de théologie transcendante.

4°. Les séminaires seront partagés en deux divisions, le pensionnat et le collége.

5°. Des externes seront admis à recevoir gratuitement l'éducation donnée dans les colléges, et ne pourront pénétrer dans le pensionnat.

## INSTRUCTION PUBLIQUE.

1°. Il sera institué un collége dans chaque département ; l'enseignement y sera professé gratuitement.

2°. On enseignera dans les colléges les langues anciennes, les mathématiques, l'étude raisonnée de l'histoire et le droit naturel.

2°. Il sera créé des censeurs des études, dans chaque département. Les censeurs exerceront la surveillance sur l'enseignement professé dans les maisons d'éducation particulières.

4°. Nul ne pourra fréquenter les colléges, s'il n'est âgé de dix ans au moins, et s'il n'a étudié deux ans dans une école nationale ou dans une maison particulière d'éducation.

5°. Les pères qui soigneront personnellement l'éducation de leurs enfans, ne pourront obtenir pour leur élève une entrée dans le collége, qu'après en avoir conféré avec un des censeurs et en avoir obtenu l'autorisation civile.

6°. Le nombre des pensionnats particuliers de chaque ville où sera établi le collége, ne pourra être limité ; mais tout individu qui sera dans l'intention d'élever une maison d'éducation, sera tenu d'en faire sa déclaration au censeur, qui lui délivrera un diplôme, après s'être assuré de la moralité de l'individu. L'instituteur, dès le moment de sa réception, sera, sous le rapport de l'enseignement seulement, sous la surveillance du censeur.

7°. Les inspecteurs du département seront soumis aux mêmes formalités et à la même surveillance que les instituteurs du chef-lieu.

8°. Nul ecclésiastique ne pourra professer dans les colléges départementaux ; les chaires des colléges des séminaires leur seront réservés.

9°. Toute éducation théocratique sera bannie des colléges. Les principes de la religion seront enseignés dans les écoles nationales et dans les maisons d'éducation.

10°. Le traitement des professeurs sera fixé à 1,500 fr. et à 2,000 fr.

11°. Il sera accordé, à la fin de chaque année, aux professeurs qui auront manifesté leur zèle et des soins particuliers pour former l'esprit et le cœur des jeunes gens, une gratification qui ne pourra être moindre que le quart du traitement, ni excéder le tiers.

## FÊTES CANTONNALES.

1°. Il sera institué en l'honneur de l'agriculture, une fête cantonnale, qui sera célébrée, le 15 de septembre, dans le chef-lieu de chaque canton.

2°. Dans la quinzaine qui précédera la fête, le syndic assemblera les maires des communes, pour désigner, dans leur canton, un jeune garçon et une jeune fille qui se seront distingués par leur bonne conduite et leur moralité.

3°. Le jeune garçon et la jeune fille seront mariés la veille du jour de la fête par le maire de leur commune, et le jour par le curé du chef-lieu de canton.

4°. Il sera loisible aux jeunes gens désignés de choisir, l'un une épouse, l'autre un époux dans le canton.

5°. Le syndic remettra à chacun des deux jeunes gens une somme de . . . . , ou le double au jeune garçon, s'il épouse la jeune fille.

6°. Les fonds destinés à doter les jeunes époux seront remis par la chambre d'état.

## DÉCORATION

### DE L'ÉTOILE RURALE.

1°. Il sera créé une décoration de *l'Étoile rurale.* L'étoile rurale sera en argent et portera à son centre l'effigie de Sully, suspendue à un ruban blanc.

2°. Cette décoration sera accordée aux cultivateurs qui se seront distingués par leur zèle pour les progrès de l'agriculture.

3°. La demande motivée de la décoration sera faite aux sous-intendans par les conseils communaux.

4°. Les sous-intendans, lors de la prochaine réunion du conseil d'arrondissement, mettront sous ses yeux la requête, et ce conseil délibérera à la majorité.

5°. Lorsque la délibération du conseil d'arrondissement sera confirmative, le sous-intendant adressera une requête et le procès-verbal de délibération à l'intendant, qui les fera parvenir à la chambre d'état.

6°. La chambre d'état transmettra sa réponse à l'intendant, et le brevet contenant l'autorisation de porter la décoration de l'étoile rurale parviendra au syndic du canton par la hiérarchie administrative.

7°. La décoration de l'étoile rurale sera remise par le syndic, le jour de la fête cantonnale, au cultivateur qui l'aura obtenue.

## INSTITUTION

### DES BARONNETS.

1°. Il sera créé un ordre rural de *Baronnets*.

2°. Les baronnets seront choisis parmi les cultivateurs décorés de l'étoile rurale. Une moralité sans reproches, la pratique des vertus sociales, l'estime des habitans du canton constitueront *essentiellement* les qualités requises pour obtenir les lettres patentes de baronnet.

3°. Les sous-intendans prendront dans l'étendue de leur arrondissement, des renseignemens exacts et précis sur les cultivateurs décorés de l'étoile rurale. Ils manifesteront au conseil municipal de la commune et au syndic du canton l'intention de postuler les lettres patentes de baronnet pour tel individu qu'ils désigneront. Le syndic et le conseil municipal donneront leur avis, et le syndic transmettra au sous-intendant la délibération du conseil à laquelle il ajoutera son opinion particulière.

4°. Les sous-intendans adresseront le nom du cultivateur qui aura acquis des droits au titre de baronnet, à l'intendant qui en référera à la chambre d'état.

5°. La chambre d'état présentera requête au Roi, par l'intermédiaire du grand référendaire de la haute-cour, pour l'obtention des lettres de noblesse et du titre de baronnet.

6°. La noblesse des baronnets sera personnelle et viagère et non transmissible aux enfans, pour lesquels cette faveur deviendra un sujet d'émulation.

7°. Les baronnets porteront un costume cérémonial particulier. Habit bleu français, gilet blanc, culotte grise, chapeau rond entouré d'un large velour noir attaché sur le devant à une grande boucle carrée, en argent, portant à ses quatre angles une fleur de lis et à son centre l'effigie de Sully dans l'étoile rurale.

8°. Le 15 septembre jour des fêtes cantonnales, les baronnets se réuniront dans le chef-lieu de leur département, pour assister en corps à une cérémonie religieuse, à laquelle seront présens les officiers civils, judiciaires et militaires; la cérémonie sera terminée par une procession publique qui parcourra l'intervalle entre l'église et l'intendance. L'intendant réunira à un banquet, les baronnets et les principales autorités. La journée sera terminée par des jeux et des danses publiques.

## ORDRE ECCLÉSIASTIQUE

### DE LA CROIX D'OR.

1°. Il sera institué un ordre de la *Croix d'or*. Cette décoration ne sera accordée qu'aux ecclésiastiques.

2°. Lorsqu'une commune désirera témoigner sa reconnaissance à un ecclésiastique, ou lui donner une preuve de son estime et de son respect, elle présentera au sous-intendant, une déclaration qui fera connaître ses intentions.

3°. La déclaration de la commune devra motiver la demande et être signée par les trois quarts en nombre des habitans, ayant qualité pour voter dans l'assemblée communale.

4°. Le sous-intendant formera enquête, et enverra à l'intendant la déclaration de la commune, après y avoir apposé son visa et ses notes particulières.

5°. L'intendant adressera les pièces revêtues de cette formalité, à la chambre de discipline ecclésiastique de la province.

6°. La chambre ecclésiastique provinciale présentera requête à la chambre ecclésiastique établie près la haute-cour d'état, laquelle suppliera le Roi d'approuver la décision de la chambre provinciale, et d'accorder son autorisation.

7°. La chambre ecclésiastique expédiera le brevet à la chambre provinciale

8°. Les décorations de la croix d'or seront délivrées une fois par an par le syndic du canton, le jour consacré aux fêtes cantonnales.

9°. La croix d'or sera suspendue à un ruban violet. Les ecclésiastiques porteront le simple ruban immédiatement après la réception de leur brevet, jusqu'au moment où ils recevront la croix.

10°. Toutes les requêtes présentées par la chambre de discipline devront être revêtues du visa du président de la chambre d'état, comme grand censeur.

## GRAND ORDRE CIVIL

### DU LYS D'OR.

1°. Il sera créé un grand ordre civil honorifique du *Lys d'or*.

2°. Les titulaires de cet ordre seront divisés en deux classes, les *grands commandeurs* et les *commandeurs*.

3°. Les *grands commandeurs* porteront le lys d'or attaché à une boucle d'or traversée par un ruban ou galon d'or. Les *commandeurs* le porteront attaché à un ruban jaune. Cette décoration sera portée au côté droit.

4°. Le grand référendaire de la haute-cour d'état sera chancelier-né de cet ordre; les présidens des chambres d'état seront sous-chanceliers.

5°. Les présidens et référendaires des chambres d'état devant être des hommes distingués par leurs vertus et leur mérite, recevront, le jour de leur installation, la décoration de grand commandeur.

6°. Les grands commandeurs, dans les grandes circonstances et dans les cérémonies, porteront la décoration attachée à un ruban suspendu en sautoir.

7°. Le lys d'or sera conféré par le Roi, à titre de récompense, aux fonctionnaires civils et judiciaires qui se seront distingués dans l'exercice de leurs fonctions, par leur aptitude, leur amour du bien public, leur sage administration et leurs bonnes mœurs, sur la requête des présidens des chambres d'état, présentée d'après la demande et la délibération des assemblées départementales.

8°. Lorsque les conseils d'arrondissement et des notables auront désigné, dans l'arrondissement et dans le département, des fonctionnaires qu'ils auront jugés dignes de recevoir la décoration du lys d'or, l'assemblée départementale sera convoquée par le président de la chambre d'état (sous-chancelier), pour délibérer sur la proposition des conseils. Si la délibération est confirmative, le président de la chambre d'état l'enverra revêtue de son visa ou de ses notes particulières, qu'il ajoutera comme grand censeur, au grand référendaire de la haute-cour, qui la mettra sous les yeux du Roi.

9° L'anoblissement viager et personnel, non transmissible aux enfans, sera attaché aux lettres patentes de titulaire de l'ordre.

10° Les titulaires prendront le titre de *décoré de l'ordre du lys d'or ;* leurs noms seront précédés, dans les actes publics, des titres de *grands commandeurs*, et de *commandeurs*, qui indiqueront le rang qu'ils occupent dans l'ordre.

11°. Aucun député-conseiller de chambre ne pourra obtenir la décoration du lys d'or, qu'après un an d'exercice.

12°. L'obtention de cette décoration n'ayant lieu que par l'effet de la délibération de l'assemblée départementale, tout député qui l'aura reçue, sera réélu de droit pour cinq ans, et l'assemblée ne sera point convoquée à la fin des cinq années, pour sa réélection.

13°. Les ambassadeurs, les présidens et conseillers de la haute-cour d'état seront les seuls citoyens auxquels le Roi pourra accorder, de son plein gré, la décoration du lys d'or.

14°. Tous les fonctionnaires non résidans dans la province, et indépendans des chambres d'état, n'obtiendront la décoration que sur la demande adressée au Roi par le grand référendaire, laquelle sera approuvée préalablement par la haute-cour d'état.

## MAGISTRATS

### ET FONCTIONNAIRES PUBLICS.

1°. Nul ne pourra exercer aucune fonction quelconqne, dans toute l'étendue de la province, s'il n'y est né ou domicilié.

2°. Les adjoints des maires, les syndics, maires des communes, secrétaires des municipalités, officiers de police, percepteurs, et tous les fonctionnaires attachés aux administrations communales et municipales, seront nommés par les chambres d'etat.

3°. Les receveurs d'arrondissement, les sous-intendans et autres fonctionnaires d'arrondissement et de département, seront nommés par le Roi, sur la présentation de trois candidats, faite par la chambre d'état aux chambres de la haute-cour.

### *Qualités requises pour être Conseiller de Chambre d'État.*

1°. Tout citoyen pourra être élu député-conseiller à une chambre d'état, s'il est âgé de 30 ans accomplis, et de 60 au plus.

2°. Les assemblées départementales, lors de l'élection, ne prendront nullement en considération la *fortune* et les *titres*.

3°. Tout individu, *quel que soit son rang, sa profession*, pourra être élu député-conseiller.

4°. Les qualités essentielles dans les élus, seront une moralité sans reproches, un mérite et des talens reconnus, une intégrité éprouvée, un grand amour et un grand dévouement à la chose publique. Les conseillers de chambre d'état devront être l'élite de la province, des hommes de mœurs épurées, impassibles, rigoureusement justes, distingués par leur vertus, et dignes de servir de modèles à leurs administrés.

---

La constitution d'une nation règle les droits respectifs du souverain et du peuple. Le pouvoir législatif appartient au peuple, et le pouvoir exécutif est l'apanage du souverain; ces deux pouvoirs doivent être deux forces égales qui tendent vers un centre commun. S'ils agissaient constamment de concert, ils suffiraient à l'administration d'un état; mais l'expérience de tous les temps a démontré la nécessité d'introduire un corps intermédiaire, un corps neutre, conservateur du dépôt sacré des lois, dont les uniques attributions sont le maintien d'un parfait équilibre.

A Athènes, le pouvoir du sénat, dépositaire de la puissance exécutrice, céda bientôt à l'autorité excessive du peuple; Solon établit l'aréopage comme puissance intermédiaire.

A Sparte, la puissance du sénat, unie à celle des Rois, étant devenue trop absolue, les Lacédémoniens instituèrent les éphores pour maintenir l'équilibre et faire respecter les droits du peuple : à Rome les tribuns eurent la même prérogative.

En France, l'accroissement du pouvoir de l'assemblée nationale mina insensiblement l'antique édifice de notre monarchie et l'explosion fut terrible. Le chef du gouvernement impérial empiéta sur la puissance populaire; le corps législatif et la représentation nationale ne furent que de vains fantômes : on connaît les résultats de ce défaut de contre-poids.

Pénétré de ces funestes effets, je me suis attaché constamment à y remédier; je confie le pouvoir législatif au parlement national, et le pouvoir exécutif à la haute-cour d'état.

Le parlement sénatorial est le conseil des sages, c'est l'aréopage chargé, en quelque sorte à l'amiable, par les deux puissances, de veiller à l'intégrité de leurs intérêts respectifs; c'est le corps intermédiaire qui doit perpétuellement tenir l'équilibre entre la haute-cour d'état qui représente le Roi, et le parlement national qui représente la Nation; il est conservateur des lois fondamentales; il remplit politiquement et administrativement les mêmes fonctions que la cour de cassation, par rapport à la puissance judiciaire; il revise les arrêts des deux grands corps de l'état; il interprète les lois et les fait observer.

Le parlement sénatorial ne connaît ni le peuple, ni le monarque; l'équité est sa règle, sa conscience est son guide; l'intérêt public, la prospérité de l'état, le salut de la patrie, telle est sa loi, tel est le but qu'il doit atteindre. Dans son sanctuaire, on voit écrite en caractères de feu cette sentence qui rappelle à ses membres ce qu'ils sont et ce qu'il doivent être.

Vous êtes Sujets, vous êtes Citoyens.

Vous avez un Roi, vous avez une Patrie.

L'oscillation du pendule de leur palais semble leur dire : vos momens sont courts, sachez en profiter; et l'ombre de la nuit s'étendant sur l'horizon les interroge sur l'emploi de leur temps, sur le bien qu'ils ont fait en présence de l'astre du jour.

Les parlemens arrivent, la chambre des pairs a cessé d'exister. Les parlemens disparaissent, la chambre des pairs renaît de ses propres cendres; elle veille sur les droits de la nation pendant les intersessions ; elle reçoit son mandat du parlement national ; elle se trouve aussitôt en présence de la haute-cour d'état, corps formidable par les attributions de la majesté royale qui l'entoure et le couvre de toutes parts. Les pairs sont nommés par le Roi ; mais ils sont inamovibles et reçoivent leur traitement de l'état et non du gouvernement.

La chambre des pairs ne peut s'immiscer dans la législation ; lui confier une pareille prérogative serait absurde, mais elle jouit du droit de remontrances ; elle fait respecter les lois fondamentales et s'oppose aux écarts de la haute-cour, qui, par sa nature, est toujours disposée à franchir les limites de ses pouvoirs.

Si quelque mésintelligence s'élevait entre ces deux corps, sur les grands intérêts de l'état, sur l'interprétation et l'application des lois, le pouvoir exécutif l'emporterait infailliblement ; alors plus d'équilibre *plus de repos pour les citoyens, plus de sûreté pour le monarque*. Pour obvier à ces inconvéniens, avec les débris de mes parlemens, je construis incontinent un nouvel édifice intermédiaire partagé en vingt compartimens. Les parlemens temporaires se réunissent dans la capitale de chaque province; chacun d'eux représente, à la fois, les deux parlemens, le Roi et le peuple; j'interdis toute discussion publique; je mets les membres à porté de voter en secret, pour ou contre, sans être mus par l'intérêt particulier, en n'écoutant que le conseil de la justice, et afin que leur opinion soit ignorée. Leur écriture ne peut les trahir, un P ou un C est l'expression de leur vote. L'opinion du grand parlement temporaire idéal, composée des opinions des parlemens provinciaux, prononce en dernier ressort.

L'organisation de l'administration offre les mêmes avantages et coïncide parfaitement avec l'essence de nos institutions. Le Roi est le chef de l'état; il préside ou fait présider son conseil supérieur, composé de six conseillers; mais ne pouvant embrasser toutes les parties de l'administration générale, il en confie la direction à chacun de ces conseillers qui devient le président d'un nouveau conseil que je nomme *chambre*. Chaque chambre est une division de la haute-cour, chaque conseiller de chambre devient le président d'un nouveau conseil d'administration chargé de préparer le travail, et de toutes les parties de détail qui sont mises sous les yeux de la chambre et résumées dans son conseil. Le président exécute conformément à ses attributions.

En jetant un coup d'œil sur l'administration des départemens, on reconnaîtra la haute cour d'état dans chaque province. La chambre d'état que je nomme ainsi, parce qu'une province est une partie du grand corps de l'état, est divisée en deux sections, et représente les chambres de l'intérieur et des finances, qui composent l'administration civile économique et dont les attributions sont intimement liées ensemble; les chambres militaire, maritime, judiciaire et ecclésiastique, représentent les chambres de la guerre, de la marine, de la justice, et ecclésiastique de la haute cour; les présidens de ces chambres remplacent les ministres; il ne manque qu'un président pour former une haute-cour d'état provinciale, lequel devient inutile, puisque l'administration entière de la province est comptable envers la haute cour dont elle est subdivisionnaire

Les intendans, les sous-intendans et maires, sont présidens d'un conseil, chaque magistrat étant subordonné au magistrat supérieur. Les opérations des conseils municipaux et communaux sont revisées par les conseils d'arrondissemens dont le travail est revisé et arrêté par le conseil des notables du département. L'intendant rend compte à la chambre d'état, qui en réfère aux chambres compétentes de la haute-cour, et les ministres-présidens présentent le tableau général des opérations de chaque administration au Roi, l'administrateur suprême de l'état. La même correspondance et le même ordre règne dans les autres parties de l'administration, à l'égard des autres chambres.

Ainsi donc, tous les ressorts organiques de l'administration générale de l'état sont en parfait rapport. C'et une grande machine qui reçoit un mouvement de rotation continuel tout est lié, et les ramifications de la haute-cour s'étendent depuis la capitale jusques au simple village. Quoique l'autorité souveraine soit modérée par la nature du gouvernement représentatif, le monarque réunit néanmoins tous les pouvoirs et les prérogatives qui le mettent à portée de se concilier l'estime, l'affection et et l'amour de ses sujets. Les ministres, quoique leurs pouvoirs soient dégagés de l'arbitraire, ont tous les moyens de s'occuper des grands intérêts de l'état, et de sceler leur ministère du cachet du bien public, le vœu le plus cher d'un ministre vertueux et véritablement digne des éminentes fonctions qu'il remplit.

Le peuple verrait avec plaisir l'établissement des chambres d'état; il serait administré partiellement par des individus qu'il aurait choisi et qui seraient investis de son estime et de sa confiance. Les chambres d'état composées d'individus distingués par leur moralité et par leurs lumières exerceraient une administration vraiment paternelle; leur occupation constante et permanente, tendrait vers l'amélioration du commerce et de l'agriculture, et vers l'encouragement de l'industrie. Elles s'occuperaient des soins que réclame le malheur; l'infortune trouverait près d'elles un appui; les impôts seraient levés avec plus d'égalité, et les réclamations mieux accueillies. L'administration des préfets est vicieuse en ce qu'elle est confiée à l'arbitraire d'un seul homme, d'un homme du moment, qui n'exerce que des fonctions passagères, qui n'est point le citoyen du département, qui n'en peut embrasser les intérêts avec chaleur, et déployer cette sollicitude que réclame le bonheur des administrés.

La présence des présidens des chambres provinciales, des référendaires et conseillers des chambres d'état aux deux parlemens, mérite la plus grande attention. Ces magistrats composeraient une minorité, et ne pourraient influencer les décisions. Les pairs ne sont point instruits des besoins de l'état et des provinces. Les députés, après la session, redeviennent de simples fonctionnaires ou de simples citoyens, qui ne peuvent s'arroger le droit de s'immiscer dans les affaires administratives de leur département. Les membres des chambres provinciales, initiés dans les divers branches d'administration, connaîtraient les besoins et l'état des départemens; leurs avis jetteraient le plus grand jour sur les discussions, et les délibérations des parlemens seraient prises avec plus de maturité.

Les députés-conseillers, au lieu d'être nommés à vie sont rééligibles, pour entretenir parmi eux l'émulation, et les maintenir dans la règle de leurs devoirs afin d'obtenir la faveur d'être réélus successivement dans une place à laquelle est attaché autant d'honneur que de distinction et de considération.

Les chambres d'état sont sous la dépendance des chambres de la haute-cour, qui visent et ordonnancent leurs arrêts; ainsi toutes les parties de l'administration intérieure proposent, donnent leurs avis, et tout émane d'un centre commun, la haute-cour, et le Roi qui ratifie. Les chambres d'état ne peuvent disposer des forces militaires ni empiéter sur l'autorité royale. Les référendaires étant nommés par le souverain, veillent près de la chambre, comme commissaires du Roi, au maintien de sa puissance et de ses prérogatives; ils sont en cette qualité directeurs de la police sous la dépendance de la chambre de la haute-cour. La grande censure attribuée au président, n'est point une inquisition ; les fonctionnaires civils et judiciaires doivent compte de leur conduite. La censure les maintient dans le devoir, et tend à ne faire occuper les emplois que par des hommes estimables qui montrent l'exemple aux administrés, et à faire respecter les magistrats, par cela même qu'ils sont respectables. La censure écarte les injustices et les vexations.

L'institution d'un grand ordre civil, manque à la France; l'ordre du lys d'or serait la récompense de tous les fonctionnaires qui se seraient distingués par leur amour pour le bien public, qui auraient remplis leurs fonctions avec zèle, honneur et intégrité. Toutes les décorations existantes sont accordées sur la demande d'un seul individu. La décoration du lis d'or serait un ordre d'autant plus honorable, que tout magistrat ne l'obtiendrait, en quelque sorte, que sur la demande de ses concitoyens, à la majorité des suffrages, et après un examen et une révision sévères qui ne laisseraient aucune prise aux erreurs et à la faveur. En voyant quelqu'un décoré de cet ordre, on pourrait dire : voilà assurément un homme estimable ; et chaque décoré en rencontrant un collègue pour la première fois, dirait de son côté : cet homme est digne d'être mon ami.

Le même honneur serait attaché aux décorations de l'étoile rurale et de la croix d'or, qui, si difficilement obtenues, entretiendraient l'émulation, honoreraient ceux qui les porteraient : il en résulterait une amélioration pour les mœurs et un perfectionnement pour la morale.

L'institution de l'ordre rural et celui des baronnets, ne tendent à rien moins qu'à honorer l'agriculture et à faire tourner les capitaux vers la terre, cette mère nourrice de l'état.

J'ai ramené l'administration générale à ses vrais principes, puisqu'il n'existe réellement que deux pouvoirs. Dans un gouvernement despotique, le despote en est seul le dépositaire. Il est évident que quelques écrivains modernes ont complettement erré en apercevant un troisième pouvoir dans notre Chambre des Pairs, pouvoir qui n'est point en rapport avec l'ordre naturel des sociétés politiques.

Dans le plan que je viens de tracer, l'autorité souveraine reste toujours intacte et conserve toute sa force ; l'administration intérieure prend une marche plus régulière. Le souverain étant sans cesse obligé de s'en rapporter à ses délégués, ses décisions se ressentent de l'influence qu'exerce la nature des renseignemens qu'il reçoit : il ne lui est pas toujours facile de faire le bien, ni d'empêcher les abus et les vexations qui font gémir le peuple, et lui suscitent des ennemis. Il ne suffit pas que le monarque maintienne et consacre l'inviolabilité des lois fondamentales, car il est aisé de se convaincre que souvent l'administration et les magistrats d'un ordre inférieur s'écartent de l'esprit de ces lois. Ainsi donc, il peut résulter d'une mauvaise administration, 1°. dérogation à l'esprit des lois fondamentales dans la création des lois administratives et civiles ; 2°. dérogation à l'esprit des lois administratives et civiles dans l'exécution de ces mêmes lois de la part des magistrats. Je crois donc avoir démontré la nécessité d'établir le gouvernement et l'administration générale sur des bases solides et indestructibles, et je pense que mon plan en offre les moyens ; il est en rapport avec nos institutions politiques, avec nos lois fondamentales et les lumières du siècle.

# SECONDE PARTIE.

## ÉCONOMIE POLITIQUE.

### AGRICULTURE ET COMMERCE.

Les économistes ont avancé qu'il n'existait que deux classes d'individus, ceux qui distribuent le produit et le profit de la culture, et les hommes à salaire appliqués au travail de la terre : ils ont conclu que l'agriculture est l'unique source des richesses.

Que deviendraient les produits agricoles si l'agriculture ne fournissait que la quantité de denrées nécessaires à la vie ? l'état n'acquerrerait point de richesses. Si au contraire elle multiplie les produits au delà des besoins de la population, le surplus ne deviendra richesse que par l'échange ; car, sans échange, l'excédent des produits sera de nulle valeur. Une nation agricole qui se procurerait une quantité de produits double de celle que réclamerait ses nécessités pourrait, à la vérité, trouver chez les peuples voisins de nouveaux objets pour augmenter ses jouissances ; mais quel que soit l'accroissement de sa culture, ses jouissances seront bornées. Toute nation purement agricole, sans industrie, serait tributaire des autres nations. Il est facile de s'en convaincre. Si la population est composée de propriétaires, de cultivateurs et d'ouvriers, et que le nombre de ces ouvriers excède celui nécessaire aux travaux de la culture, une partie de la population, privée de moyens d'existence, sera à la charge des propriétaires et des cultivateurs ; elle consommera une portion quelconque des produits surabondans, sans contribuer et sans coopérer à la production : si au contraire ce nombre d'indigens est employé à la mise en œuvre des produits de l'agriculture ou des matières acquises par l'échange, il en résultera que non-seulement une plus grande quantité de denrées sera consommée par ces ouvriers devenus utiles qui échangeront leur salaire contre les objets nécessaires à leur consommation ; mais encore leur travail donnera, au produit fabriqué, une valeur égale à celle de leur consommation pendant le temps employé à la confection de l'ouvrage. Ainsi donc, les objets manufacturés intérieurement remplaceront les objets manufacturés étrangers, et il en résultera que le travail et l'industrie feront naître une double, triple valeur composée de l'addition du prix du salaire, plus les profits des manufacturiers.

Mais le commerce d'échange réclame des intermédiaires, des gens à profits autres que des propriétaires, des cultivateurs et des ouvriers occupés à la terre. Sans intermédiaires, le superflu des produits et de la consommation n'acquerrerait aucune valeur. La terre ne fournit que les matériaux qui ne reçoivent de valeur que par la mise en œuvre et qui, sans les travaux industriels, ne pourraient parvenir à l'état consommable. L'agriculture n'offre donc que les moyens de richesse, le travail les achève. Ainsi donc les sources de la richesse ne jaillissent point uniquement de la terre comme le prétendent les économistes, mais de la terre et du travail; point de richesse, chez une nation, sans travail : point de richesse sans agriculture. Mais que seraient l'agriculture et le travail de l'industrie sans le commerce? Le commerce est non-seulement l'intermédiaire entre l'agriculture et l'industrie, mais encore entre l'industrie et la consommation. Le commerce trafique des produits de l'agriculture et des produits bruts étrangers, pour les faire refluer par divers canaux dans l'atelier du manufacturier; il répand dans la circulation les produits industriels des manufactures, et les fait circuler jusques au domicile du consommateur. Si le commerce est entravé dans sa marche, si la libre circulation est gênée, les produits agricoles diminuent de valeur, l'écoulement en est moins constant, l'industrie perd de son activité, les salaires moins multipliés entretiennent moins d'ouvriers; le nombre des pauvres augmente; la consommation des choses nécessaires à la vie diminuant, l'agriculture reçoit de funestes contrecoups. Par une raison inverse, le commerce, dégagé d'entraves, guidé par l'intérêt privé de chacun de ses agens, s'empresse de déboucher les productions du cultivateur, et alimente les manufactures qui, recevant une nouvelle action, offrent du travail à un plus grand nombre de bras, plus d'écoulement aux choses consommables, plus de profit aux hommes utiles, plus de richesses à la nation; car les richesses nationales sont le résultat de la multiplication et de l'accumulation des profits.

Pour que la prospérité nationale reçût de l'accroissement, il serait donc essentiel que la classe des commerçans ne consommât chaque année que la rente de son capital représentée par une portion de ses profits et qu'elle économisât l'excédent, parce que les profits devenant capital additionnel produisent une nouvelle rente, plus, de nouveaux profits qui redeviennent de nouveaux capitaux, et ainsi de suite ; elle augmenterait par conséquent ses jouissances en donnant plus d'extension à ses affaires pour se procurer plus de profits et plus de capitaux. Cette digression est applicable au cultivateur.

Mais il existe deux classes d'individus que l'on peut regarder comme les vrais consommateurs, ce sont les propriétaires fonciers et les ouvriers; leur économie n'est que relative à leur propre volonté, et n'exerce qu'une influence secondaire sur la richesse nationale. L'économie des gros propriétaires ajoute il est vrai au capital national; mais la plupart d'entr'eux se bornent à placer leurs fonds sur hypothèque, ou à les échanger contre de nouvelles propriétés.

Les capitaux accumulés par les commerçans ont un placement plus direct qui influe sur la masse des affaires en étendant l'industrie; mais, pour alimenter et soutenir l'agriculture, le commerce et les manufactures, il faut des consommateurs. Laissons consommer les propriétaires et les hommes à salaire, excitons-les à une consommation proportionnée à leurs facultés, à leurs moyens annuels d'existence, fixes et sans cesse renouvelés.

Une nation prospère qui, sous une bonne

administration, emploie, par son agriculture, son commerce et ses manufactures, tous les bras qu'elle réunit, en favorisant toutes les branches qui fournissent des salaires, évite infailliblement la mendicité et les dangers qui naissent de l'oisiveté. Il est donc du devoir d'un sage Gouvernement, de préparer des secours actifs pour soulager la classe industrieuse dans ses maladies et sa vieillesse, afin d'éviter par ce moyen une trop sévère économie de la part du bas peuple, parce que cette économie réduirait la consommation et nuirait aux progrès des manufactures. Si chaque ouvrier économisait, bientôt il voudrait être maître; mais, en général, le bas peuple n'est point économe et dépense son salaire. Les ouvriers économes ne le sont qu'afin de se procurer quelqu'aisance pour ne point tomber dans la misère, soit par la vieillesse, soit par la privation de leur travail accoutumé, soit par les maladies et les infirmités imprévues qu'ils peuvent éprouver incontinent, soit enfin pour subvenir à de nouveaux besoins nécessités par l'accroissement de leur famille. Que reste-t-il à faire au Gouvernement? Offrir des asiles aux vieillards; ouvrir des hospices pour y recevoir les hommes infirmes et caducs; accueillir dans les hôpitaux les ouvriers malades, et les secourir à domicile; soulager les femmes et les enfans pendant la maladie des pères, en leur offrant du travail, en leur procurant des salaires : alors le pauvre, comptant d'avance sur des ressources certaines pour l'avenir, trouvant un accroissement d'aisance dans le travail de sa famille, augmentera sa consommation ; en se procurant une nourriture plus saine, il sera moins sujet aux maladies qui tranchent le fil des jours de ces infortunés qui, manquant de subsistances, sont enlevés à la société et à l'industrie par une mort prématurée.

Nous devons donc étendre la consommation, soit à l'intérieur, soit à l'extérieur, par tous les moyens convenables ; mais il ne faudrait pas se flatter d'atteindre le véritable thermomètre de la prospérité publique, en soignant le commerce étranger au détriment du commerce intérieur. Ce n'est que le superflu de nos produits que nous devons porter aux voisins : l'oubli de ces principes fondamentaux, en devenant profitable à quelques-uns, porterait atteinte à l'accroissement de la fortune nationale. Le superflu des productions de l'agriculture servira d'échanges contre les produits bruts étrangers nécessaires à l'entretien de nos manufactures. Mais, plus ce surabondant sera considérable, et plus il nous sera permis d'élever la somme de nos demandes en matières premières : or, les manufactures, le commerce et l'agriculture offrant une plus grande quantité de salaires aux travailleurs, il s'établira par conséquent un mouvement de rotation, et des rapports intimes, entre les trois producteurs de la richesse de l'État.

Le commerce étranger doit donc rouler, si je puis m'exprimer ainsi, sur le surabondant de nos denrées du cru et de nos produits manufacturés. Ce commerce d'échange est soumis à des principes tels que la nation qui s'en écarte rend sa position plus ou moins critique, sa prospérité plus ou moins décroissante. Si nous échangeons des produits bruts de notre sol contre des produits manufacturés, notre commerce sera ruineux, puisque nous perdrions le prix du salaire et les profits que nous pourrions obtenir par la mise en œuvre des matières travaillées chez l'étranger. L'échange des produits de nos fabriques contre des produits manufacturés étrangers, ne présente qu'un faible avantage, puisqu'il tend à encourager l'industrie et à multiplier les produits chez les autres nations. Le commerce le plus avantageux consiste dans l'échange des produits du sol ou des objets reçus en échange, bruts ou ouvragés, contre des produits bruts indispensables à notre industrie. L'échange de nos denrées et produits du sol, tels que bleds, vins, eaux-de-vie, etc., contre des cotons, laines, cuirs, etc., serait sans contredit très-profitable; mais le commerce le plus avantageux, qui nous conduirait infailliblement à un très-haut degré de prospérité, consisterait dans l'échange de nos produits manufacturés contre des produits bruts, que ne pourraient nous offrir notre sol et notre climat, nécessaires à nos fabriques, ou contre des objets ouvragés, échangés contre des matières brutes, tels que des draps contre des laines, des cotonnades contre des cotons, des toiles contre des lins.

Le commerce étranger doit subordonner son étendue à nos besoins. Le commerce intérieur est le plus profitable, puisque la totalité des profits reste dans le pays, et que, par le commerce étranger, la Nation partage ses bénéfices avec la nation échangeante; ce commerce tend à multiplier chez les étrangers les productions et les avantages dont la possession ajoute à la puissance et à la richesse nationales.

Il est donc indispensable d'encourager et de provoquer la culture des denrées susceptibles d'alimenter nos fabriques, telles que lin, chanvre, etc.; la multiplication des bêtes à laine, l'éducation des bestiaux, doivent encore fixer notre attention, afin de nous rendre le moins possible dépendans des étrangers.

La balance du commerce étranger, qui est le

résultat des exportations et des importations comparées entr'elles, a fixé constamment l'attention des hommes d'état et des Gouvernemens qui y ont attaché plus d'importance qu'elle ne le mérite. Lorsque la somme des exportations est plus faible, on en conclut que, la balance étant défavorable, on fait un commerce ruineux : pour y remédier, on a recours aux prohibitions, et l'on accorde des gratifications à l'exportation. Ce préjugé est généralement partagé par les commerçans, disposés à tourner leurs capitaux vers le commerce étranger, qui regardent les relations entre les puissances comme devant produire les mêmes résultats que leurs comptes courans ; mais le préjugé attaché aux vieilles habitudes est tel qu'en France et en Angleterre même, on s'est toujours occupé, à la sollicitation du commerce, du soin d'obtenir une balance nominalement favorable.

On est généralement persuadé qu'une nation qui aurait une balance défavorable de 50 millions chaque année, perdrait une partie de son numéraire, et fournirait en dix ans, aux étrangers, une valeur de 500 millions, et que cette balance annuelle serait une perte réelle qu'éprouverait son commerce.

Il est facile de dissiper ces erreurs et de détruire ces préjugés si funestes à l'accroissement de la richesse nationale, préjugés qui ont souvent suggéré de fausses mesures aux Gouvernemens. Je suppose qu'une compagnie soit chargée du monopole de notre commerce extérieur; que la somme des exportations s'élève à 110 millions, celles des importations à 130; on en conclura que notre commerce, représenté par celui de la compagnie, sera ruineux, lorsqu'au contraire il peut être très-avantageux.

Achats.

| | |
|---|---|
| 100 millions. | Montant des achats faits dans l'intérieur, auxquels sont ajoutés 10 pour 100, bénéfice supposé, sur le total des ventes à l'étranger. |
| 130 — | Montant des achats à l'étranger, ou somme des importations. |
| 230 millions. | Total des achats à l'intérieur et à l'extérieur. |

Ventes.

| | |
|---|---|
| 110 millions. | Somme composée de 100 millions, montant des achats à l'intérieur, auxquels sont ajoutés 10 pour 100 bénéfice, qui forment la somme totale de l'exportation. |

| | |
|---|---|
| 130 millions. | Montant des achats faits à l'étranger, et vendus partiellement dans l'intérieur. |
| 15 — | Somme des bénéfices supposés de 10 pour 100, faits par la Compagnie, dans l'intérieur, sur les achats étrangers. |
| 253 millions. | Total des ventes extérieures et intérieures. |

RÉCAPITULATION.

| | |
|---|---|
| 253 millions. . . . | Ventes annuelles. |
| 230 — | Achats. |
| 23 millions. . . . | Bénéfice net. |

La somme des importations étant plus considérable que celle des exportations, on a conclu que la solde de 20 millions présentait une balance défavorable et ruineuse; on voit au contraire que le bénéfice net serait, dans cette hypothèse, de 23 millions. Ce tableau, aussi clair que précis, prouve jusques à l'évidence, qu'une nation avec une balance nominale défavorable, peut faire un commerce productif. J'ai évalué les bénéfices de la compagnie à 10 p. 100, pour faciliter le calcul du compte simulé ; mais il est évident que les bénéfices que ferait le commerce français seraient beaucoup plus considérables, puisque les marchandises exportées fourniraient, dans l'intérieur, des profits ou des salaires à tous les intermédiaires entre le producteur et la compagnie, tels que les négocians, les commissionnaires, les voituriers, etc., et ceux qui existeraient entre cette compagnie et le consommateur, pour les marchandises importées qui sont livrées à la consommation, soitsous leur forme d'introduction, soit après avoir subi une transformation. On se crée également des idées chimériques, sur l'exportation numéraire; si notre balance fournissait à l'Angleterre, aux États-Unis au Portugal, une balance de 20 millions, n'aurions-nous pas les mêmes avantages envers l'Allemagne, l'Espagne, la Suisse et autres états que nous avons rendus dans tous les temps nos tributaires. Si ce solde en notre faveur était, par hypothèse, de 30 millions, nous recevrions encore en définitif 10 millions en piastres, lingots d'or et d'argent, et d'autres soldes s'opéreraient en marchandises. L'Angleterre, les États-Unis et le Portugal étant débiteurs de quelques autres puissances, verseraient également une portion, la totalité et peut-être un excédent des 20 millions qu'ils auraient reçus de nous : ainsi donc l'équilibre s'établit.

La France, par sa position sous un heureux

climat, par la fertilité de son sol, par l'étendue de son territoire et le nombre de ses habitans, peut parvenir à un haut degré de prospérité si le gouvernement rejetant les préjugés, les vues fausses des anciennes administrations, emploie tous ses soins à vivifier, à protéger non-seulement l'agriculture, mais encore le commerce et les manufactures.

Sully encouragea l'agriculture, mais il ne fit point assez d'attention aux manufactures. Colbert protegea l'industrie, mais plus particulièrement les arts d'ostentation. Des manufactures de luxe furent entretenues à grands frais, et ce ministre prodigua les richesses, les privilèges, pour les soutenir. Mais, sous son administration, l'agriculture peu protégée reçut un coup fatal à son extension par la défense de l'exportation des grains, et la culture cessa de rembourser les frais.

Favoriser d'abord l'agriculture, diminuer les impôts et les charges du laboureur, ne point toucher à ses avances, étendre le marché intérieur, réparer les chemins, les canaux, en construire de nouveaux, multiplier les produits de l'agriculture par le commerce, augmenter leur valeur par la mise en œuvre, donner au commerce et à l'industrie une liberté toute entière, sans les gêner par des règlemens qui arrêteraient leur marche, tels sont les premiers devoirs à remplir de la part du gouvernement, et les véritables moyens de faire renaître l'abondance et la sécurité parmi nous.

## DESSÉCHEMENS ET DÉFRICHEMENS.

### CHEMINS ET CANAUX.

Depuis long-temps on s'est occupé en France des desséchemens et des défrichemens. Le gouvernement a quelquefois encouragé ces opérations, par des exemptions d'impôts et des priviléges, mais ces encouragemens ont produit peu d'effet.

Sous Henri IV, un édit du mois de janvier 1607, fut rendu dans le but de faire dessécher une grande quantité de marais ; il est dit dans le préambule que « le revenu de la terre est le plus assuré et le plus utile comme étant celui qui produit les fruits et les matières propres à toutes sortes de nourritures, d'ouvrages et de manufactures. »

Deux déclarations de 1641 et 1643, une autre en 1764, accordèrent vingt années d'exemptions de toutes tailles ; celle du 15 août 1766 ordonna que toutes les terres, de quelque qualité que ce soit, qui, depuis quarante ans, n'auraient donné aucune récolte seraient réputées terres incultes et mises en valeur.

On voit dans les instructions de l'assemblée nationale, en 1790, « que les desséchemens sont une des opérations les plus urgentes et les plus essentielles à entreprendre, qu'ils rendront à l'agriculture de vastes terreins qui sollicitent de toutes parts l'industrie du propriétaire et l'intérêt du gouvernement ; que par eux sera détruite une des causes qui nuit le plus à la santé des hommes et à la prospérité des végétaux ; *que des milliers de bras qui manquent d'ouvrage et que la misère et l'intrigue peuvent tourner contre la société, seront occupés utilement.* »

Les landes de la Guyenne comprennent une vaste étendue de territoire. Les fièvres causées par les émanations pestilentielles des marais, moissonnent les habitans au terme moyen de la vie. Déjà, sur quelques points de la France, des marais ont été desséchés partiellement, et les fièvres souvent mortelles qui y régnoient ont disparu.

On compte dans la Picardie, l'Artois et la Normandie, plus de 250 mille arpens de marais susceptibles d'être convertis en prairies et terres labourables; on évalue à près d'un million d'arpens la quantité que l'on pourrait mettre en valeur : en estimant chaque arpent au médiocre prix de 500 fr. après le desséchement, la richesse territoriale serait accrue de 500 millions.

Le desséchement des marais dans toutes nos provinces, compenserait bien au delà par la quantité de terres rendues à l'agriculture, la perte des terreins qu'occasionnerait le creusement des canaux, la construction des nouveaux chemins si necessaires pour donner de la valeur aux produits agricoles et activer le commerce intérieur d'un pays qui, comme le nôtre, est arrosé sur tous les points par une grande quantité de fleuves, de rivières et de ruisseaux.

Si la Chine fait un grand commerce intérieur, si elle ne renferme pas un seul coin de terre inculte sur toute l'étendue de son territoire, elle en est redevable à la quantité de canaux qui l'arrosent.

Il existe beaucoup de projets de canaux dont l'exécution deviendrait infiniment utile; mais l'état de nos finances n'a point encore permis de les exécuter : des fonds ont souvent été appliqués à des objets de luxe et d'ostentation, les encouragemens à donner au commerce et à l'agriculture ont été négligés.

Les chemins sont pour l'état ce que sont les veines pour le corps humain, sans eux point de circulation qui ajoute à la richesse et à la puissance nationales. Les provinces seront d'autant moins isolées entr'elles que les communications deviendront plus fréquentes, plus faciles, et plus commodes. Nous avons beaucoup de grands chemins mal entretenus, il serait donc à désirer que le gouvernement assignât chaque année une somme assez importante sur les impositions, non-seulement pour l'entretien des grandes routes, mais encore pour l'élargissement et la bonne tenue des chemins vicinaux dont l'utilité doit être généralement reconnue, puisque leur construction agrandirait les marchés cantonnaux, procurerait un prompt débouché aux denrées locales, influerait sur la baisse de leur prix, par la diminution des frais de transport, et assurerait la reproduction par le renouvellement des besoins. Indépendamment des étangs et des marais, beaucoup de provinces renferment des terres incultes : on évalue de 14 à 1500 mille, la quantité d'arpens des landes non cultivées entre Bayonne et Bordeaux, sans y comprendre 400 mille arpens isolés plus ou moins cultivés.

Quelques départemens offrent un cinquième et un quart de leur territoire sans culture. On évalue à environ 11 ou 12 millions, le nombre d'arpens susceptibles d'être défrichés, ou desséchés. En les estimant à 500 f. l'arpent, il est évident que la France pourrait accroître de près de *six milliards* sa richesse territoriale, et son revenu de près de 300 millions. L'agriculture en France a fait peu de progrès : par de nouveaux travaux et des perfectionnemens, elle peut ajouter un quart au produit des terres, car il faut bien distinguer le produit actuel du produit possible, et il ne serait point étonnant qu'en favorisant l'agriculture, on portât le revenu net en peu d'années à deux milliards. Les défrichemens des terres incultes, des côteaux et des montagnes doivent fixer notre attention et reclament les plantations : les mines de houille existent en assez grande quantité sur notre territoire et attendent l'exploitation ; la disette des bois menace de toutes parts, hatons-nous de planter nos côteaux et d'exploiter nos mines (1).

## COLONIES.

Les colonies sont-elles avantageuses à l'Etat ? Cette question paraîtra oiseuse à l'observateur superficiel, disposé à la résoudre affirmativement.

Le commerce colonial n'est que l'échange des produits du sol ou des objets manufacturés de

(1) Dans mon *Système de finances*, j'offrirai les moyens d'obtenir les fonds nécessaires pour ces grandes entreprises.

la métropole, contre les produits du cru des colonies : ce commerce est donc le même que celui qui s'exerce entre deux nations. Notre commerce actuel avec nos colonies, n'est que très-précaire. Les marchandises étrangères sont présentées sur les marchés coloniaux concurremment avec les nôtres, et nos débouchés n'ont point atteint ce degré d'importance auquel nous devions prétendre. Ce n'est donc que par le monopole, que le commerce avec les colonies peut offrir quelqu'avantage ; mais cet avantage est-il bien réel ?

Avant la révolution, nos colonies des Antilles nous fournissaient environ pour 180 millions de leurs produits, et recevaient 60 millions en vins, eaux-de-vie, soieries, quincailleries, objets de mode, etc. : la mère-patrie était donc débitrice, annéecourante, de 100 à 120 millions.

Ces relations exigeaient l'emploi d'une grosse somme de capitaux fixés dans le commerce étranger ; une somme non moins considérable en capital fixe, c'est-à-dire en navires marchands, provisions, etc. ; l'entretien dispendieux d'une marine militaire destinée à protéger ces possessions, dont la dépense annuelle ajoute aux *charges publiques*. Les colonies ne sont, au fond, que des provinces agricoles, isolées de la métropole, qui nécessitent des frais auxquels elles ne contribuent point dans une juste proportion, et qui ne fournissent pas même des hommes pour leur défense et pour celle de la mère-patrie; elles absorbent des capitaux qui, long-temps dehors, ne rentrent que par échelles, et pourraient tenir en activité, quelques branches d'industrie intérieure, dans laquelle le capital pourrait être renouvellé plusieurs fois par an.

La Martinique et la Guadeloupe, les seules colonies que nous puissions nommer, ne fournissaient qu'environ le quart des expéditions importées des Antilles : nous ne recevrions d'elles, toutes choses égales d'ailleurs, que 35 à 40 millions de productions de leur sol, qui arrivent chez le consommateur par un très-petit nombre d'intermédiaires, et fournissent peu de salaire au travail; nous échangerions environ 15 à 20 millions de nos produits. Fixons cette somme (très-exagérée) au maximum de 20 millions; admettons que le bénéfice net du commerce national soit de 50 pour 100 sur ces exportations, les profits seront donc de 10 millions, d'après la plus haute évaluation. Que l'on compare cet avantage avec les frais et l'inconvénient de la levée des impôts nécessaires à l'entretien de notre marine, qui figure sur les budgets pour 48 millions, et qui n'était estimée, en 1790, qu'à 40 millions, et nous serons à portée de nous convaincre que ces relations sont réellement onéreuses, et que la protection de ces établissemens, quelle que soit la somme pour laquelle elle se trouve comprise dans la dépense de notre marine, absorbe les profits nationaux qui entrent dans les caisses d'un très-petit nombre d'individus, et qui se trouvant répartis dans la masse des contributions, sont fournis avec usure par toutes les classes des contribuables, par l'augmentation des impôts qui couvrent ce surcroît de dépenses. Je fais abstraction des bénéfices sur le fret qu'une nation peut se procurer sans colonies, en voiturant sur ses navires marchands, ses denrées, ses produits et les échanges qu'elle reçoit des autres peuples.

Je sens que j'attaque de front de vieux préjugés mercantiles. Un ancien négociant du temps de Louis XV ou de Louis XVI, s'écrie dans une bourse de commerce, lorsque les affaires sont en stagnation, comme elles le sont encore actuellement : tout est perdu si nous n'avons point de colonies. Les néophites répètent machinalement ce vieux dicton, cette opinion devient générale. Je fus aussi l'écho de l'opinion vulgaire, et ce n'est qu'en raisonnant sur les rapports du commerce étranger avec le commerce intérieur, sur la véritable source de la richesse, que j'ai reconnu mon erreur.

Après l'affreux régime de la terreur ; le commerce reçut une nouvelle vie ; nos manufactures reprirent la plus grande activité ; l'industrie se perfectionna, et nous employâmes nous-mêmes les cotons que jadis nous exportions bruts à l'étranger. Nous ne manquions point de marchandises ; nos ports étaient garnis de navires étrangers ; notre commerce, retenu sur le continent, était privé de ses colonies et de ses relations maritimes, et cependant ses bénéfices furent tellement considérables, et son activité tellement importante, que les hommes entreprenans firent des fortunes colossales ; les hommes prudens, prenant part à la commune activité, recupérèrent en tout ou en partie les capitaux qu'ils avaient perdus par la dépréciation du papier-monnaie, ou par le maximum.

Nous ne manquerons point de matières premières pour nos manufactures ; les puissances étrangères s'empresseront de nous les offrir en échange des produits de notre sol et de nos fabriques, si nous les établissons à un prix modéré, car les marchandises de l'extérieur ont autant besoin du consommateur et de l'acheteur, que l'acheteur et le consommateur ont besoin d'elles.

Je suis loin de prétendre qu'il faille abandonner nos colonies ; mais je pense que nous ne devons y attacher qu'un faible prix, et renoncer à leur agrandissement. Le Gouvernement a été guidé par une bien fausse politique, en réclamant son comptoir de l'Inde, dont l'occupation occasionnera indubitablement la mort de quelques citoyens enlevés à la métropole par la chaleur du climat et les fatigues d'une longue route, perte que déplorera la philanthropie et qui ne sera point compensée par la possession d'un coin de terre où nous serons privés de la liberté de construire un fort. Cette colonie nous coûtait 2 millions après la paix de 1783.

Bientôt l'Europe apercevra l'inutilité des colonies. Le commerce des États-Unis est devenu plus favorable à l'Angleterre qu'il ne l'était avant l'indépendance. Mais on va m'objecter que la Grande-Bretagne n'est riche que par ses immenses établissemens ; que la Hollande et le Portugal n'ont atteint le degré de prospérité auquel on les a vus s'élever, que par le commerce de leurs colonies. Je répondrai que les Anglais, les Hollandais et les Portugais ne sont devenus les voituriers des mers, que parce que l'exiguité de leur territoire ne leur offrait pas d'autres ressources ; qu'il en est des nations comme des particuliers; que chacune d'elles fait valoir son industrie de la manière qu'elle juge la plus convenable à ses intérêts.

Les villes anséatiques n'étaient-elles pas, dans les siècles derniers, les entrepôts du commerce qui se faisait entre le nord et le midi de l'Europe? Cependant elles n'avaient point de colonies : le commerce de transport a seul enrichi ces nations. L'Angleterre, il est vrai, a activé son agriculture, son industrie et son commerce; inaccessible aux atteintes des États du continent, elle a pu tout entreprendre et tout oser; mais ses capitaux, placés dans le commerce intérieur, eussent utilisé des bras inactifs, en occupant *le grand nombre de pauvres* qu'elle renferme. N'a-t-elle pas contracté une dette énorme pour parvenir à ce degré de splendeur? L'Angleterre a donc emprunté pour s'enrichir : système absurde qui a fondé cette puissance gigantesque; frêle échafaudage que renverserait la perte de ses établissemens, ou le moindre évènement intérieur.

Il est remarquable que l'opinion varie sur les causes de la richesse de l'Angleterre. Les uns l'attribuent à sa banque, d'autres à son système de finances, d'autres à ses possessions d'outre-mer; mais il est indubitable que si la Grande-Bretagne ne possédait pas l'inappréciable avantage d'être située au milieu des mers, elle ne serait qu'une nation secondaire, ou n'eût figuré qu'un moment sur la scène politique, et n'eut jouit que d'un éclat passager, comme un météore lumineux qui paraît sur l'horison, pour disparaître et ne plus se montrer.

Venise, Gênes, la Hollande, les villes libres qui formèrent l'ancienne association des Anses, ont eu le même sort. Un temps viendra, et cette époque n'est pas éloignée, où l'Angleterre perdra ses colonies asiatiques. Les colonies du Nouveau-Monde secoueront le joug de fer que leur imposent les Métropoles européennes. Que deviendront l'Angleterre et l'Espagne? La France conservera infailliblement le premier rang, en se bornant à entretenir une marine militaire, pour la protection de ses côtes, et si le Gouvernement renonce de bonne heure aux possessions lointaines, en abandonnant le chemin de la routine et des préjugés mercantiles.

Les possessions coloniales ne sont donc point une richesse réelle, mais une richesse fictive et souvent onéreuse. Nous avons perdu, avant la révolution, d'importans comptoirs sur la côte de Coromandel, et le Canada. L'île de France et quelques autres possessions ne nous sont point restituées. Saint-Domingue ne nous sera point rendue par des esclaves qui, connaissant tout le prix de la liberté, sont dirigés, dans cette conservation, par nos ennemis naturels. Nos compagnies d'orient, d'occident et des côtes d'Afrique ont disparu. Que nous reste-t-il? quelques îles anglo-françaises qui, convoitées par une jalouse rivale, deviendront sa proie. Nous fierons-nous à la bonne foi de l'Angleterre? Sera-t-elle la garantie d'une paix maritime longue et durable? Dormirons-nous dans une sécurité profonde, près d'un précipice dans lequel le moidre vent, la moindre secousse pourrait nous faire tomber? Soyons sans cesse éveillés; que la raison et l'expérience soient nos guides; que nos véritables intérêts règlent notre conduite. Le commerce anglais ne vit que dans les désordres. La situation critique dans laquelle il se trouve aujourd'hui lui rappelle son premier élément si nécessaire à son existence sauvage. Il ne peut prospérer au milieu de la civilisation, mais au sein de la barbarie; les opérations régulières des nations civilisées, basées sur l'équité, ne peuvent convenir à sa rapacité, à son désir de tout avoir, de tout envahir pour ne rien conserver un jour.....

Le commencement du dix-neuvième siècle verra le Brésil et la Nouvelle-Angleterre habités par deux nations formidables, qui fixeront l'attention de l'ancien monde : nos îles Antilles se réuniront un jour sous la protection de ces nouvelles métropoles. Ferions-nous, pour leur avantage, des dépenses dont les fruits seraient récoltés par d'autres que nous?

La colonie du Brésil peuplée, dans le principe, de brigands, de malfaiteurs et de prostituées, se civilisa et s'accrut par l'émigration des Juifs portugais, poursuivis, ruinés et bannis par l'affreuse et horrible inquisition. Les Etats-Unis furent formés, dans l'origine, par des Catholiques, des Quakers, des Puritains qui fuyaient les persécutions d'un peuple que l'on s'obstinerait vainement à regarder comme tolérant. Les déréglemens des gouvernemens européens contribuèrent à l'accroissement de cette colonie dont la puissance et la population marchent à pas de géant depuis son indépendance.

Nos dissensions, les malheurs qui ont accablé l'Europe, éloignent une foule de regnicoles, et les engagent à chercher une nouvelle patrie. La cupidité, le besoin, l'approche ou la perspective d'un funeste avenir excitent les habitans de l'ancien monde à franchir les mers pour courir sous de nouveaux climats, après cette paix, ce bonheur, qui depuis si long-temps se sont exilés de nos contrées; les arts, les talens, l'industrie émigrent à l'envi vers ces lointains pays, sources fécondes de ces productions que la nature nous refuse, l'aliment, la vie de nos manufactures.

Nos révolusions politiques seront infailliblement suivies d'une révolution commerciale dont les symptômes se font déjà sentir sous de sinistres présages. L'orage est conjuré; nous sommes prévenus, nous pouvons l'éviter. Opposons la force de nos institutions à la force des évènemens. Mettons nos vaisseaux à l'abri de la tempête; changeons nos agrès et nos manœuvres: l'horizon s'éclaircira; mais, pour profiter du calme ou du premier vent, soyons prêts à nous remettre en mer.

## TABLEAU COMPARATIF

### DES RICHESSES RESPECTIVES DE LA FRANCE ET DE L'ANGLETERRE.

On distingue la masse des capitaux d'une nation en capital fixe, capital circulant et capital non productif. Le capital fixe consiste en maisons, terres, bâtimens d'exploitation, machines, instrumens, etc., qui rapportent un revenu, ou concourent à en produire un.

Le capital circulant consiste en argent monnoyé, effets de commerce, denrées, comestibles, marchandises fabriquées ou non fabriquées, marchandises de toutes espèces destinées à être vendues ou échangées.

Le capital non productif que quelques économistes nomment *fonds de consommation*, est composé de la valeur des meubles, objets de décoration, bijoux d'or et d'argent, etc., qui ne produisent aucun revenu.

Le capital fixe et le capital productif constituent donc les richesses foncières et mobilières d'un état.

La France, sur une vaste étendue de territoire contient une quantité d'arpens de terre comme suit :

| | |
|---|---|
| Terres labourables cultivées en bleds, seigles et avoines. . . | 36 millions. |
| Prés, herbages et paturages. . | 8 |
| Terres cultivées en menus grains, communes et paturages de diverses espèces. . . . . . . . | 44 |
| Vignes. . . . . . . . . . . . . . | 4 |
| Forêts, bois de haute futaie. . | 24 |
| Bois taillis. . . . . . . . . . . . | 6 |
| | 122 |
| Terres incultes, landes, marais. | 7 |
| Montagnes, côteaux. . . . . . | 4 |

| | |
|---|---|
| Etangs, chemins, rivières, parcs, jardins. . . . . . . . . . . . . . | 5 millions. |
| Terreins, enceintes des villes et bourgs. . . . . . . . . . . . . . | 3 |
| | 141 millions. |

Les 122 millions d'arpens en rapport, évalués au prix moyen très-modéré de 12 francs, produiraient un revenu net de 1,464 millions francs, et à 15 francs celui de 1,830 millions. Je puis donc, sans m'écarter de la réalité, évaluer le revenu net de la France à 1500 millions; car, il est évident qu'il se trouve une grande quantité de terres qui produisent un revenu net de plus de 20, 30, et 40 fr. par arpent. Le capital foncier de la France, estimé à raison de 25 capitaux, sera de 37,500,000,000; et le produit sera de 4,500,000,000, en évaluant les profits des fermiers, les salaires des ouvriers agricoles, les dépenses et entretiens à deux fois la valeur du revenu net, selon les calculs les plus avérés. Somme inférieure à l'estimation d'Arthur Young.

Les profits du commerce et de l'industrie doivent être distingués en deux classes; savoir : les profits des capitaux et les salaires du travail industriel. Ces profits ne peuvent être procurés que par une portion du revenu brut, puisque l'autre portion compose la subsistance de la population, dont l'échange fournit peu de profits et de salaires ; étant en partie consommée brute, les salaires et les profits ne sont donc fournis que par les objets d'échange d'exportation, d'ameublement, de vêtement, qui reçoivent une nouvelle forme et une nouvelle valeur : or, cette portion du revenu brut, ne pouvant s'élever au delà du cinquième, doit être évaluée à 900 millions, et les profits comme suit :

| | |
|---|---|
| Salaires et profits de l'industrie sur les denrées de consommation à 15 p. cent de la valeur primitive. . . . . . . . | 450 millions. |
| Salaires des ouvriers industriels, artisans de toutes classes appliqués aux travaux du commerce intérieur et extérieur, et des manufactures, un million de familles à 500 fr. par an, taux moyen. . . . . . . . . . | 500 |
| Valeur de 60 à 65 p. 100 acquise, par l'industrie, sur le cinquième du produit. . . . . | 650 |
| Produit brut territorial. . . | 4,500 |
| | 6,100 |

Il est facile de se faire une idée du *maximum* du revenu de la Grande-Bretagne ; le produit net des terres est, selon quelques écrivains anglais, de 18 à 20 millions sterlings ; je le fixe au plus haut, c'est-à-dire à 20 millions : les profits des capitaux, placés dans le commerce extérieur et intérieur, ne s'élèvent pas au delà de 40 millions sterlings, somme à laquelle M. Pitt les a portés dans son tableau général. M. Pitt, afin d'enfler la richesse de son pays, fit figurer les intérêts de la dette publique, qui ne peuvent être compris sans double emploi, puisque la rente des créanciers de l'état est prise chaque année sur le revenu national ; ce revenu doit donc être estimé comme suit :

Produit brut des terres évalué à 3 1/2 du revenu net (à 3 pour la France), eu égard à ce que l'agriculture anglaise, étant plus perfectionnée, doit donner plus de profits. . . . . . . . 70 millions sterl.

Profits des capitaux portés, par plusieurs écrivains, au double du produit net des terres, et évalués, par

M. Pitt, sur un capital de 200 millions sterl. à . . . 40,000,000,000 st.

110,000,000,000

Ainsi donc la richesse annuelle de l'Angleterre ne s'élève pas au delà d'une somme moindre que la moitié de celle de la France, et l'on peut affirmer, sans exagération, que le revenu général de l'Angleterre, en y comprenant les profits du commerce et de l'industrie, n'excède pas 2,500,000,000; par conséquent le revenu brut de la France, (non compris les profits des capitaux) est double de celui de la Grande-Bretagne : d'après ces données, on peut comparer les richesses respectives, foncières et mobiliaires de ces deux puissances :

| | |
|---|---|
| Le revenu net de l'Angleterre, calculé à 25 capitaux, produit. . . . . . . . . . . . | 11,000,000,000 |
| Capitaux de l'agriculture évalués au cinquième du capital foncier. . . . . . . . . | 2,250,000,000 |
| Capitaux appliqués au commerce et à l'industrie. . . . | 5,865,000,000 |
| | 19,115,000,000 |

La richesse foncière et mobiliaire de la France doit être estimée comme suit :

| | |
|---|---|
| Revenu net, calculé à 25 capitaux . . . . . . . . . . . . | 37,500,000,000 |

| | |
|---|---|
| Capitaux de l'agriculture, calculés au dixième du capital foncier, moins considérable que ceux de l'Angleterre relativement à l'étendue du territoire . . . . . . . . | 3,750,000,000 |
| Capitaux du commerce et de l'industrie, calculés sur les profits à 20 p. 100 à cause de la plus grande étendue des relations intérieures . . | 8,000,000,000 |
| | 49,250,000,000 |

Les ressources de la France sont donc infiniment plus considérables que celles de l'Angleterre : ces évaluations ne sont point enflées en notre faveur, puisqu'au contraire je porte, toute proportion gardée, les capitaux de l'agriculture anglaise à un taux plus élevé que les nôtres, et que j'évalue les capitaux de son commerce au delà de l'estimation de M. Pitt, et à plus que le double du revenu général, lorsque nos capitaux ne sont point estimés dans la même proportion. Le dressement de ces tableaux comparatifs est donc à l'avantage de la Grande-Bretagne. Je ne fais point mention des capitaux non productifs ou fonds de consommation, il serait difficile et peut-être impossible de les estimer ; on ne pourrait en tirer d'ailleurs aucune conséquence, puisque le fonds de consommation d'un peuple ne constitue point sa richesse réelle. Si la richesse de l'Angleterre est beaucoup moins considérable que la nôtre, il faut avouer qu'elle a une population moindre de près de deux tiers à faire subsister.

En 1793, la dette publique anglaise, s'élevait à 228 millions sterlings ; à l'époque du traité d'Amiens elle était de 563 millions sterlings ; en neuf années, cette dette s'accrut de 555 millions sterlings ; pendant la dernière guerre, qui fut très dispendieuse depuis la rupture de la paix d'Amiens, jusques en 1814, la dette publique à dû augmenter en proportion ; elle devrait être au moins de 20 milliards : actuellement il ne serait donc point étonnant que l'intérêt de cette dette, joint aux besoins annuels de l'état, nécessitât une somme d'impôts, qui absorberait plus de la moitié du revenu général national, tandis qu'en France, l'importance des recettes qui figurent sur le budget de cette année, ne compose pas le cinquième du revenu brut des terres, non compris les profits des capitaux que j'ai fait figurer dans le produit annuel de la Grande-Bretagne. En Angleterre, les dépenses, sur le pied de paix, sont estimées de 11 à 12 millions sterlings ; l'excédant des impôts est affecté au service de la rente de la dette. Pour servir la rente occasionnée par chaque nouvel emprunt, le gouvernement établit un nouvel impôt indirect : ces taxes accumulées, causent le renchérissement des denrées à un tel point qu'elles envahissent plus de la moitié du revenu de chaque individu, indépendamment du funeste contre-coup qu'elles produisent. Il faut considérer que la masse des impôts de la Grande-Bretagne est composée d'une valeur nominale augmentée par ces nouvelles taxes. On a vu les denrées hausser progressivement en Angleterre, dans le rapport de 3 à 5 en peu d'années et parvenir à une augmentation actuelle de 80 et 100 pour 100. Les spéculations commerciales, l'agiotage sur les fonds publics ont créé des fortunes subites, dont les possesseurs sont disposés dans tous les temps à mettre un haut prix aux objets de luxe et de consommation : c'est ce renchérissement général qui nous procure en France la visite d'une si grande quantité de familles anglaises. Ainsi donc, pour comparer les impôts de l'Angleterre aux nôtres, il faut retrancher la différence qui existe entre leur somme nominale et leur valeur réelle.

Le créancier de l'état, qui a prêté des fonds depuis 10 à 15 ans, reçoit actuellement une valeur nominale égale à celle de la première création de sa rente; mais cette rente est beaucoup altérée par l'effet des renchérissemens occasionnés par les taxes, puisqu'avec la même valeur nominale, il ne peut se procurer la même quantité d'objets consommables qu'à l'époque de la création.

Lorsqu'avant la paix d'Amiens la dette publique s'élevait à plus de 13 milliards de notre monnaie, le fonds d'amortissement était d'environ 120 millions : ce fonds, proportionné à la nouvelle dette, devrait s'élever au delà de 200 millions, et l'extinction fixée par les uns à 50 ans, à 45 ans, par les autres, et par d'autres à 30 et 35 années, n'aurait pas lieu dans ce laps de temps; et pendant cet intervalle, le service des intérêts exigera impérieusement une somme de 800 millions à un milliards de francs; car en 16 années, depuis 1786, la dette s'étant accrue de 325 millions sterlings, 58 millions sterlings seulement, ont été amortis. Ainsi donc, l'Angleterre semble être condamnée par le destin à supporter long-temps une somme d'impôts considérable, disproportionnés à ses véritables ressources tandis que la France pourrait acquitter sa dette *avec la moitié d'une année de son revenu général.*

Pour favoriser l'amortissement, le gouvernement anglais a le plus grand intérêt à faire baisser les fonds publics pour acheter à meilleur composition, mesure tout à fait immorale, qu'il s'empresseranéanmoins d'employer. Dans toutes circonstances, il se trouve dans la position d'un souscripteur d'effets de commerce qui discréditerait son papier, le ferait acheter à 40 ou 50 pour cent de perte et paierait une valeur souscrite de 100 mille francs avec un capital effectif de 40 ou 50, et s'enrichirait par ces moyens frauduleux.

L'établissement du *Sinking-fund* ou fond d'amortissement ne fut fondé dans le principe qu'afin d'assurer un gage de remboursement pour consolider le crédit public et recourir à de nouveaux emprunts, selon les circonstances; ressources dont l'Angleterre n'a que trop souvent abusé; ressource si vantée et proposée parmi nous. Les emprunts contractés par la génération présente, chargent l'état pendant un grand nombre d'années, et l'acquittement en est légué aux générations futures.

La Grande-Bretagne ne peut plus supporter de nouveaux impôts. *L'income-tax*, établi par M. Pitt fut bientôt remplacé. Le ministère anglais avoit senti au commencement de cette année la nécessité d'arrêter le surhaussement des denrées en proposant l'income-tax qui fut rejeté par la Chambre des Communes.

Depuis dix ans l'Angleterre, bien loin d'acquérir, est restée stationnaire, et sa dette et ses charges se sont accrues; conservant l'entrepôt des productions des deux Indes, la somme de ses exportations s'est enflée, par conséquent en présentant un plus gros total de chiffres en valeur nominale. Son commerce étranger a été constamment activé préférablement à son commerce intérieur. Ce vice dans l'administration anglaise a produit de graves inconvéniens. Le gouvernement s'est trouvé forcé, à diverses époques, de soutenir l'industrie et ses manufactures, soit par des gratifications, soit en faisant vendre dans les villes anséatiques, une quantité considérable de marchandises à 20, 30 et 50 p. 100 de perte. encore aujourd'hui, beaucoup de denrées et de diverses produits sont consignés dans nos ports par l'Angleterre, et s'y vendent à bas prix, sans doute pour décourager notre industrie et nuire à notre commerce. La marchandise est abondante sur nos marchés, mais les bénéfices sont éventuels. Beaucoup de fabricans sont forcés à faire des sacrifices pour réaliser la consommation diminuante. Les demandes ne sont point en rapport avec les approvisionemens. Le commerce souffre et languit; la marche des affaires est irrégulière, les spéculations les mieux calculées, les opérations les plus sagement combinées, conduisent à un résultat plus ou moins ruineux.

La situation de l'Angleterre n'est pas moins critique que la nôtre. Le nombre de ses pauvres s'augmente chaque jour; depuis vingt ans la taxe des pauvres s'est élevée de 48 millions de francs à 100 millions et au delà. L'industrie anglaise languit, ses beaux jours sont éclipsés. Les indigens sont dans ce pays en plus grande quantité que parmi nous, en proportion de la population respective. L'angleterre, entrainée par le vice de son système financier, court à sa perte. Je compare la Grande-bretagne à un malade qui, ayant abusé trop long-temps de ses propres forces, ne peut trouver son salut et la prolongation de son existence, que dans un nouveau régime de vie. La ruine de l'Angleterre ne sera pas néanmoins aussi complette qu'on pourrait se l'imaginer, en supposant que son gouvernement se trouvât dans l'impossibilté de soutenir le poids d'une dette énorme, et que sa banque cessât ses paiemens; les créanciers de l'état, les porteurs des billets de banque, les actionnaires seraient ruinés en tout ou partie; elle resterait avec son capital productif qui ne lui serait point enlevé par un évènement si fatal à l'accroissement et au maintien de sa prospérité; privée de ses ressources, elle verrait détruire, en un seul instant, les instrumens de sa puissance qui commencerait dès-lors à décliner : qu'arriverait-il dans une telle conjoncture? Les amis de l'humanité plaindraient les victimes de cette catastrophe; le cabinet anglais ferait son *meâ culpâ;* l'Europe (et la France particulièrement), respirant un air plus pur, *rendrait des actions de grâces à l'Éternel*, en fermant pour toujours les portes du temple de Janus.

Qu'un ridicule orgueil, qu'une folle rivalité, qu'une vaine illusion ne nous portent point à imiter l'Angleterre; n'oublions pas que c'est principalenent à sa situation topographique qu'elle est redevable du rang qu'elle occupe; dédaignons le commerce étranger, pour nous livrer au commerce intérieur; ne faisons point comme ce manufacturier qui irait chercher lui-même ses matières premières dans le Nouveau Monde, et qui établirait des comptoirs, des magasins dans les provinces, pour vendre les objets de sa fabrique directement aux consommateurs alléchés par le fallacienx espoir d'un plus grand bénéfice; ou comme ce laboureur qui, non content d'écouler au marché voisin ses produits agricoles, voudrait les traîner sur ses équipages jusque dans nos ports.

Abandonnons à la Grande-Bretagne la gloire de voiturer sur les mers, et bornons-nous à utiliser les avantages que la bienfaisante nature nous a prodigués, en nous rendant riches propriétaires d'hommes, d'industrie et d'un territoire étendu et fertile. Ne courons point après une chimère, lorsque près de nous se trouvent la réalité, les occasions de devenir véritablement riches et heureux, et les moyens de nous procurer un bonheur durable, indépendant des évènemens politiques.

## FINANCES.

Depuis plusieurs siècles, en France, l'agriculture, le commerce et l'industrie sont régis par la fiscalité : l'intérêt du commerçant, les avances du cultivateur, la prospérité des manufactures ont été sacrifiés par le génie déprédateur de la finance.

« L'administration des finances, selon Sully, est le point le plus essentiel et le plus intéressant du gouvernement : c'est par le moyen des finances que l'on fait tout; c'est de là que dépend le soulagement ou l'accablement des peuples; c'est de là que dérivent les bons ou mauvais succès des desseins et des entreprises; c'est ce qui cause la grandeur ou la ruine des empires. »

Les maux et les désordres causés par l'administration des finances sont incalculables. Cette importante branche, soumise à l'arbitraire, ne fut jamais assujettie à des règles certaines, ni basée sur les principes de la liberté individuelle, ni sur le droit de propriété.

Sous le règne de Servius Hostilius, les finances fixèrent l'attention du gouvernement romain. Les guerres que Rome était obligée de soutenir contre des voisins jaloux de sa gloire et de son accroissement, nécessitèrent des impôts et la création d'une taxe personnelle annuelle, plus ou moins forte, selon les besoins.

Les sages institutions de Servius Tullius furent détruites par Tarquin-le-Superbe, qui, pour satisfaire ses folles passions et ses dépenses, leva des impôts arbitraires, fit contribuer les citoyens les moins aisés autant que les riches. Ces changemens plongèrent le peuple dans la misère. Les plébéiens, exaspérés, sentirent bientôt leur force, se réunirent, renversèrent de fond en comble la monarchie et chassèrent les Tarquins; de là naquit la république. *Portoriis quoque et tributa plebe liberata* (1). Ce n'est donc point à la mort de Lucrèce que l'on doit attribuer l'expulsions des Tarquins; cette mort n'en fut que le signal, ou le prétexte, comme le spectacle du cadavre de Virginie, immolée par son père, indigna les Romains et les porta à secouer le

(1) Tacite.

joug des décemvirs, sous la tyrannie desquels ils gémissaient depuis long-temps.

Les vexations causées par la mauvaise administration des finances causèrent des troubles sous les premières races de nos rois.

Sous les successeurs de Charlemagne, les impôts furent excessifs, et les peuples gémirent dans l'accablement. Sous la domination de la féodalité, le peuple, livré au despotisme, vivait sous l'oppression continuelle d'une foule de petits tyrans : la multiplicité des seigneurs répandit le désordre dans toutes les parties de l'état; chacun d'eux voulut être indépendant, en exerçant la violence envers les faibles, pour en tirer des secours personnels ou pécuniaires, et l'on vit les habitans des campagnes abandonner la culture des terres.

Sous le règne de Saint Louis, les baillis et sénéchaux, qui avaient le droit de permettre ou d'empêcher l'exportation des grains, vins et comestibles, n'accordaient ces permissions qu'à prix d'argent; de sorte qu'elles occasionnèrent souvent des disettes locales, ou les propriétaires furent souvent privés de la faculté de vendre leurs denrées à leurs voisins. Saint Louis réprima ces abus.

Le désordre des finances, sous Philippe-le-Bel, introduit par les guerres que ce roi eut à soutenir, l'engagea à établir un impôt personnel égal au cinquième du revenu de ses sujets. Il frappa de droits un grand nombre de marchandises, et interdit l'exportation de certaines denrées, pour faire acheter la permission de les exporter à l'étranger. Les impôts, devenus excessifs, firent naître un mécontentement général: le peuple se souleva plusieurs fois; les communautés et les provinces formèrent des associations et des ligues. Louis-le-Hutin déclara qu'aucun impôt ne serait levé par lui ou par ses successeurs, sans le consentement des nobles, des prélats et des communes, qui en feraient la levée et la répartition. Ce prince, pour subvenir aux frais de la guerre de Flandres, fit assembler le peuple par sénéchaussée, et l'engagea à lui fournir des subsides à titre d'emprunt, remboursable sur les revenus de ses domaines. Il vendit les droits de bourgeoisie et des lettres d'affranchissement, et finit par imposer des taxes sur les marchands, de sorte que le peuple ne cessa point d'être foulé.

Philippe-le-Long mit un impôt momentané sur le sel. Philippe de Valois établit des greniers pour le vendre à son profit et créa de nouveaux droits. Les esprits parurent disposés à la rébellion. Alors le roi déclara qu'aucune taxe ne pourrait être désormais imposée sans une urgente nécessité, et que les rois en feraient serment à leur sacre. Il ordonna, en 1328, la restitution de quelques impôts levés à l'occasion de la guerre qui n'eut pas lieu.

Sous le roi Jean, successeur de Philippe, les impôts ne furent point diminués. Par une délibération du mois de mars 1351, il exigea un droit fixe sur toutes les marchandises y spécifiées. Plusieurs provinces refusèrent de payer les impôts additionnels exigés après la funeste journée de Poitiers; d'autres furent abonnées pour les droits sur les marchandises : ces abonnemens s'étant perpétués, les droits d'aides furent supprimés.

Charles, successeur de Jean, ajouta le fouage aux anciens impôts.

Sous Charles VI, les états-généraux cessèrent d'être consultés; le fouage et la taille devinrent arbitraires; les vexations causèrent deux violentes séditions; la vente des fruits, herbes, légumes et autres comestibles, dans les marchés, fut tarifée et mise en ferme. Une marchande d'herbes, en entrant au marché, ayant refusé le droit à un percepteur, contesta la confiscation de sa marchandise; ses cris assemblèrent le peuple, qui entra en fureur; l'alarme fut générale dans Paris; les séditieux marchèrent à l'hôtel-de-ville, enfoncèrent les portes, se saisirent des armes qu'ils y trouvèrent, poursuivirent les fermiers et les percepteurs, pillèrent et abattirent leurs maisons, brisèrent les portes des prisons, et en firent sortir les criminels. On appaisa la sédition par la douceur et la promesse d'une amnistie. On excepta ceux qui avaient forcé les prisons, et le prévôt des marchands en fit jeter un grand nombre dans la rivière, pendant la nuit, à diverses reprises. Cette rigueur, et l'occupation de la ville par les gens de guerre, mis à discrétion chez les habitans, ne forcèrent point les Parisiens à consentir au rétablissement de l'impôt qui avait causé la révolte. La ville enfin s'abonna.

A Rouen, la sédition de la Harelle prit également sa source dans le marché. La populace se créa un roi, et l'obligea à supprimer l'impôt sur les comestibles. Le roi de France marcha sur Rouen, fit abattre une porte, entra par la brèche, punit de mort les séditieux, rétablit l'impôt, et assujettit la ville à des taxes considérables : ainsi donc, par l'effet des déprédations et de l'administration vicieuse des finances, on assimila à des criminels, des hommes qui s'opposaient aux abus de l'autorité, et secouaient le joug de l'oppression (1).

(1) Pline rapporte qu'à Rome il y eut de semblables séditions.

En 1383, l'excès des impôts donna lieu à de nouvelles séditions dans les principales villes du royaume. Le roi était alors en Flandres. A son retour, il ordonna des exécutions. Plus de trois cents habitans de Paris furent noyés, pendus, décapités, sans autre forme de procès; d'autres furent imposés à des sommes considérables. Les autres villes éprouvèrent le même sort, et perdirent leurs privilèges. Les impôts, partout rétablis, furent exigés avec de nouvelles violences, et on employa de pareilles mesures au lieu de réformer les abus de l'administration.

Sous le règne de Louis XI, le peuple ne fut pas moins opprimé. En vingt-deux ans les tailles augmentèrent de près de deux millions, et s'élevèrent à cinq. Le marc d'argent valait alors neuf livres cinq sols.

Charles VIII diminua les impôts, et supprima les droits perçus dans les marchés, qui avaient causé tant de révoltes.

Louis XII vendit les charges de finance, et modéra les impôts. Les tailles reçurent une diminution chaque année. Charles V, en exigeant de fortes contributions, avait amassé un trésor considérable pour ces temps; Louis XII, par une sage administration, laissa à la France de grandes ressources, dont son fils profita.

François Ier. haussa les tailles, aliéna le

domaine, et créa plusieurs impôts; néanmoins, l'administration commença à s'éclaircir, sous son règne, sur l'établissement de l'assiette des impositions. On perçut des droits pour favoriser le commerce. Ce prince ayant augmenté les tailles à l'excès, recommanda à son fils, en mourant, de les diminuer (1).

Henri II créa des bureaux sur la ligne frontière de plusieurs provinces. Sous François II et Charles IX, beaucoup d'autres droits imposés arbitrairement, et exigés avec une extrême rigueur, répandirent la misère dans les campagnes. Henri III augmenta les impôts, et perçut des droits sur les marchandises étrangères.

La confusion fut introduite dans la régie des revenus royaux. Toutes les parties étaient affermées beaucoup au dessus de leur valeur. Plusieurs grands seigneurs firent lever des impôts à leur profit, dans diverses provinces, et sans autorisation, pendant les troubles de la guerre civile.

C'est à Sully qu'étaient réservés le soin et la gloire d'introduire dans les finances, un ordre

(1) L'auteur du *Secret des Finances*, imprimé en 1581, rapporte qu'après la mort de François Ier., depuis 1548 jusques en 1580, il fut levé en France 4 milliards 750 millions : le marc d'argent était à 15; ce qui fait plus de 28 milliards valeur actuelle.

inconnu sous les prédécesseurs d'Henri IV. Ce sage ministre acquitta 300 millions de dettes (plus de 800 millions d'aujourd'hui); il fortifia plusieurs villes frontières, construisit divers édifices utiles, et prouva à quel point une bonne administration peut trouver des ressources dans un pays fertile et foncièrement riche, comme la France. Après la mort du bon Henri, les économies furent promptement dissipées par des profusions, et le peuple écrasé pour enrichir les grands. Sully quitta le ministère.

Le Cardinal de Richelieu s'occupa fort peu des revenus publics. Les finances devinrent le domaine des agens du fisc, qui servaient la politique du cardinal, et satisfaisaient à ses prodigalités. Pendant le règne de Louis XIII, dit-un écrivain, il fut levé plus d'impôts sur le peuple, que depuis l'établissement de la monarchie. A la mort de ce prince, on avait consommé, d'avance, les revenus de trois années.

Pendant la minorité de Louis XIV, le poids des impôts devint si accablant, que la misère du peuple, privé de travail, en nécessita la réduction. Les tailles ne se levèrent que par la violence; on compta 23 mille prisonniers dans le royaume, détenus pour cause d'impositions: il en mourut cinq mille en 1646 et 1649. Le paiement des tailles fut refusé par le peuple, ainsi que celui des gabelles et des aides. Des séditions fomentaient de tous côtés. Les droits des fermes, augmentés de 60 pour 100, *fournirent un revenu moindre qu'avant l'augmentation.* Les tailles, fixées à 57 millions, *rapportaient moins que lorsqu'elles étaient de* 18 *à* 20 *millions*, et le commerce, surchargé de droits, marchait à grands pas vers sa ruine.

Le désordre s'accrut tellement, que les provinces se réunirent pour réclamer contre les déprédations des traitans, et l'administration des intendans. Le parlement demanda la révocation des intendans, et la réforme de leur gestion. La cour, ayant long-temps résisté, fut enfin obligé de céder. En 1660, le trésor royal recevait à peine 35 millions, sur une somme de 90 millions, produits par divers impôts payés par le peuple. Le revenu de 1661 était consommé d'avance.

Colbert occupa le ministère. Son premier soin fut de remédier au désordre; il rendit les droits uniformes. Plusieurs provinces ayant refusé d'accepter le tarif, furent appelées, depuis ce temps, *provinces réputées étrangères;* et les autres comprises sous la dénomination des *cinq grosses fermes.* Les diverses branches de la finance fixèrent son attention. Après la mort de Colbert, la négligence de l'ordre précipita une seconde fois les finances dans un état dont les suites devinrent si funestes, que la commotion se fit sentir jusqu'à l'époque de notre révolution.

En 1684, la disette des grains fit recourir à des moyens forcés, tels que des créations innombrables de charges, des emprunts mal combinés, une augmentation des tailles que les habitans ne purent payer. Le refonte des monnaies ne produisit d'autre effet que d'inspirer une méfiance générale, et de faire retirer l'argent de la circulation; une partie des bénéfices que le gouvernement convoitait, fut enlevée par les faux monnoyeurs étrangers, attirés par l'appât du gain. Le commerce devint languissant, par l'effet d'une guerre ruineuse. En 1695, on établit la capitation, qui produisit environ 22 millions, nonobstant le discrédit public et le fardeau imposé par les droits sur les consommations : pour réparer le vice introduit dans les finances, par la guerre de la succession d'Espagne, on mit une taxe sur les finances; on rétablit la capitation; on créa des promesses à la caisse d'emprunt, des billets de monnaie, de rentes, de loteries; mais bientôt, ces ressources se trouvant épuisées, il fallut recourir à de nouveaux moyens. Sur la fin du règne de Louis XIV, la rareté des espèces, les sommes considérables dues aux trésoriers, aux entrepreneurs et fournisseurs, le défaut de paiement des assignations, le discrédit des effets royaux, l'usure qu'encourageait le défaut de confiance dans les billets de monnaie, plongèrent l'état dans une situation qui paraissait sans remède. La confiance était éteinte, le commerce anéanti, et les propriétaires réduits à une position critique. Le désordre fut si grand dans les finances, que le roi, peu de temps avant sa mort, emprunta une somme de 8 millions par le crédit d'une compagnie qui ne les obtint des étrangers, qu'avec une somme de 32 millions de rescriptions. Il était dû à la mort de ce prince, en 1715, 2 milliards 300 millions; c'est-à-dire plus de 3 millards valeur actuelle, et une partie des revenus des années suivantes était absorbée d'avance.

Le régent, pendant la minorité de Louis XV, s'occupa du soin d'alléger le fardeau du peuple et de guérir les maux qui l'accablaient. Il signala ses premiers pas dans l'administration, par la réforme des abus, et adressa aux intendans des instructions à cet effet. Le conseil des finances accorda une remise sur la taille, la capitation et l'imposition du dixième. L'agriculture et le commerce reçurent quelques encouragemens, et l'exportation des grains fut permise. La banque de Law, devenue banque royale, produisit d'abord les plus heureux effets, et finit par porter un coup fatal à la fortune publique, en bouleversant les finances de l'état. L'industrie, néanmoins, fut animée pendant quelques temps, par le luxe de ceux qui s'étaient libérés, et par celui de ceux qui s'étaient enrichis par l'agiotage des billets de banque. En 1718, les recettes étaient au niveau de la dépense. En 1721, la dette était de 1,700,733,000 livres; elle provenait de ce que les finances se trouvaient chargées, après la chute du système, de plus gros capitaux qu'auparavant, les billets de 1000 et de 10,000 liv. ayant été déclarés actions rentières, dont le roi répondit.

A l'époque de la guerre de 1733, on vendit de nouveau les offices sur les ports au tiers de leur valeur, et on créa une loterie royale. Mais de nouvelles guerres ayant exigé de nouveaux subsides, on taxa les anciennes charges, et l'on assujettit les titulaires à des supplémens de finance. On leva quelques contributions partielles; on augmenta les dixièmes, la capitation, les droits à l'entrée des villes, les octrois et la taille. On établit des impôts indirects sur le suif, la poudre, les cartons, les huiles, etc.; quelques faveurs furent accordées de temps en temps au commerce. Certaines marchandises reçurent des exemptions de droits. Après la paix de 1762, on s'occupa de l'extinction des dettes que la guerre avait occasionnées.

Le roi, par sa déclaration du 21 novembre 1763, demanda aux parlemens, chambres des comptes et cours des aides, des mémoires *sur les moyens de simplifier la répartition, le recouvrement, l'emploi et la comptabilité des finances dans toute l'étendue du royaume, et de donner aux différentes parties, la forme la moins onéreuse aux sujets de l'état.* Une loi affecta un fond annuel de 20 millions à la caisse d'amortissement, destinée exclusivement à l'extinction et au remboursement des dettes anciennes et nouvelles. Ces propositions, quoique fort sages, produisirent peu d'effet, car lorsque le gouvernement manifestait le désir de libérer l'état, le parlement faisait des remontrances sur les moyens qu'on employait à cet égard. La dépense de la cour, bien loin de diminuer, ajouta chaque année à la dette.

On jouissait, en 1769, des bienfaits de la paix depuis 1762. L'agriculture commençait à refleurir, le commerce reprenait une nouvelle activité; mais les finances ne s'amélioraient pas.

Les profusions, les prodigalités de la cour, les déprédations, la cupidité des financiers et des administrateurs, forcèrent à recourir à de nouveaux impôts, à de nouvelles ressources : il semble que le système de l'administration était de prétendre améliorer les finances, en élevant les charges publiques outre mesure, pour remplir le vide que laissait à sa suite le génie de la fiscalité.

Sous le ministère de M. Turgot, après l'avénement de Louis XVI à la couronne, la dette publique était d'environ 3 milliards : l'ordre établi dans les finances, éleva les recettes au-dessus des dépenses.

La guerre d'Amérique nécessita de nouvelles impositions. En 1781, on doubla les droits sur les huiles, les savons, et sur plusieurs marchandises à l'entrée de Paris, ainsi que sur les glaces, cafés, sucres, etc.; on rétablit les offices de finances; on fit de nouveaux emprunts.

Au commencement de la révolution, en 1790, l'intérêt de la dette constituée était de 82 millions; celui de la dette non constituée, remboursable à époques non stipulées, s'élevait à 85 millions; rentes viagères, 101 millions; pensions du clergé, 32 millions : total, 300 millions. Le capital de la dette constituée était évalué à 2,555,000,000; celui de la dette non constituée à 2,205,000,000 : total, 4,760,000,000; et le déficit dans les recettes était de 58 millions.

Le gouvernement républicain supprima les anciens impôts, qui furent d'abord remplacés par la contribution foncière et les droits de timbre et d'enregistrement : les finances ne furent pas mieux administrées que sous les gouvernemens précédens. Sous le consulat et sous le gouvernement impérial, les dépenses de la guerre forcèrent à recourir à de nouvelles impositions : on avait créé les contributions personnelles, mobilières, les patentes, les droits sur le sel, les loteries, on ajouta les droits réunis ; de sorte que l'importance des impôts s'accrut à mesure que les besoins de l'état l'exigèrent : il se forma un déficit entre les recettes et les dépenses, d'où naquit une nouvelle dette publique, accrue par les évènemens de 1813 et de 1814.

Il faudrait des pinceaux dirigés par une main plus habile que la mienne pour peindre, sous de sombres couleurs, tous les funestes effets produits par les mauvais systèmes de finance pratiqués jusqu'à nos jours. Les règnes de Louis XII et de Henri IV ne procurèrent à la France que quelques années de bonheur. Lorsque les progrès des arts, du commerce et des manufactures prirent quelqu'accroissement, les peuples possédèrent plus d'aisance et offrirent par conséquent plus de ressources pour satisfaire le génie fiscal et les sangsues de l'administration financière. L'excès des impôts, des guerres ruineuses, portèrent atteinte à la fortune publique, et furent autant de vers rongeurs qui sucèrent la substance du corps politique. L'administration financière n'a présenté qu'une multitude de droits et d'impôts qui se nuisent respectivement et surchargent le peuple sans profit pour l'état : de là cette nécessité qui a forcé les gouvernemens à sacrifier l'équité, le bonheur public, aux besoins du trésor; à recourir à la source féconde des emprunts, des droits vexatoires, de la vénalité des charges et des offices, et à trafiquer des lettres d'ennoblissement.

Les successeurs de Philippe-le-Bel accordèrent la noblesse à prix d'argent. En 1593, toute noblesse accordée depuis vingt ans fut révoquée, et ensuite rétablie moyennant le paiement d'une nouvelle taxe. Louis XIII, à l'occasion de la naissance de Louis XIV, accorda des lettres de noblesse dans chaque généralité, moyennant une finance : deux ans après, les lettres de noblesse accordées depuis trente ans furent révoquées.

Louis XIV, en montant sur le trône, vendit la noblesse moyennant 4,000 livres. En 1696, la noblesse fut conférée à cinq cents personnes, moyennant une somme de 6,000 liv. payée par chacune d'elles : on vit, en 1715, ces mêmes nobles obligés de fournir une nouvelle finance, et à l'époque de la paix des Pyrénées, la noblesse fut accordée à deux personnes par généralité, moyennant une somme d'argent. Ce sont ces moyens bursaux qui ont provoqué cette espèce d'abaissement dans lequel est tombée cette antique noblesse, distinguée par d'éminens services rendus à l'État, qui, rappellant de grands noms et de grands souvenirs, s'est trouvée confondue avec une noblesse vénale, qui n'eut d'autres titres à la considération que la fortune ou l'intrigue de ses ancêtres.

Dans tous les temps, les hommes d'État se sont bornés à remplacer les vexations par des abus, et à substituer à des abus de nouvelles vexations.

On les a vus, on les voit encore suivre une fausse route anciennement tracée et dans un pitoyable état, aller, venir, prendre une matière imposable, l'abandonner, revenir sur leurs pas, prendre un autre droit et le délaisser de nouveau, marcher continuellement, arriver dans un épais labyrinthe, s'y enfoncer, en parcourir tous les tortueux détours, et n'en sortir que pour se retrouver sur la même route, sans parvenir au but : le bien public, la prospérité nationale.

Des guerres inconsidérées et ruineuses ont constamment contribué à la désorganisation des finances : les subsides nécessaires pour soutenir des entreprises dispendieuses, ont été autant de surcharges pour les peuples. L'ami de l'humanité, le prosélyte de la saine philosophie, remarque, avec autant de peine que d'étonnement, que les guerres n'ont été enfantées que par de petites causes ou par des intérêts souvent étrangers à ceux de la Nation. On prétend que l'usurpateur trouva le principal motif de la campagne de Russie, dans le refus que le successeur des czars lui fit de la main d'une grande-duchesse. Catherine de Médicis excita des troubles contre son fils Henri III, afin d'augmenter son autorité et son influence qu'elle voyait sensiblement diminuer. On sait que le fameux maréchal de Biron, qui redoutait l'état de paix, défendit à son fils de prendre le chef de la Ligue, en lui disant : *Voudrais-tu nous forcer à retourner planter des choux à notre terre de Biron?* Pendant la minorité de Louis XIV, la duchesse de Longueville soufflait le feu de la guerre civile, afin de ne point vivre près de son époux irrité de ses galanteries. Le fier et hautain marquis de Louvois réunit tous ses efforts pour susciter des guerres continuelles à son Roi, afin d'éloigner ce monarque et d'augmenter son influence et son crédit : ainsi, l'ambition d'un seul ministre, sous ce règne, contribua au dépérissement des finances. On vit la guerre prête à éclater entre la cour de France et celle d'Espagne, parce que l'ambassadeur espagnol, dans une cérémonie publique à Londres, avait pris le pas sur l'ambassadeur français : heureusement, le cabinet de Madrid arrangea cette affaire à la satisfaction de Louis XIV ; car, dix, vingt, trente, cinquante mille hommes eussent été immolés infailliblement à un vain orgueil, et quelques centaines de millions enlevés au peuple eussent été dissipés. Les forces militaires d'un état, dont la dépense constitue le plus souvent le tiers ou le quart des contributions annuelles en temps de paix, ne doivent point être entretenues comme moyen offensif, mais comme moyen défensif. « Si vous me faites la guerre, disait le sage Antonin aux peuples voisins, mes légions, bien nourries, bien vêtues, animées d'un noble courage, vous feront repentir de votre témérité : mais, j'aime la paix, et je vous propose de la maintenir. »

L'objet de l'administration économique des finances, est d'en conserver les sources, de les rendre plus abondantes, afin de ne jamais les tarir. Il est essentiel de connaître les facultés de l'état, le caractère de la nation, son esprit, et quels sont les agens qui peuvent en faire mouvoir tous les ressorts en consultant ses convenances.

Les besoins du trésor, la situation critique dans laquelle nous nous trouvons, l'augmentation de la dette publique, ont fait naître des écrits estimables, dont les auteurs se sont empressés de payer le tribut de leur amour pour le bien public; mais, en général, on s'est borné à présenter des modifications ou des projets partiels, dont l'exécution n'aurait apporté qu'un faible soulagement à nos maux, sans diminuer les charges publiques.

C'est en examinant attentivement la forme et l'assiette de nos impôts, et l'influence qu'ils exercent sur la richesse publique et sur la prospérité nationale, ou les coups funestes qu'ils leur portent, que j'espère parvenir à l'établissement d'un grand système de finance, basé sur la plus sévère équité, et sur le respect dû à la propriété et à la liberté individuelle, aussi raisonnable dans sa théorie que simple et avantageux dans la pratique.

## IMPOTS.

L'impôt est le prix de la protection que la société politique accorde à la propriété, à la vie, à la liberté de ses membres : chacun d'eux doit donc contribuer aux frais de cette protection proportionnellement à ses facultés. Il est indispensable que ces contributions soient perçues le plus économiquement possible, et qu'elles entrent directement dans la caisse du trésor public.

Tous les peuples parvenus au premier degré de civilisation ne perçurent que l'impôt direct sur les propriétés et les personnes : pour suppléer par la suite à son insuffisance, à mesure que les charges publiques s'accrurent, on créa des impositions indirectes.

La politique théocratique des Hébreux rendait ces peuples serfs ou esclaves de leurs souverains, qui les accablaient de tributs personnels imposés sur les fruits et les productions de la terre, et qui, quoique forcés, étaient regardés comme tributs volontaires. On voit dans le premier livre des Rois, que le droit des souverains consistait à prendre le dixième des moissons, des troupeaux et des fruits.

Dans les républiques de la Grèce, on avait établi un impôt personnel proportionné à la valeur des terres. A Athènes, le peuple étoit divisé en quatre classes : ceux qui tiraient 500 mesures de fruit, payaient un talent; 500 mesures, un demi-talent ou 50 mines ; 200 mesures, 10 mines ; la quatrième ne payait rien.

Les Romains furent divisés en six classes par Servius Hostilius : la première comprenait ceux qui possédaient en bien-fonds la valeur de 100 mille as et au-dessus ; la seconde, 75 à 100 mille as ; la troisième, 50 à 75 mille as ; la quatrième, 25 à 50 mille as ; la cinquième, 12,500 as à 25 mille as, et la sixième comprenoit, sous le nom de *prolitaires*, tous les individus les moins aisés.

Les premiers impôts furent d'un dixième sur les terres labourables, et d'un cinquième sur le produit des arbres fruitiers.

## Contribution Foncière.

Jadis on levait en France, sur les biens-fonds, le vingtième denier ; ensuite on perçut plusieurs vingtièmes, des sols pour livre, et une taille dans les campagnes.

La contribution foncière actuelle est tellement élevée, qu'elle enlève au propriétaire le quart de son revenu, indépendamment de la diminution que supporte ce même revenu par l'impôt personnel et mobilier, et le renchérissement des consommations occasionné par les impositions indirectes.

Les immeubles étant une nature d'impôts commode, le Gouvernement, dans des besoins pressans, a constamment accablé les propriétaires de centimes additionnels, surcharges qui ont jeté de la défaveur sur les propriétés, et forcé le propriétaire gêné à emprunter à des conditions onéreuses, ou à vendre à bas prix : tel est l'état dans lequel se trouvent aujourd'hui les possesseurs de biens-fonds. Les propriétaires appauvris ne peuvent augmenter leur rente en renouvelant un bail, parce que le cultivateur étant lui-même accablé sous le poids des impôts, demande une diminution, au lieu de consentir à une augmentation. N'est-il pas temps de venir au secours des propriétaires, d'alléger le fardeau qui pèse sur eux, qui les réduit à la plus stricte économie, et porte un contre-coup funeste à la consommation des produits de l'agriculture et de l'industrie?

*Impôt territorial.*

Les économistes, en partant de leur doctrine systématique, ne reconnaissent qu'un seul impôt, celui que supporterait la terre. Leur opinion est rigoureusement exacte; mais cette théorie est repoussée par des considérations morales qui ne la rendent point applicable à la pratique. Les baux existans sont des obstacles à l'établissement d'un impôt unique sur les terres.

Monsieur Nekcer, dans son administration des finances, a fait, selon moi, une fausse interprétation des idées mises au jour par les économistes, en tâchant de démontrer l'impossibilité de l'application de cet impôt, en essayant de le substituer à la contribution foncière, c'est-à-dire aux deux vingtièmes et aux sols pour livres perçus sous son administration, et aux autres impôts destinés à subvenir aux dépenses de l'état. M. Necker a effleuré cette question; je pense qu'elle devrait être résolue ainsi qu'il suit :

Si l'on percevait, par exemple, deux cinquièmes de la rente annuelle des terres, cette addition de contribution serait uniquement supportée par le propriétaire qui, en renouvelant un bail, ne pourrait espérer ajouter l'impôt additionnel à la rente de sa terre; car autrement, à cette époque, d'autres fermiers de la même commune ou du voisinage, ayant encore quelques années de jouissance avant l'expiration de leur bail courant, ne supportant point l'impôt nouveau, pourraient établir à meilleur compte leurs denrées et nuire à la hausse nécessitée par la nouvelle contribution.

Je vais néanmoins présenter un projet d'impôt territorial susceptible d'être exécuté en 1817 :

après en avoir établi les principales bases, je ne dissimulerai point les inconvéniens qui y seraient inhérens, quoique je le considère comme un impôt territorial le meilleur possible.

1°. Tous les impôts directs et indirects perçus jusques à ce jour, sont supprimés; chaque propriétaire jouira du revenu stipulé dans son bail.

2°. Toutes les clauses insérées dans les baux qui chargent les tenanciers des impositions imprévues, seront annulées.

3°. Il sera crée un impôt territorial unique dont l'importance est fixé à 450 millions.

4°. Il sera fait une nouvelle évaluation des propriétés rurales, pour asseoir cet impôt de la manière qui sera réglée ultérieurement.

5°. Les fermiers seront chargés de payer entre les mains du percepteur de leur commune les trois dixièmes de l'évaluation de leur location.

6°. Les fermiers recevront en échange du montant de leur versement une somme égale en billets d'état.

7°. Les fermiers seront autorisés à fournir aux propriétaires les trois dixièmes du montant de leur loyer en billets d'état.

8. Il sera levé pendant quatre ans et demi une contribution personnelle de 100 millions, payée par toutes les classes de citoyens non cultiva-

teurs, qui sera employée à retirer chaque année de la circulation une pareille somme de billets d'état.

9°. Tous les contribuables seront garans de ces billets, chacun pour sa part de contribution.

10°. Tous les propriétaires faisant valoir eux-mêmes leurs terres, seront rangés dans la même cathégorie que les tenanciers, et paieront trois dixièmes de l'évaluation.

Tels sont les premiers élémens que je proposerais pour former un impôt territorial, dont le montant, de 450 millions, suffirait aux besoins de l'état, comme je le démontrerai en exposant mon grand système.

Le cultivateur qui paierait, indépendamment de son loyer, trois dixièmes pour l'impôt, ne ferait qu'une avance dont il se rembourserait sur la vente de ses denrées, comme le prétendent les économistes ; mais ils ajoutent que les propriétaires feraient l'avance et se rembourseraient sur le marchand ou le consommateur, qui deviendrait leur débiteur, et que par conséquent les propriétaires des terres seraient débiteurs de l'état pour l'importance des charges publiques. Cette dialectique, bonne en théorie, est aussi subtile que spécieuse. Les économistes confondent trop souvent le propriétaire des terres avec le cultivateur ou le fermier chargé de l'exploitation, moyennant une redevance annuelle. Or, ces cultivateurs constituent les huit ou neuf dixièmes de cette classe laborieuse, et les cultivateurs propriétaires n'en composent qu'une faible partie. Les laboureurs, pour exploiter les terres, ont un capital circulant et un capital fixe, tels que charrues, bestiaux, instrumens aratoires, etc., qui composent la somme des avances qu'exige la culture. C'est sur le cultivateur-fermier que le propriétaire se rembourserait par la suite, de l'impôt en augmentant sa recette de trois dixièmes. Le propriétaire devenant un être passif et intermédiaire, le cultivateur-fermier serait donc seul débiteur de l'état, sauf à reprendre l'avance de l'impôt sur le prix de ses denrées.

Les économistes ont complètement erré en supposant que le cultivateur serait dans la même position que le débitant, qui, payant un droit, soit par exercice, soit par remboursement sur les objets de consommation, se rembourse du droit payé partiellement ou collectivement sur chaque vente qu'il fait au consommateur. Je vais démontrer que les économistes ont raisonné trop superficiellement dans l'application de leur théorie à la pratique.

Lorsqu'un débitant, un cabaretier, par exemple, paie un droit quelconque sur une barrique de vin, il fait supporter cette augmentation au consommateur, en répartissant le prix proportionnel sur chaque bouteille qu'il vend en détail; il avance en gros la valeur du droit ou l'impôt, et s'en trouve remboursé successivement à mesure que sa vente aborbe la valeur de sa barrique: mais la nouvelle situation du cultivateur, quoique la même en apparence, est bien différente.

Il ne faut pas perdre de vue que le cabaretier, en voyant diminuer le prix du vin, baisse le prix de vente, mais qu'il achète au marchand en gros ou au vigneron à meilleur compte, et que par conséquent il n'est nullement passif de la baisse. Mais il est très-essentiel de bien se pénétrer qu'il n'existe aucun intermédiaire entre la terre, la source de la production, et le cultivateur qui est lui-même le premier producteur. Dans certaines années d'abondance, ou lorsque les moissons sont dévastées par des évènemens imprévus, tels que la grêle, les ouragans et autres causes qui ne sont point générales, si, par la concurrence des départemens voisins, il est forcé de baisser le prix de ses denrées, sans cesse variable, il est évident qu'il se trouverait souvent dans la nécessité de vendre au-dessous du prix auquel il établissait ses denrées, même avant la création de l'impôt territorial. Il serait donc réellement passif de l'importance de l'impôt qu'il ne pourrait reprendre sur le produit de ses ventes, qui quelquefois le ferait à peine rentrer dans ses premières avances faites à la terre.

Demander l'impôt au cultivateur, ce serait infailliblement retrancher de ses avances destinées aux frais de culture; ce serait nuire à l'amélioration et aux progrès de l'agriculture, mettre le cultivateur dans la nécessité d'exploiter sa terre avec moins d'avantage, puisque l'on sait par expérience que les laboureurs-fermiers qui n'ont point des facultés pécuniaires proportionnées à leur entreprise et à l'étendue de leur culture, cultivent moins bien leurs terres et n'obtiennent qu'une reproduction moins abondante. L'établissement d'un semblable impôt serait très-dangereux, surtout dans les circonstances actuelles, puisque les avances de la culture ont été singulièrement altérées par l'occupation de notre territoire.

Je ne m'étendrai point davantage sur les graves inconvéniens attachés à cet impôt, j'observerai seulement que celui que je propose en offrirait beaucoup moins, puisque l'état ferait aux cultivateurs les avances de la première année. Ils feraient un bénéfice, puisqu'ils n'auraient rien déboursé en recevant la contre-valeur de l'impôt en billets d'état, qu'ils seraient autorisés à fournir en paiement aux propriétaires. Or, les bénéfices de la première année resteraient entre leurs mains pour faire l'année suivante les avances effectives, puisque ces bénéfices seraient le résultat du surhaussement des denrées ; mais ce surhaussement porterait atteinte aux progrès de l'industrie ; puisqu'il se ferait sentir sur toutes les denrées nécessaires à la vie de l'ouvrier et du manufacturier, il tendrait donc à augmenter les salaires ou à les tenir constamment à un taux élevé ; les cultivateurs ne seraient pas certains de pouvoir maintenir annuellement cette hausse de manière à couvrir leurs débours.

Un bon système de finances, au contraire, doit avoir pour objet la baisse du salaire, qui met les manufacturiers à portée d'établir leurs produits à bas prix, pour soutenir la concurrence sur les marchés étrangers.

### Patentes, Maîtrises et Jurandes.

La contribution des patentes est nuisible aux progrès de l'industrie, en ce qu'elle s'éloigne des principes de la reproduction, et qu'elle porte sur les profits des capitaux. Il n'existe peut-être pas d'impôt plus inique et plus disproportionné aux facultés relatives des commerçans. Un épicier qui possède une très-petite fortune et dont la vente est bornée, paie autant qu'un autre épicier beaucoup plus aisé et dont le débit est très-multiplié. Un individu, avec un capital de 100 mille francs, est obligé de prendre une patente de première classe, pour exercer la profession de négociant, comme le millionnaire dix fois plus riche et dont les bénéfices sont infiniment plus importans. Je ne m'étendrai pas davantage sur tous les inconvéniens que présente cet impôt, qu'il est urgent de supprimer. Le gouvernement ne peut d'ailleurs s'arroger le droit de vendre à des citoyens la liberté de faire valoir leur industrie, lorsque ces mêmes individus paient des impôts directs et indirects et contribuent aux charges publiques, qui, en échange, leur assurent ou doivent leur assurer une liberté industrielle pleine et entière.

On parle du rétablissement des maîtrises. A-t-on pesé leurs désavantages comparativement aux avantages illusoires qu'elles présentent? A-t-on oublié que, dans l'origine, les maîtrises furent une institution bursale, un moyen de finances, comme la vente des offices et des lettres de noblesse. Les maîtrises concernèrent d'abord la discipline et la police des corporations. On fit ensuite des règlemens relativement à la qualité des ouvrages, pour encourager l'industrie et les manufactures qui, alors, étaient au berceau.

Quelques temps après, on exigea une finance des corporés. Si l'on jette un coup d'œil sur ces règlemens, on verra qu'un grand nombre sont injustes, qu'ils gênent l'industrie et l'accroissement de la population ; qu'ils tarissent la source de l'aisance du peuple et de la prospérité publique.

Les lois doivent changer avec les temps et les nouvelles circonstances. L'industrie n'est plus au berceau comme dans les derniers siècles ; il ne s'agit point de la créer, mais de la perfectionner, et plus encore, de l'*encourager*. Le rétablissement des maîtrises ferait exercer le monopole par un petit nombre d'individus qui seraient excités par l'intérêt personnel à concentrer l'industrie dans un cercle très-circonscrit, ou à éloigner les prétendans à la faveur commune, en favorisant l'ignorant au préjudice de l'homme à talent doué d'une grande intelligence qui serait redoutée. Ne serait-ce pas renouveler des abus dans le moment même où il est urgent d'en diminuer le nombre.

Les corporés tirent un grand avantage de leur corporation par l'augmentation des profits. Les règlemens sont les plus avantageux possible, afin d'écarter la concurrence qui occasionnerait une baisse dans les bénéfices, principal motif du maintien des corporations en Angleterre, où les corporés se liguent entr'eux pour augmenter le prix de leur marchandise et soumettre le consommateur de l'intérieur à la loi qu'ils imposent, surtout dans certains genres de fabrication, et l'on y fait le moins d'apprentifs possible. On a souvent réclamé contre les corporations en Angleterre; mais les corps avaient trop d'intérêt à maintenir leurs priviléges pour ne pas employer tous les moyens pour les conserver : ce sont d'ailleurs les corporations qui élisent les membres des communes et cabalent le plus. C'est encore pour cette raison qu'en Angleterre il existe une grande inégalité dans les fortunes, et tant de pauvres loin des villes corporées et des grandes routes.

Le rétablissement des maîtrises n'est indubitablement proposé que comme moyen de finance, afin de retirer du montant des réceptions une contribution que l'on regarde comme devant excéder celle des patentes, et non pas dans le but de vivifier les manufactures. On m'objectera que la Chambre des Députés a reçu beaucoup de pétitions qui réclamaient ce rétablissement : je le sais; mais je resterai néanmoins inébranlable dans mon opinon; je la justifierai par le raisonnement suivant.

Nos manufacturiers, depuis la révolution, sont accoutumés à des bénéfices de 20, 30 et

40 pour 100 : notre position critique ayant diminué la consommation, la baisse des matières et la concurrence ont également produit une baisse dans les profits. Les manufacturiers ont pensé que les maîtrises écarteraient cette concurrence, et qu'ils pourraient alors faire des bénéfices plus rapprochés de ceux qu'ils obtenaient habituellement. L'abondance des marchandises occasionne une altération dans les prix lorsqu'elle excède les besoins ; si la marchandise, au contraire, devient rare, et que les demandes excèdent les provisions, elle s'écoule à un prix plus élevé. Mais la stricte économie commandée par les circonstances actuelles, n'établit point l'équivalent entre la demande et les provisions de matières premières sur nos marchés, ou avec la quantité de marchandises fabriquées ou qu'il serait possible de fabriquer, en proportion des approvisionnemens en matières brutes. Demandons aux pétitionnaires si, il y a dix et quinze ans, ils songeaient aux maîtrises, s'ils en eussent accepté la proposition à cette époque où la multiplicité des demandes et de leurs bénéfices satisfaisait leur intérêt. Rendons au consommateur la possibilité de consommer ; étendons le marché national, et les plaintes cesseront.

Des gens qui attribuent la suppression des

maîtrises à la manie des innovations qui porta les destructeurs de la monarchie à tout changer, se trompent en rangeant cette suppression au nombre des erreurs du système républicain.

Les derniers états-généraux, en 1614, présentèrent au roi une requête conçue en ces termes : « *Que toutes maîtrises de métiers, érigées depuis les états tenus à Blois en 1576, soient éteintes sans que par-ci, après elles, puissent être remises ni aucunes autres établies de nouveau, et soient les exercices desdits métiers laissés libres à vos pauvres sujets, sous visite de leurs ouvrages et marchandises par experts et prud'hommes qui à ce seront commis ; que tous édits d'arts et métiers, ensemble toutes lettres de maîtrises ci-devant accordées, soient révoqués, sans qu'à l'avenir il soit octroyé aucune lettre de maîtrise ni fait aucun édit pour lever deniers sur artisans pour raison de leurs arts et métiers, et où aucunes lettres de maîtrises et édits seront faits et accordés ; au contraire, soit enjoint à vos juges de n'y avoir aucun égard.* »

Dans le siècle dernier, les barrières intérieures qui rendaient les provinces étrangères les unes aux autres, quoique régies par le même gouvernement, furent conservées parce qu'elles rapportaient un revenu au fisc; les maîtrises furent maintenues par la même raison. Tant que le génie fiscal dirigera toutes les branches de l'administration, l'industrie, le commerce et l'agriculture seront gênés; leur avantage sera sacrifié aux besoins de la finance.

La police des ouvriers est indispensable, j'en conviens; mais n'est-elle pas exercée par des conseils de prud'hommes, dans les villes populeuses ? si cette institution laisse à désirer, il faut la modifier et la perfectionner

Assujettira-t-on les manufactures à se conformer à des règlemens que leur prescriront les formes et les dimensions qu'ils doivent donner à leurs produits, destinés par leur nature à satisfaire le goût de l'acheteur? Ces produits ne doivent-ils pas être soumis aux caprices et à la fantaisie du consommateur? Présentera-t-on aux étrangers des marchandises fabriquées differemment qu'ils ne le désirent ? N'est-ce pas l'intérêt du fabricant qui le porte à se conformer aux demandes ? N'est-ce pas la volonté de l'acheteur qui doit le guider dans la fabrication. Si on enjoignait, par exemple, aux fabricans de draps d'établir une étoffe extrêmement forte et durable, chacun acheterait un habit qui devrait lui durer 10 à 20 ans, et les achats une fois terminés, pendant le cours de la première année, les fabriques languiraient les années suivantes, puisque leur activité ne serait pas entretenue par le renouvellement des besoins. Depuis vingt ans, nos manufactures ont beaucoup acquis ; elles se sont perfectionnées et se perfectionneront encore au sein de la paix et de l'abondance, si le Gouvernement jette sur le commerce un regard paternel. Accordons une liberté toute entière à l'essor de l'industrie et à l'émulation : c'est l'industrie qui fertilise les campagnes, soutient l'agriculture, *et procure au peuple le moyen de payer les impôts.* Toute gène est attentatoire à cette liberté naturelle, que tout citoyen a droit de réclamer d'un gouvernement représentatif.

## Portes et Fenètres.

Un des plus grandes vices de cette taxe (que nous avons été chercher en Angleterre) consiste dans son inégalité et la mauvaise forme de sa répartition ; elle frappe autant la maison du pauvre que celle du riche. Cet impôt tend à diminuer la rente du propriétaire, car il est calculé, par le locataire, dans le prix consenti pour le loyer. Cette contribution n'est donc qu'une addition à la contribution foncière, sous une autre dénomination. Un individu qui occuperait la maison dont il est propriétaire, et qui, pour la rendre plus saine et plus éclairée, percerait quelques fenêtres, serait donc forcé de payer la jouissance de la lumière et de l'air qu'il respire. Cet impôt est, en quelque sorte, immoral : la raison et l'équité en exigent la suppression.

## IMPOSITIONS INDIRECTES.

Les impositions indirectes, par leur nature et le mode de leur perception, sont les plus contraires à la liberté des citoyens, par les surveillances, les inquisitions, les recherches et les mesures oppressives qu'elles occasionnent. Les agens du fisc, intéressés à trouver des contraventions, tendent souvent des piéges à la bonne foi des contribuables, qu'ils tiennent en quelque sorte sous leur dépendance, par la crainte qu'ils inspirent et les menaces qu'ils leur adressent. L'inadvertance est punie par une confiscation et par l'infliction d'une peine pécuniaire. En multipliant les taxes on multiplie, sans nécessité, les régies, les frais de perception, les vexations, et tous les instrumens qui causent la ruine du peuple et troublent sa tranquillité domestique. Ces droits excitent à la fraude et à la guerre civile; on voit perpétuellement les citoyens armés et prêts à se rébeller pour maintenir leur conservation. Les commis, usant des pouvoirs arbitraires et trop étendus que leur accorde l'agence fiscale, menacent sans cesse, pour empêcher la fraude, la sûreté, la fortune, l'honneur même des citoyens. Les droits étant presque toujours excessifs, il résulte de ce vice radical, que la trop grande disproportion entr'eux, et le prix de la chose rendant la fraude beaucoup trop lucrative, inspirent la tentation de l'exercer à des hommes qui ne se seraient point rendus coupables, si on leur eut évité l'occasion de le devenir. On poursuit comme criminels, on condamne comme tels, on deshonore enfin des individus que la nécessité a souvent réduits à devenir fraudeurs, et à s'exposer à des châtimens qu'ils n'eussent point encourus, si l'administration savait mieux respecter le droit et la sûreté des citoyens. Une loi qui crée des droits indirects est suivie de beaucoup d'autres lois qui corrigent les désordres forcés que la première a provoqué. Les fautes de l'administration tendent donc à multiplier les lois, à embrouiller la jurisprudence, à surcharger la mémoire des légistes.

Les impôts sur les denrées de première nécessité haussent le prix du salaire, et par contrecoup celui des objets manufacturés dont la vente et la consommation diminuent en raison directe de ce surhaussement. L'expérience nous apprend *que le doublement de certains droits indirects a souvent rendu moins que le produit primitif.* Le possesseur de biens-fonds supporte ces impôts comme propriétaire par l'altération de sa rente, et comme consommateur par l'accroissement de sa dépense : ainsi donc, les impôts indirects s'entrechoquent et se croisent. Si trois ou quatre ouvriers haussent leur salaire par l'augmentation du prix des choses nécessaires à la vie, la marchandise, à la confection de laquelle ils ont contribué, supporte ces trois augmentations, plus, celle occasionnée par le surcroit de dépenses du fabricant.

Les impôts indirects, sur les objets de luxe, ne se font point sentir sur le prix des salaires, mais ceux connus sous la dénomination de *droits réunis* ou d'*octrois*, frappant les choses nécessaires à la vie, portent atteinte à l'industrie. C'est à tort que les prôneurs de ces impôts prétendent que chacun est libre de consommer, puisque nul individu ne peut se priver du nécessaire. Un particulier, par exemple, dépense pour lui et sa famille une somme de 2000 fr. : si l'on établit des impôts indirects qui n'existaient pas ; si les choses consommables sont augmentées d'un cinquième, n'est-il pas évident que ce particulier sera forcé de dépenser 2400 f.

pour obtenir la même quantité d'objets consommables ; mais s'il ne possède qu'un revenu de 2000 fr. qui était suffisant à l'entretien de sa famille, il faudra qu'il se soumette à des privations : ainsi donc, la consommation générale est restreinte. Le haut prix du salaire et des matières exige, de la part du manufacturier, une plus grande quantité de capitaux. Si, au contraire, par la suppression de ces droits, la marchandise diminue d'un cinquième, ainsi que la dépense du rentier, celui-ci achètera, chaque année, une plus grande quantité d'objets ; mais comme, quel que soit le prix des matières premières, il faut le même nombre d'ouvriers pour la confection d'une même quantité d'objets manufacturé, les producteurs fabriquant plus de pièces d'étoffes chaque année, emploieront plus d'ouvriers. Ces impôts tendent donc à diminuer la quantité de travail productif.

Indépendamment des préjudices qu'ils causent à l'industrie et au commerce, on doit encore considérer ces impôts dans leurs rapports avec le droit naturel ; abonnera-t-on les détaillans en leur faisant payer un droit de vente annuelle ? Un gouvernement sage et modéré peut-il employer de semblables mesures ? Doit-il vendre à un cabaretier et à un aubergiste, la permission de détailler leur marchandise, et de faire leur commerce ? doit il les assujettir à des visites, à des vexations, à des formalités préjudiciables à leurs intérêts, lorsque l'épicier, leur voisin, vend à son gré, selon sa volonté, sans gêne et sans entraves, son sucre, son poivre, son savon, son huile, etc., en jouissant de cette liberté ausi que beaucoup d'autres détaillans ? Si le débitant, par une infinité d'évènemens qu'il serait inutile d'énumérer, voit sa vente diminuer pendant le cours d'une année, pourra-t-il faire constater cette diminution ? il faudra donc qu'il paye comme s'il avait beaucoup vendu. Un autre débitant, dont la vente se sera beaucoup accrue, augmentera-t-il son abonnement ? Pourrait-on prouver et constater cet accroissement de vente ? Il résulterait donc, du système d'abonnement, une inégalité extrêmement injuste et onéreuse. Tous les citoyens ont les mêmes droits à la protection du gouvernement, dont le devoir est de les faire jouir tous des mêmes avantages, dérivant de l'égalité de droit.

Depuis long-temps, la classe nombreuse des individus soumis à l'exercice des agens de la régie, demande à grands cris la suppression de ces droits ; elle réclame la liberté individuelle : le gouvernement sera-t-il sourd à la voix de l'humanité ?

Rappelons-nous avec quelle fureur le peuple,

à l'époque de la révolution, abattit les barrières et les baraques des commis; avec quel enthousiasme il accueillit cette proclamation qui lui annonçait sa prochaine délivrance : *Plus de droits vexatoires!* Ces mots furent répétés de bouche en bouche. A peine le Roi fut-il monté sur le trône, que partout on refusa de payer les droits sur les consommations; des rixes s'élevèrent entre les commis et les débitans. Après le 20 mars, le gouvernement impérial supprima les exercices. Le système d'abonnement, quoique basé sur le montant des perceptions de 1812, fut néanmoins reçu favorablement, uniquement parce qu'il écartait les inquisitions. *De deux maux, on préféra le moins douloureux.*

Le gouvernement impérial, beaucoup moins loyal, mais plus fin et plus rusé que le gouvernement royal, sentit qu'il était nécessaire d'employer cette mesure pour se créer des partisans. Après la restauration, l'exercice fut rétabli pour 1816. Lorqu'en décembre dernier on apprit cette nouvelle, le mécontentement fut général. En janvier, février et mars, on remarqua des agitations dans les provinces; le gouvernement les attribua aux menées des amis de l'usurpateur : dans la Chambre des Députés, on signala l'insouciance et la négligence des administrations dans les départemens; on proposa des réformes et des épurations; on prétendit enfin détruire les effets en prenant le change sur les causes. Ces séditions ne doivent être attribuées qu'au rétablissement des droits réunis, à l'exercice inhérent à leur perception. Les malveillans toujours empressés de profiter des fautes du gouvernement, exaspérèrent les esprits des mécontens. Cette forme d'imposition est donc de nature à entretenir les dissensions intérieures, à susciter des ennemis au souverain. Cette considération, jointe aux funestes coups que ces [illegible]ts portent à l'industrie, en exige donc l'éternelle suppression. Puisse ma voix être entendue! puissent mes vœux être exaucés dans l'intérêt de l'état!

On a souvent demandé comment il se peut que la France, avec un capital productif considérable et une énorme richesse territoriale, paie si difficilement une masse de charges publiques nécessaires aux besoins de l'état, si disproportionnés à l'étendue *de ses ressources et de son revenu*. Si l'art de lever les impôts eut été plus étudié, on eut facilement résolu cette question.

L'auteur du détail de la France sous Louis XIV, fait remonter le principe de la décadence du royaume à l'an 1660. Il expose que le revenu des biens-fonds, qui était de 700 millions

( 1400 au moins, valeur actuelle), avait diminué de moitié depuis cette époque jusques en 1700 : il observe que cette dégradation ne doit être attribuée qu'à la mauvaise forme d'imposition et aux désordres qui en furent les suites. On voit dans les Mémoires authentiques de M. de Beaumont, que, sous ce même règne, les contributions s'étant élevées à plus de 750 millions, *il n'en rentrait que* 250 *dans le trésor royal*, ce qui enlevait annuellement 500 millions aux contribuables sans aucuns profits pour l'état. L'auteur de l'éloge de Sully, rapporte que lorsque ce ministre eut la direction des finances, certaines contributions enlevaient au peuple 150 millions, et que le Roi n'en recevait que 50.

On sait que les déprédations de la finance, ont enlevé dans tous les temps une portion quelconque des contributions, et que le peuple a souvent payé beaucoup, lorsque le trésor reçevait peu. Mais la charge qui frappe les contribuables, provient encore de certaines causes autres que les déprédations. Le mauvais système de finance pratiqué jusques à ce jour a augmenté le fardeau qui accable le peuple à un tel point qu'il paie le double de la somme nécessaire aux besoins de l'état. Il me semble que cette importante matière, peu méditée, n'a point encore été traitée sous le point de vue sous lequel je vais la présenter.

Je suis loin de croire que les recettes qui figurent sur le budget de 1816, s'élèvent au niveau de la dépense ; mais je pose l'hypothèse que ces recettes de 800 millions rentrent effectivement dans les caisses de l'état, et j'ose affirmer, sans craindre le contredit, que le peuple paierait alors en monnaie d'or ou d'argent une somme d'au moins 1500 millions : cette assertion paraîtra sans doute étonnante et peu digne de foi ; c'est par cette raison que, pour en donner l'entière conviction, je prie le lecteur de se pénétrer de la justesse des réflexions que je vais lui soumettre, et de me suivre pas à pas dans tous les détails dans lesquels je vais entrer.

Dans le tableau de la richesse de la France, j'ai évalué le produit des terres et des capitaux à 6 milliards ; de nouveaux calculs faits en suivant d'autres erremens, serviront de preuve et de contre-preuve de cette évaluation. Il existe 5 millions de familles, dont les ouvriers et artisans des campagnes et des villes forment les 2/5 ; chaque ouvrier gagne au moins 30 sous par jour, qui à raison de 300 jours de travail produiraient 450 fr. ; mais comme les ouvriers des villes gagnent davantage, j'évalue le gain, et par conséquent la dépense de chaque chef de famille à 500 fr., dont le total sera d'un milliard. Les trois autres millions seront composés de propriétaires, de marchands, de rentiers, commerçans, manufacturiers, etc.; j'admets que deux millions des moins riches, dépensent 1000 francs, et que le million restant débourse annuellement une somme moyenne de 3000 fr.; le total sera donc de 6 milliards; ces calculs ne sont point exagérés, puisqu'ils portent à 1200 francs la dépense commune de chaque chef de famille; car la dernière classe dépense 450 à 500 fr.; cette somme de 1200 fr. sera donc composée de la dépense des riches, excédant 1200 fr., compensée par ce qui manque à la classe des ouvriers pour dépenser 1200 fr.

Dans les villes, les droits réunis et les droits d'octroi, frappent la consommation d'au moins 1/5, car, la bierre, le vin, le cidre, paient 1/3 et moitié de leur valeur, et la viande 1/3 et 1/4; tous les autres objets de consommation, de nécessité, de vêtement, etc., sont également augmentés par le contre-coup de ces droits, qui rejaillit sur les salaires de l'ouvrier. Dans la campagne, les choses nécessaires à la vie sont à plus bas prix, à la vérité; mais les instrumens de l'agriculture et les frais qu'elle occasionne, sont également haussés par le prix des objets fabriqués, et par celui de la main d'œuvre, qui est plus élevé. Mais les villes renfermant tous les gens riches ou aisés, la dépense y est généralement plus considérable, ou au moins égale; car le produit brut des terres fournissant une valeur annuelle de 4,500,000,000 fr., se composé de la rente dès propriétaires, du salaire des ouvriers, et des profits de la culture; les rentes des propriétaires ou le produit net étant de 1500 millions, il restera 3 milliards. Or, en évaluant à un cinquième le surhaussement de la dépense des villes causée par les impôts indirects, et à un dixième celui des campagnes, il faudra ajouter le cinquième de 3 milliards au dixième de cette même somme, ce qui donnera un total de 900 millions, qui représentent bien évidemment la somme collective des sommes particlles payées par chaque individu, et deboursées par lui au fur et à mesure de ses besoins. Chacun paie 10 ou 20 fr., plus ou moins, sur chaque barrique de vin, une quantité de centimes quelconque sur chaque bouteille, sur chaque livre de viande, etc., de sorte que tel individu qui aurait dépensé pendant l'année 1000 francs, aurait réellement payé un tiers ou moitié sur la somme composée de ses achats en viande, bierre ou vin, etc.; c'est-à-dire sur les objets de consommation qui constituent la principale dépense de tout individu : en évaluant cette portion de dépense à à un cinquième sur 1000 francs, les déboursés réels seront donc de 200 francs, somme dont ce particulier aurait bénéficié s'il n'avait existé aucuns droits sur les denrées. Si les contre-coups que reçoivent les objets manufacturés, qui avec les denrées nécessaires à la vie forment la totalité des dépenses de chaque particulier, portaient une augmentation d'un tiers, d'un quart, et de moitié, il est évident que ces impôts enleveraient un quart ou un tiers de la dépense annuelle ; mais je la porte au plus bas, c'est-à-dire à un cinquième, tout compensé.

Ainsi donc le peuple débourse annuellement, sur sa dépense prise sur son revenu, des sommes partielles payées journellement, qui composent une masse de débours de 900 millions, qui sont le produit réel et effectif en numéraire des impôts indirects, lorsque le Gouvernement ne reçoit que 140 millions, y compris 30 et quelques millions pour les tabacs qui sont d'une consommation de superfluité qui ne contribuent point à la hausse des salaires : je ne fais point mention des droits de timbre et d'enregistrement qui portent sur le capital, et non sur le revenu. Or, en ajoutant à ces 140 millions 25 pour 100 de frais de perception distribués aux agens de la régie, la somme totale des recettes de l'état sera donc de 175 millions, provenant des contributions indirectes, dont le produit réel devrait être de 900 millions, somme déboursée en numéraire par tous les habitans du royaume. Que sont donc devenus ces 725 millions ? ils ne seront point enlevés par l'agence fiscale, comme on pourrait le penser; cette perte ne provient que de la différence des valeurs nominales. La comparaison suivante fera mieux sentir l'importance et la justesse de ces remarques.

Si dix particuliers achètent, chaque année, pour leur consommation, une barrique de vin de 100 francs, leur dépense collective s'élevera à 1000 francs; si le Gouvernement perçoit un droit de 10 francs par barrique, sa recette sera donc de 100 francs. Je suppose maintenant que par la création de nouveaux impôts indirects, et l'augmentation des choses consommables, la barrique de vin vaille 150 francs, il est évident que les dix individus débourseront pendant la seconde année, et années suivantes, une somme de 1500 francs, pour obtenir la même quantité de vin; le Gouvernement cependant qui ne perçoit qu'un droit sur la mesure de capacité, ne recevra que 100 francs; néanmoins les dix acheteurs auront déboursé 500 fr. de plus, et le revenu de chacun d'eux sera diminué de 50 fr. : il y aura donc pour eux une perte de 500 francs par l'effet des différences dans les valeurs nominales, dont l'Etat ne recevra pas un centime.

Je suppose qu'un négociant qui possède dans sa caisse 100 mille fr. en or et argent, achète une partie de marchandises de même valeur ; qu'une baisse subite, comme celle qui eut lieu en 1814, vienne diminuer de 50 pour 100 le prix de cette marchandise : en vendant au nouveau cours, il ne réalisera que 50 mille francs ; il aura perdu réellement une somme de 50 mille francs en espèces, et sa fortune sera diminuée de moitié. Que seront devenus ces 50 mille francs perdus pour lui ? dira-t-on qu'ils ont formé de nouveaux profits pour d'autres individus : on serait dans l'erreur ; car dans cette opération, on ne voit que deux agens, celui qui a vendu à ce négociant, et celui qui a acheté : tous deux n'ont fait qu'un bénéfice ordinaire ; l'un a vendu une quantité de marchandises pour la somme de 100 mille francs, l'autre l'a changée contre une valeur de 50 mille francs ; tous deux n'ont trouvé aucun bénéfice dans cette perte. Je compare donc la position du peuple à celle de ce négociant ; il a déboursé une valeur effective de 900 millions en or et argent, au titre et au cours du jour, et cette même somme ne rentre dans la caisse du Gouvernement que comme valeur de 175 millions; or, ces 725 millions sont en pure perte pour l'Etat, pour les contribuables, et sans profit pour aucune classe d'individus. Cette perte, ainsi que celle du négociant, ne provient donc que de la différence des valeurs nominales.

On serait encore dans une profonde erreur en pensant que la suppression des impôts indirects ne ferait baisser les denrées que de l'importance des droits. Une barrique de vin qui revient, au lieu de la consommation, à 110 fr., y compris un droit que je suppose être de 20 fr, pourrait baisser de 30 à 40 francs; car depuis la production jusques au consommateur, la hausse des salaires et des profits des intermédiaires s'est fait sentir sur cette marchandise. Le tonnelier a vendu plus cher sa barrique, le voiturier a élevé le prix de sa voiture, tous les autres intermédiaires ont haussé leur salaire et leurs profits, le vigneron lui-même a vendu plus cher; et, je le répète, cette hausse est supportée par la marchandise, indépendamment des droits; c'est cette disproportion dans l'augmentation des profits et des salaires, et la valeur du droit qui forment la différence entre les débours du peuple et les recettes de l'Etat. Les intermédiaires n'ont pas gagné davantage, puisque l'augmentation de leurs profits est nécessitée par l'accroissement de leur dépense ; ils sont dans le même cas d'un ouvrier qui, gagnant 30 sols par jour, élèverait son salaire à 45 sols, parce que les choses nécessaires à son existence hausseraient de moitié.

On m'objectera peut-être que la suppression des droits baissant les salaires et les profits, le résultat n'offrirait aucun avantage relativement à l'économie : on se tromperait encore. La hausse des salaires est supportée, en dernière analyse, par les gens aisés, dont la rente augmenterait évidemment, puisque les hommes à salaires sont des êtres passifs qui haussent le prix de leur journée ou de leur travail à mesure que leur dépense augmente ; mais la suppression d'un cinquième de la dépense des propriétaires leur procurerait un excédant de revenu de 300 millions. Il en serait de même pour les capitalistes, manufacturiers, cultivateurs, puisqu'il n'existe que trois classes d'individus, les propriétaires ou fermiers des terres, les propriétaires de capitaux, et les hommes à salaire ; cette dernière classe reçoit ses moyens d'existence des deux premières, qui pourraient augmenter leurs dépenses et leurs jouissances en entretenant plus de travailleurs productifs. Un individu qui possède un revenu foncier de 5000 fr., paie cette année entre le quart et le cinquième pour l'impôt, en ajoutant le cinquième de ce qui lui reste à dépenser ; plus les impositions mobilières, personnelles, portes et fenêtres, etc., on se convaincra qu'il débourse au moins deux mille francs, c'est-à-dire les deux cinquièmes de sa rente. La masse des propriétaires paie seule, par conséquent, une somme de 600 millions d'impôts, somme au delà des dépenses du budget ordinaire de 1816 ; il faut ajouter le cinquième des 1500 millions dépensés par les habitans des villes, le dixième des 3 milliards des campagnes, on obtiendra un résultat de 1200 millions ; en ajoutant les contributions des patentes, portes et fenêtres, mobilières, personnelles, qui figurent sur le budget, etc., on retrouvera 1500 millions, somme égale à celle que j'ai affirmé devoir être déboursée par le peuple, en 1816, dans l'hypothèse où les 800 millions rentreraient effectivement : ainsi tous ces raisonnemens présentent de nouvelles preuves et des contre-preuves qui viennent à l'appui de mes assertions.

## Douanes.

Les anciens avaient établi des bureaux de péages aux frontières, ainsi que sur les ponts et les chemins. Les Athéniens levèrent le dixième de la valeur des marchandises étrangères débarquées au port du Pirée ; cette imposition varia suivant les besoins de la république ; elle fut portée au trentième et au cinquantième. Généralement les Grecs ne considéraient les droits de douanes, que comme des indemnités affectées aux dépenses de l'entretien des ports.

Les Romains établirent des péages dont le montant était destiné à suppléer à l'insuffisance des impôts directs. Jules César, pour rendre à l'agriculture son ancien éclat, ajouta aux droits de péage ceux sur les marchandises étrangères : lorsque Caïus Gracchus eut imposé des droits considérables dans le port de Pergame, les chevaliers romains, chargés de la perception, exercèrent les plus grandes exactions ; le proconsul Mucius Scævola punit rigoureusement les dilapidateurs, et les douanes furent fermées. L'oppression avait été portée à un tel point, que les habitans de Pergame, pour manifester leur reconnaissance au proconsul, instituèrent en son honneur la fête Mucia.

Avant la révolution, la France renfermait une quantité considérable de barrières et des péages, et à l'extrémité de chaque province un grand nombre de bureaux de douanes.

C'est dans ce cas que l'on peut appliquer l'opinion de Montesquieu, qui pense que le tribut naturel au gouvernement modéré, est l'impôt sur les marchandises. « Cet impôt, dit-il, étant réellement payé par l'acheteur, quoique le marchand l'avance, est un prêt fait à l'acheteur par le marchand, ainsi il faut regarder le négociant comme le débiteur de l'état et comme créancier de tous les particuliers. » En effet, la marchandise arrivant à la frontière paie un droit qui, se confondant avec le prix de vente, est avancé par le négociant, et ces mêmes marchandises circulent librement dans l'intérieur.

Une nation agricole qui échangerait le superflu des produits de sa culture contre des produits de consommation étrangère et des objets manufacturés, pourrait adopter avec avantage et comme imposition unique l'impôt indirect, perçu à la frontière; mais cet impôt produirait peu en France, puisque la somme des importations ne s'élevant qu'à 3 à 400 millions, le dixième ou le cinquième de la valeur ne rapporterait à l'état que 30 ou 60 millions. L'établissement des douanes présente des inconvéniens réels, moindres néanmoins que les autres impôts indirects. Les anciens péages intérieurs offraient des entraves au commerce, nuisaient à son extension. Dès 1614, les états-généraux en demandèrent la suppression, en suppliant le Roi de reculer les bureaux aux frontières du royaume, vu qu'ils entravaient le commerce national intérieur. En 1787, ces droits ne produisaient que 5 millions: sur la représentation des notables, et sur la demande de M. de Calonne, le Roi pensa que cette somme serait compensée par l'activité que recevrait le commerce, et par une perception égale de droits à toutes les entrées et sorties du royaume, par la diminution des frais de perception et l'abolition de la contrebande; les douanes intérieures furent supprimées et reculées à la frontière.

Le système de douanes a souvent été modifié, et ces modifications qu'il a reçu ont été suggérées par les besoins plus ou moins pressans de la finance. Sous le gouvernement impérial, le commerce fut entravé par des droits énormes et successifs sur les marchandises; l'inconstance de l'administration répandait la stupeur, atténuait l'emploi et l'effet des capitaux productifs, jetait de l'inquiétude sur le succès des opérations les mieux combinées, dérangées souvent par des catastrophes inattendues et étrangères au cours ordinaire des opérations.

L'objet du commerce étant de se procurer la marchandise au moindre prix possible, les droits que supportent les marchandises nécessaires à l'aliment des manufactures, haussent le prix de la matière, chargent les produits des manufactures, augmentent leur valeur, et nuit à la concurrence sur le grand marché des nations. Le meilleur système de douanes serait, selon moi, celui qui excempterait de tous droits toutes marchandises quelconques, destinées par leur nature à fournir des salaires et des profits au commerce intérieur, qui frapperait plus ou moins les marchandises de consommation étrangère, non-susceptibles d'être ouvragées, et qui chargerait de droits importans le produit des manufactures extérieures.

Le commerce ne vit qu'au milieu de la liberté; mais des circonstances particulières peuvent engager le gouvernement à s'écarter de ce principe fondamental. Nos manufactures peuvent soutenir la concurrence des manufactures anglaises, et la libre introduction des produits étrangers ne pourrait nuire à nos échanges; mais la jalousie portera infailliblement l'Angleterre à employer des moyens forcés de la nature de ceux qu'elle emploie fréquemment, afin de nuire à notre industrie. Si le gouvernement britannique accordait des primes d'exportation, les fabricans pourraient baisser le prix de leurs productions de l'importance de ces primes; or, les manufactures anglaises et françaises se trouveraient dans la même position que deux manufacturiers regnicoles dont l'un, baissant ses prix, forcerait son concurrent à vendre avec perte, sans espoir de réaliser lui-même aucun bénéfice. Cette lutte dangereuse ne cesserait que par l'effet de la ruine de l'un des deux ou de sa renonciation à l'état qu'il aurait embrassé; mais une nation ne peut soutenir une pareille lutte, ses intérêts étant subdivisés en une foule de petits intérêts partiels; la libre entrée des objets de fabriques étrangères présenterait encore un autre inconvénient. Il existe trop peu d'esprit national en France pour adopter une semblable résolution; à moindre prix, les produits nationaux obtiendraient la préférence; mais, à prix égal, les produits étrangers seraient préférés par suite du préjugé et de l'idée de perfection attachée aux produits manufacturiers anglais. Il reste donc au gouvernement le choix entre l'entrepôt réel et la franchise de nos principaux ports : la franchise permet aux habitans de ces ports de donner la préférence de leur consommation aux manufactures extérieures; cette consommation est perdue pour le commerce national, et l'industrie de ces villes assimilées à l'industrie étrangère ne peut déboucher ses produits dans l'intérieur. Je pense qu'il serait plus naturel d'établir un entrepôt réel dans tous les ports de commerce, ainsi que dans quelques-unes de nos villes frontières, telles que Lille et Strasbourg.

*Élémens d'un système de douanes.*

1. Toutes les matières premières nécessaires à nos manufactures, de quelque nature qu'elles soient, ne paieront aucun droit à l'entrée en France.

2. Toutes les marchandises exemptes de droit d'entrée seront soumises à une déclaration. A l'arrivée, les commis s'assureront de la quantité et de l'identité de la marchandise déclarée.

3. Les propriétaires ou réclamateurs paieront un simple droit de bureau ou de visite, de un à plusieurs centimes par cent, poids métrique.

4. Les marchandises étrangères de consommation qui ne fournissent aucun salaire à l'industrie, seront assujetties à un droit de 10, 15, 20 et 25 pour cent de la valeur. Les cafés, sucres, épiceries, drogueries (non tinctoriales), et autres, seront rangées dans cette classe.

5. Il sera établi des entrepôts réels dans les villes maritimes du royaume, ainsi qu'à Strasbourg et à Lille.

6. Les marchandises manufacturées étrangères supporteront des droits combinés de manière que le prix augmenté du droit ménage toute préférence aux produits nationaux.

7. Les produits nationaux du sol, nécessaires

à nos manufactures, seront frappés d'un droit assez fort pour les concentrer dans l'intérieur.

8. Tous les ans, le sous-intendant de chaque arrondissement prendra, près des maires des communes rurales, les renseignemens nécessaires pour évaluer le plus approximativement possible la quantité de blé que peut renfermer chaque commune. Les tableaux seront adressés à la direction des douanes, et on fixera la quantité qu'il sera permis d'exporter. Les bureaux de douanes adresseront toutes les semaines le tableau des exportations; lorsque la quantité de blé ou de farine sera jugée suffisante, l'exportation des blés et farines sera prohibée.

9. Les objets de luxe, ouvragés ou non, tels que bois d'acajou, etc., seront frappés d'un droit de 50 à 100 pour 100.

## Sels.

L'impôt sur le sel remonte à la plus haute antiquité. A Rome, sous les premiers rois, le commerce du sel était libre; ensuite, pour subvenir aux besoins de l'état, les salines furent affermées. On voit dans les capitulaires de Charlemagne, que ce prince se réserva toutes les affaires contentieuses relatives aux salines. Le sel était amené à Paris, des marais salans, sur la Seine, par les forains, qui le vendaient aux marchands sauniers de la capitale.

« En 1342, le Roi, dit un ancien glossaire, mit une exaction au sel, laquelle est appelée *Gabelle*, dont le Roi acquit l'indignation et malgrâce des grands comme des petits, et de tout le peuple. »

Il paraît que les premiers impôts sur les sels ont été levés pour subvenir à des frais de guerre. Le sel vendu à bas prix, pourrait servir d'engrais pour les terres. Le prix trop élevé est nuisible aux progrès de l'agriculture et à l'éducation des bestiaux. Le sel est d'ailleurs une denrée de nécessité pour le pauvre et pour toutes les autres classes du peuple.

En suivant le principe de la liberté du commerce, il est indispensable de supprimer toute espèce de droits sur les sels. Les faux-sauniers, les contrebandiers, que l'on regarde comme des criminels, pourront devenir d'honnêtes citoyens, en se livrant aux travaux des campagnes. M. Necker pensait que la contrebande sur le sel, envoyait plus de cent personnes chaque année aux galères. L'impôt sur le sel réunit donc tous les vices et les inconvéniens des impôts indirects. « Sire, disait Sully à Henri IV, en parlant des gabelles, vous avez extirpé la guerre civile du sein de vos états, mais vos sujets ne sont point encore en paix. Des armées de pirates assiègent leurs maisons et y font couler le sang avec les larmes; délivrez-les enfin de leurs véritables ennemis, et faites cesser des fléaux plus meurtriers à la France, que les batailles de Saint-Denis, de Jarnac et de Montcontour. »

Pour maintenir le bas prix du sel, les droits étant supprimés, il me semble qu'il serait convenable que le gouvernement établît des magasins publics dans les provinces sans droit exclusif en entrant en concurrence avec le commerce libre : pour ne livrer que du sel de bonne qualité à des prix fixes ou modérés, ces magasins présenteraient une sauve-garde contre le monopole des commerçans. Il est indubitable que ce commerce exercé dans un but utile pourrait rapporter 4 à 5 millions.

## Tabacs.

La plante de tabac fut apportée en France en l'an 1560, sous le règne de François II, par Jean Nicot, ambassadeur de français près le roi de Portugal. En 1629, le tabac fixa l'attention du gouvernement, il fut assujetti à un droit d'entrée de 30 sous par livre. On employa les tabacs venant de Saint-Christophe, de la Barbade, et autres colonies appartenant à la compagnie des Antilles formée sous le ministère du cardinal de Richelieu. En 1674, le commerce du tabac ou feuilles de nicotiane, fut interdit aux particuliers. Le Roi s'en réserva le privilège exclusif. Le bénéfice de ce monopole fut destiné à subvenir à une partie des frais de la guerre que le monarque avait à soutenir à cette époque. Les besoins extraordinaires de l'état furent donc la première cause de la mise en ferme du tabac.

Les fermiers représentèrent qu'ils souffraient un préjudice réel des plantations de tabac de divers particuliers, qui le faisaient ensuite filer et matiner, et le vendaient nonobstant les défenses prononcées à ce sujet. Par un arrêt du conseil, du mois de mars 1676, il fut permis aux habitans des généralités de Bordeaux et de Montauban, et des environs de Léry, St.-Maxent, Montdragon et Metz, de continuer la récolte des tabacs en se conformant aux conditions antérieurement prescrites, et il fut défendu d'ensemencer les terres de tabac hors des lieux ci-dessus désignés, à peine de confiscation et de 1000 francs d'amende. C'est ainsi que Colbert encourageait l'agriculture, en interdisant la culture d'une plante dont la consommation devenait générale, et en favorisant l'entrée des tabacs étrangers. Depuis ce temps, la vente des tabacs a été constamment le privilége de la ferme jusques à l'époque de sa suppression par l'assemblée nationale.

Le tabac pouvant être regardé comme un objet de luxe, comme une denrée de superfluité, est une excellente matière imposable. Si la culture du tabac n'était pas susceptible d'être favorisée et naturalisée en France, il suffirait de frapper d'un droit cette marchandise à la frontière. Le gouvernement conservera-t-il, ou doit-il conserver le privilége exclusif et le monopole de la vente des tabacs indigènes et exotiques? La solution de cette question sera négative, si l'on réfléchit que les droits sur les tabacs entraînent, ainsi que ceux sur le sel, tous les inconvéniens des impôts indirects,

Le tabac est la seule jouissance des pauvres; la consommation en est considérable, et ne pourrait augmenter qu'en raison de la baisse du prix. La vente exclusive, donne lieu à une contrebande énorme qui diminue le produit primitif de l'impôt. Elle nuit à l'extension de la culture; elle est contraire au droit naturel, en privant tout individu de l'avantage d'utiliser ses facultés industrielles. La liberté du commerce exige donc la suppression du privilége exclusif sur le tabac indigène. Mais ce commerce serait entravé par la concurrence des tabacs étrangers. Si l'on frappe de prohibition ces tabacs, dont l'introduction nuirait à la multiplication des plantations nationales, les gens aisés seraient privés de la consommation facultative des tabacs étrangers de première qualité. La prohibition, d'ailleurs, engagerait les contrebandiers d'habitude à fournir nos marchés de tabacs introduits en fraude, sans profit pour l'état, et augmenterait le nombre des fraudeurs, lorsque le but du gouvernement doit être de le diminuer.

En pesant toutes ces considérations, et pour concilier l'intérêt commun et l'intérêt particulier, je propose ce qui suit :

1°. La culture de la nicotiane, le commerce et la fabrication du tabac indigène, seront entièrement libres dans l'intérieur du royaume, et affranchis de tous droits et de tout impôt.

2°. Le gouvernement conservera le privilége exclusif de la vente et de la fabrication des tabacs étrangers.

3°. Le prix du tabac exotique, fourni par la régie, sera double de celui du tabac intérieur.

Ce monopole que s'approprierait le gouvernement, ne tendrait évidemment qu'à protéger la vente des tabacs indigènes, en établissant une énorme différence dans les prix de vente, et en évitant la concurrence des tabacs étrangers, dont l'introduction par contrebande permettrait la fabrication à moindre prix que celui auquel la régie s'élèverait. Il réunirait tous les avantages que les prôneurs des droits indirets attachent à cet impôt, puisqu'il serait facultatif et que l'acheteur aurait le choix dans les qualités; qu'il paierait volontairement et à mesure de ses besoins, le droit imposé sur le tabac éranger, sans oppression et sans entraves pour les vendeurs.

En évaluant le débit de la régie, au cinquième de la consommation intérieure, et son bénéfice à 30 ou 40 sous, le produit net pourrait s'élever au delà de 12 millions.

### Timbre et Enregistrement.

L'objet de l'enregistrement est d'assurer l'existence et la date positive des actes. L'enregistrement intéresse donc essentiellement l'ordre social, et contribue au maintien de la propriété, puisque les droits respectifs des citoyens dérivent en partie de la priorité des obligations, transactions et hypothèques : sous ce rapport, l'enregistrement tient essentiellement à une bonne administration et à l'intérêt public.

J'ai eu occasion de remarquer que l'impôt doit porter sur la rente, et non sur les profits et le capital. Le Souverain, comme conservateur de la propriété individuelle, en exécution des devoirs qu'il s'est imposé par le pacte social, est dans l'obligation d'assurer cette protection à tous les membres du corps politique, en établissant des bureaux d'enregistrement pour constater la validité des actes, se trouve dans la nécessité d'accorder des émolumens aux préposés qu'il emploie. Les droits perçus dans ces bureaux devraient donc être proportionnels et établis de manière à couvrir les frais occasionnés par l'établissement de cette administration : tel est le but de l'enregistrement, telle est sa fin. Mais le génie de la fiscalité qui sait profiter de toutes les circonstances qui peuvent concourir à enrichir le trésor, a considéré le droit de l'enregistrement comme une spéculation bursale. Il en est résulté que ces droits ont été élevés outre mesure, afin que l'excédant des recettes sur les dépenses de la régie pût fournir de nouvelles ressources. On n'a pas assez considéré que le droit d'enregistrement, vicieux dans son principe lorsqu'il dépasse le but de sa création, est funeste à l'industrie et subversif de la richesse nationale : c'est sous ce point de vue que je vais l'examiner.

Le droit sur les mutations et les transmissions de propriété frappe le capital ; il diminue la valeur foncière, les facultés productives, et porte à la fois sur l'acheteur et le vendeur; sur l'acheteur, en affaiblissant la rente de son capital; sur le vendeur, en restreignant la rente et la valeur foncière de sa propriété. Un individu qui achète un immeuble de 100 mille fr., paie à la régie environ 6 pour 100; si cette propriété rapporte 5 pour 100, et par conséquent 5000 fr., il ne retire évidemment que 3700 fr., parce qu'il perd l'intérêt du droit, et qu'il paie un cinquième de contributions. Si cette propriété, pendant un certain nombre d'années, subissait dix mutations, elle rapporterait à l'état 60 mille francs enlevés à la masse des capitaux producteurs qui fournissent des salaires aux ouvriers productifs, au lieu de refluer, par les canaux de la circulation, à la classe des non producteurs, tels que ceux qui ont des rapports avec l'état.

Le même raisonnement est applicable au droit de timbre.

Les droits perçus sur les successions diminuent l'héritage. Les frais de timbre et d'enregistrement augmentent considérablement la dette d'un débiteur qui, quelquefois, est dans l'impossibilité de payer le capital primitif. Une simple feuille de 50 centimes suffisait souvent à la transcription d'un jugement copié sur huit ou dix feuilles, dont chaque page renferme une douzaine de lignes, chaque ligne un mot ou deux.

Par les timbres et les enregistremens, les frais de justice sont tellement enflés, que souvent un pauvre artisan abandonne à la rapacité d'un collatéral fripon, une part qu'il a droit de réclamer dans une succession, parce que les frais seraient équivalens au montant de la somme à laquelle il pourrait prétendre. Ainsi, le droit de propriété est violé, le pauvre est frustré de son héritage.

Je propose, 1°. de réduire tous les droits de timbre et d'enregistrement; de ne percevoir qu'un quart, un demi, trois quarts, et un pour cent sur le montant des actes, et de combiner ces droits de telle sorte que le montant annuel de la recette soit destiné uniquement à couvrir les frais d'administration;

2°. De réduire tous les timbres à 15 centimes, 25 centimes pour les deux modèles de feuilles existantes jusqu'à l'épuisement des provisions; de fixer ensuite à 25 centimes le seul timbre appliqué sur une feuille de format ordinaire, et de supprimer tous les autres timbres, ainsi que ceux des feuilles publiques;

3°. De fixer à 10 centimes toutes les feuilles

à usage des lettres de change, sans distinction dans le prix des timbres qui y sont apposés;

4°. D'interdire dans tous les greffes de justice la faculté de transcrire les jugemens en gros caractères, en employant souvent quatre ou cinq feuilles de papier au delà du nombre nécessaire, comparativement à la teneur du jugement, et de les assujettir au mode usité chez les notaires à l'égard de la transcription des contrats.

### *Frais de justice et de greffes.*

Le Chef de l'État, revêtu de la puissance judiciaire, qui est une des attributions du pouvoir exécutif, doit employer tous ses soins à faire rendre la justice à ses sujets par l'organe des tribunaux qu'il a institués à cet effet. Les membres de ces tribunaux, comme fonctionnaires judiciaires, reçoivent un traitement ainsi que les fonctionnaires civils et militaires. Mais le corps politique devant contribuer aux frais qu'entraîne la souveraineté, et par conséquent toutes les parties organiques de l'administration générale, paie une somme collective d'impôts dans laquelle sont compris ces frais. La justice devrait donc être gratuite, et chaque particulier serait en droit de réclamer, dans le sanctuaire des lois, la protection que lui assurent les institutions sociales. Or, convient-il à un gouvernement sage et modéré de spéculer sur la misère publique, en prélevant des frais énormes de justice et de greffes, et de remplir ses coffres avec les dépouilles d'un plaideur qui, quelquefois coupable, et souvent de bonne foi, perd sa cause en faisant valoir des droits qu'il croyait légitimes ? Comme cet impôt que perçoit le gouvernement est immoral, je propose :

1°. De supprimer tous les frais de greffes et autres taxes judiciaires ;

2°. De confectionner un simple tarif d'amendes divisées en plusieurs classes ; l'une au profit de la partie ayant gain de cause, à titre d'indemnité pour les débours qu'auraient nécessité de sa part les chicanes ou les tracasseries de la partie adverse ; et de condamner à une amende tarifée, l'autre partie ;

3°. D'allouer aux greffiers, pour tous frais d'expéditions, un ou plusieurs centimes par franc sur la valeur des amendes ;

4°. De créer entre les mains du greffer, sous la surveillance du procureur royal ou du président de chaque tribunal, une *caisse de dépôt* dans laquelle seront versées les amendes ;

5°. De faire porter, à la fin de chaque trimestre, le montant des recettes dans la caisse du receveur de l'arrondissement ;

6°. De destiner le montant des amendes à compenser le montant de la somme totale des traitemens judiciaires.

### Postes et Messageries.

Ces deux établissemens sont de la plus grande utilité ; ils ont pour but d'activer les relations commerciales et particulières. Les postes sont du nombre des monopoles que le gouvernement doit s'attribuer, puisque des compagnies particulières ne présenteraient point de sûreté : la fortune des particuliers serait souvent exposée.

Je pense qu'il serait nécessaire de diminuer le port des lettres et le prix des places dans les messageries.

### Loteries.

La saine politique et la morale réprouvent l'établissement des loteries qui, présentant un appât au pauvre, ne sont en quelque sorte qu'une spéculation sur la ruine du malheureux qui, cédant à l'attrait irrésistible que lui présente une mise qui lui laisse entrevoir un sort plus favorable, se livre à ce fallacieux espoir, en sacrifiant à une folle passion le pain de ses enfans, la subsistance de sa famille. Toute loterie est donc immorale ; une pareille institution n'est point en rapport avec cette sagesse qui doit diriger l'administration d'un bon gouvernement.

On prétend que la suppression des loteries engagerait les joueurs de profession à effectuer leur mise dans les loteries étrangères, ce qui nous enleverait une somme annuelle en numéraire. Je ne pense pas que les pauvres soient dans ce cas ; il n'y aurait donc que les gens qui jouissent de quelque aisance qui pourraient tenter de pareils moyens. Mais cette objection est-elle bien fondée ? Au surplus, je proposerai l'établissement des loteries départementales qui ne réuniront point les inconvéniens inhérens aux loteries royales.

## Cautionnemens.

On doit considérer les cautionnemens comme un véritable emprunt forcé, déguisé sous une autre dénomination.

Il est juste, il est raisonnable de demander à un receveur de deniers publics la garantie des fonds qui lui sont confiés, afin que l'état puisse être couvert des pertes causées par les malversations ; mais n'est-il pas inique et absurde de demander une caution pécuniaire à des hommes qui, par la nature des places et emplois auxquels ils aspirent, ne doivent offrir d'autre garantie que la preuve de leur capacité, une bonne moralité, et qui ne sont élus qu'après avoir rempli toutes les formalités exigées. Si un homme en place disait à quelqu'un : Vous ne pouvez réussir que par mon entremise, donnez-moi 100 louis, et je vous seconderai : cet homme pourrait être destitué, si sa conduite était connue. Le Gouvernement ne commet-il pas les mêmes fautes qu'il punit dans ses agens ? Il me semble entendre le gouvernement dire à un candidat : Je suis dispensateur des places et des nominations, vous ne jouirez de la faveur que vous réclamez de moi qu'en me payant une finance. Je suis le maître ! payez, payez donc, si vous voulez être notaire, courtier de commerce, huissier, etc. ! Je propose donc le remboursement de ces cautionnemens.

## BANQUES,

### NUMÉRAIRE, SYSTÈME DE LAW.

Les écrivains politiques ne sont point d'accord sur l'utilité des banques.

Lorsqu'une nation est dans une situation prospère, lorsque l'argent circulant abondamment suffit à toutes les échanges, l'émission des billets d'une banque nationale ferait sortir la portion de numéraire restée sans emploi, et en quantité égale à l'excédant de valeur occasionné par cette émission.

La France, bien éloignée d'une telle position, doit donc s'empresser de recourir à la création d'une banque, dont les billets augmentent la masse du numéraire réel par l'addition d'un numéraire fictif.

La pénurie de numéraire se fera sentir parmi nous dans une progression effrayante, par la somme effective monétaire qu'il faudra payer aux alliés, qui n'ont d'autre but que celui de nous priver de notre signe représentatif et de nos moyens d'échange, pour nous enlever les ressources actives de notre industrie.

Une plus ou moins grande abondance de numéraire n'est point le thermomètre de la richesse ou de la pauvreté d'une nation, comme on le pense assez généralement, et selon le préjugé populaire. Un pays qui a des mines d'or et d'argent les exploite : le produit net de son exploitation ne le rend pas plus riche que ne le serait un pays agricole avec le superflus de ces productions; ces deux pays pourraient faire un commerce actif, l'un en fournissant son argent, l'autre en donnant une contre-valeur en productions de son sol.

L'or et l'argent sont donc des marchandises,

des biens usuels, des signes de convention qui n'acquièrent de valeur que par l'échange. L'argent que reçoit chaque année un propriétaire qui jouit de 10 mille francs de revenu, ne constitue pas sa richesse annuelle, mais bien la mesure de la valeur de ce qu'il peut acheter ou consommer ; il ne serait pas plus riche que tout autre individu qui recevrait de son fermier une rente de même valeur en nature : il existerait entr'eux cette différence que l'un aurait un moyen d'échange plus commode et plus prompt.

En Chine, l'or et l'argent sont marchandises d'échange ; on n'y voit point de monnaie : chaque acheteur porte avec lui des petites balances, et donne une quantité d'or et d'argent, au cours, pour d'autres marchandises, et l'on fait dans ce pays néanmoins un commerce intérieur égal à celui de l'Europe entière.

L'avare avec son trésor ne jouit pas d'une richesse plus réelle qu'un particulier qui ne posséderait qu'un revenu égal à la dépense annuelle de l'harpagon, puisque celui-ci regarde comme une chose sacrée la quantité d'or qui excède en valeur numérique celle des objets nécessaires à son existence.

Souvent sur une place de commerce, le montant des ventes s'élève en un seul jour à un million, somme payée comptant, quoiqu'il n'existe pas 100 mille francs de numéraire en circulation à la disposition des commerçans. Lorsque nous avions en France plus de 2 milliards de numéraire, cette somme n'eut point suffi à l'activité de notre commerce, si le signe monétaire n'eut été multiplié à l'infini, par les obligations au porteur, et les lettres de change.

Les crises que le commerce a éprouvé, et l'occupation de notre territoire par des troupes étrangères, ont dû enlever une partie quelconque de notre capital circulant, indépendamment des fonds de consommation ; il faut donc retrancher d'abord 700 millions effectifs pour les contributions de guerre, perte réelle. En estimant à douze mois la durée des deux occupations, et la dépense de cinq cent mille hommes à 2 francs par jour, la perte sera de 365 millions, somme à déduire, puisque la dépense a été faite par des non-producteurs, et que si cinq cent mille ouvriers avaient dépensé cette somme, leur salaire eut haussé le prix des marchandises produites et fourni des profits. Notre capital productif a été également réduit par les pertes des commerçans, causées par la baisse des marchandises et les non-valeurs ; ainsi donc le capital national productif se trouve moindre de la somme composée des pertes du commerce, plus du montant des réquisitions faites par les alliés dans les villes et les campagnes. On peut estimer à 800 millions cette différence qui, ajoutée aux subsides, forme une perte de 1500 millions à déduire de notre capital national de 11 miliards 750 millions : reste 10 miliards 250 millions.

Si l'on suppose à la France un capital monétaire de 1500 millions, au lieu de 2 milliards qu'elle possédait, après le paiement des subsides, notre numéraire sera donc réduit à la somme de 800 millions ; cette somme sera le *maximum*, c'est-à-dire à peu près la douzième partie et un peu plus du capital circulant : telle est notre situation.

C'est d'après ces données que nous devons examiner de quelle utilité serait pour nous une banque nationale, quelles ressources elle offrirait à l'Etat, quel degré d'activité elle imprimerait à l'agriculture, à l'industrie, et au commerce.

Une trop grande quantité de billets en émission encombrerait les canaux de la circulation, et serait tellement préjudiciable aux intérêts de tous, que la valeur nominale haussant, il s'ensuivrait une dépréciation plus ou moins grande; c'est ce qu'on a vu à l'époque où 40 et quelques milliards d'assignats étaient en circulation. Si l'on suppose qu'à cette époque le capital circulant ou productif fut de 9 à 10 milliards, il est évident que la masse des capitaux, représentée par la masse des assignats, étant quatre à cinq fois plus considérable que le capital réel, il devait s'ensuivre infailliblement une dépréciation des trois quarts, ou des quatre cinquièmes; une somme de 100 francs ne devait donc représenter, en valeur réelle, que 20 à 25 francs : tel qui possédait une fortune de 100 mille francs, valeur monétaire, devait donc posséder 4 à 500 mille francs d'assignats, puisque les 45 milliards en circulation, remplaçant 9 à 10 milliards, quadruplaient ou quintuplaient la fortune de chaque individu. On a éprouvé les funestes effets des assignats; mais en général on n'a point assez réfléchi sur les causes de ces effets : causes qui, par l'agiotage, ont accru successivement la dépréciation.

La dépense annuelle de chaque chef de famille exigeant des avances, la totalité de ces avances est donc autant de numéraire enlevé à la circulation. Dans le nombre des millions de familles que renferme la France, une partie reçoit et dépense chaque semaine, et n'a point de fonds de réserve; cette classe est composée des ouvriers appliqués aux travaux des campagnes et des villes. En déduisant cette classe de la population, il restera trois millions de familles composées de marchands, rentiers, artisans établis en boutique, d'individus non producteurs, tels que les avocats, les médecins, gens de lettres, etc. etc. : ces individus ont annuellement une réserve quelconque pour leur dépense de chaque jour, pendant l'intervalle des échéances de leurs rentes, pensions, mémoires, traitemens. Les commerçans réservent une plus forte somme, tant pour leur dépense que pour les petits paiemens successifs qu'exige leur commerce, et que l'on nomme *fonds de caisse*. Il existe peu d'individus dans cette classe qui ne possède annuellement 100 f.; en évaluant la réserve commune à 200 fr., le total sera de 600 millions. Si l'on considère que cette somme doit s'élever au delà, par les réserves des négocians, banquiers, riches propriétaires, on se convaincra que le numéraire restant, que j'ai évalué à 800 millions, composera la presque totalité du fonds de réserve, et qu'il n'en restera plus en circulation pour satisfaire aux échanges, aux paiemens des effets de commerce, des rentes, des terres, etc., paiemens qui, dans les temps heureux, étaient assurés par une valeur circulante d'argent monnoyé de 12 à 1500 millions, non compris le fonds de réserve. Il est évident que la création d'une banque devient indispensable, et qu'une émission de 2 milliards de billets présenterait les plus grandes ressources.

Mais créera-t-on une banque, dont les billets seront échangeables en partie contre la monnaie? attirera-t-on dans sa caisse, par des moyens forcés, le numéraire circulant? Emettra-t-on simplement un papier-monnaie, dont une portion serait éteinte chaque année? Quelle confiance aurait-on dans cette banque et dans ce papier? Chargera-t-on les biens des propriétaires d'une hypothèque en garantie? Violera-t-on le droit de propriété, pour faire payer les dettes de l'Etat à une seule classe d'individus? Commettra-t-on cette iniquité? L'opinion publique vaincra-t-elle le préjugé qui est résulté des suites du système des assignats et du système de Law? Telles sont les réflexions qui se présentent en foule à l'esprit de l'observateur.

Le mauvais succès du système de Law paraît devoir faire craindre de trouver de la résistance à l'établissement d'une banque; mais ne peut-on pas prévoir de tels résultats, et les éviter en agissant avec moins de légèreté, en employant des mesures plus sages?

Law, témoin des succès des banques de l'Ecosse, son pays natal, et des avantages qu'elles avaient procuré à l'industrie écossaise, forma le projet d'établir en France une banque sur le même plan : les premiers fonds furent peu importans. Cette banque ayant rendu quelques services que l'on se proposait d'étendre, le Gouvernement crut trouver en elle de grandes ressources, et la fit administrer sous le nom de *Banque royale*. Le capital se composait de douze cents actions de 500 livres. La compagnie d'Occident, devenue le centre des opérations de la banque, créa ensuite trente mille actions. Cette compagnie ayant accumulé plusieurs priviléges, tels que celui du commerce des Indes et de l'Afrique, parvint à un degré de prospérité que fortifia la confiance que l'on avait dans la banque. La valeur des actions ayant considérablement haussé, l'émission des billets se multiplia en proportion. En 1719, il circulait une somme de 520,000,000. La confiance dans la banque était à son comble; les actions, recherchées avec une espèce de délire, montèrent à 10 et 12,000 francs. Les billets gagnaient sur la monnaie jusques à 10 pour 100. Bientôt le nombre des actions fut porté à quatre cent mille, qui formaient un capital fictif de 4,000,000,000, mais une valeur intrinsèque de 200,000,000. Pendant cette même année, le montant des billets fut porté à 3,000,000,000; chacun préférait le papier à l'argent; on échangeait des propriétés contre des actions qui s'élevèrent jusques à 20,000 fr., c'est-à-dire à *quarante* fois la valeur primitive.

Les hommes sensés commencèrent à ouvrir les yeux; ils convertirent leurs actions en billets de banque, et échangèrent ces billets contre de l'or et de l'argent. Ces démarches portèrent une première atteinte au crédit de la banque; le gouvernement employa pour le soutenir des mesures forcées et iniques : il ordonna que les espèces ne pourraient plus être reçues à l'avenir dans les paiemens au-dessus de 10 livres; que toutes les lettres de change seraient payées en billets.

Les étrangers qui avaient placé sur la banque, s'empressèrent de réaliser, et la prime de 5 pour 100 attachée à ces billets, en 1720, ne rallentit point la réalisation qui s'effectua à perte contre des espèces. Les marchands exigeaient un double prix de leurs marchandises quand on leur présentait des billets; enfin, les arrêts et les mesures du Gouvernement ne purent arrêter le torrent. Le numéraire manqua; on échangea à tous prix contre des bijoux et des matières d'or et d'argent, *quoi qu'il fût défendu d'en porter*. La défiance croissait chaque jour; on défendit de garder chez soi plus de

500 livres en espèces ou matières d'or et d'argent, et de vendre de la vaisselle.

Un arrêt du mois de mai ordonna la réduction des billets de banque à moitié, en permettant cependant de les porter pour leur valeur intégrale dans les caisses publiques, en paiement des impositions pour l'année courante. L'arrêt fut révoqué sur les remontrances du parlement, mais il était trop tard; les billets, après avoir perdu moitié, tombèrent au *dixième* de leur valeur. Toutes les voies furent inutilement tentées pour ramener la confiance, quoique le marc d'argent fût fixé à 60 livres. Il restait encore près d'un *milliard* en circulation : *un milliard* avait été brûlé, et l'on avait versé dans la caisse royale *un milliard trois cents millions*. Enfin, il fut ordonné par arrêt du 5 octobre, que les billets ne seraient reçus en paiement que de gré à gré, et refusés dans les bureaux de recettes, à dater de la publication de l'arrêt.

Telle fut la fin déplorable de ce système; on voit que l'émission des billets avait été portée à plus de 3,000,000,000, et que la valeur intrinsèque qui devait servir de garantie, ne composait pas la dixième partie; que cette valeur nominale s'était accrue par l'agio au delà de la somme des billets circulant, mais que, les actions venant à baisser, il s'ensuivit que le discrédit réduisit cette valeur nominale à la valeur réelle, et que chacun, éclairé sur les dangers que présentait cette énorme disproportion de la garantie avec la valeur circulante, s'empressa de réaliser, et que cette réalisation occasionna la chute d'un système si imprudemment établi. Il devait donc en résulter une perte pour les porteurs, égale à la différence de la valeur du gage à la valeur circulante.

La fameuse banque d'Angleterre, instituée pour faire des avances au commerce, n'a point rempli le but de son institution; son capital consiste en un capital composé des actions particulières, en ses créances sur le gouvernement pour ses avances dont elle reçoit l'intérêt en billets de l'échiquier, et en une quantité d'espèces et de lingots qui n'atteint pas le quart des billets en émission.. Depuis l'arrêt de surséance qui la dispense de maintenir l'équilibre entre ses espèces et ses valeurs circulantes, il est difficile de bien apprécier cette proportion. Cette banque étant restée sous la dépendance du ministère, ne fait des avances au commerce que lorsque ses fonds ne sont point employés par le Gouvernement auquel, à l'époque de sa crise, en 1797, elle avait avancé 10,670,000 livres sterlings, lorsque le commerce n'avait reçu d'elle que 2,900 liv.; dans les années précédentes, le terme moyen fut de 9,000,000 pour l'un, et de 3,000,000 pour l'autre : elle ne possédait que 7,000,000 et demi sterlings en lettres de change escomptées, espèces, lingots, avances à recouvrer sur la compagnie des Indes; plus, 12,000,000 de fonds consolidés à 3 pour 100 qui se négociaient à 50. Le total s'élevait à 24,170,000 liv. sterlings; les billets en circulation, le capital des actionnaires, les dettes par compte courant, formaient 26,000,000.

Les créances sur le gouvernement, les fonds consolidés, composaient donc la majeure partie de son actif; elle n'avait en valeur réelle et certaine que 7 millions et demi, plus 6 millions consolidés négociables au cours, c'est-à-dire à peu près moitié de ce qu'elle devait. Sa situation n'a pas dû s'améliorer depuis cette époque, car, pendant la dernière guerre, c'est-à-dire depuis le traité d'Amiens, le gouvernement a fait de fréquens emprunts et de nombreuses exportations de numéraire sur le continent, opérations auxquelles la banque a pris une part active. L'émission de ses billets a dû s'accroître progressivement sans que chaque émission fût garantie par de nouveaux gages; de sorte qu'il est indubitable qu'il doit exister une énorme disproportion entre le gage de ses billets et la valeur circulante, puisque, cinq ans après la catastrophe, la somme de ses billets, s'élevant à 16 millions, était presque doublée : sa situation actuelle doit donc être beaucoup plus critique qu'en 1797. Plus d'engagemens en circulation, plus de créances sur le gouvernement et moins de numéraire ; telle doit être la situation de cette banque si vantée, situation cachée au peuple par le mystère dont on a soin d'envelopper ses opérations, afin de prolonger l'illusion et de trouver des ressources dans la crédulité publique, jusqu'à ce que le voile se trouve déchiré par quelques circonstances imprévues ou par les démarches des actionnaires qui, ouvrant enfin les yeux, chercheront à réaliser leurs actions en espèces. C'est alors que les billets de la banque d'Angleterre éprouveront le même sort, et produiront le même résultat que nos assignats et les billets de la banque de Law.

La base fondamentale sur laquelle doit reposer une banque consiste donc dans la sûreté du gage des billets en émission. Il faut que le mode de remboursement soit connu, et que la confiance soit stimulée par la certitude d'un paiement intégral dans le cas prévu où la circulation des billets serait interrompue par des cas fortuits. Mon Système de finances offre un projet de banque infiniment plus solide que celui de la banque d'Angleterre, et qui réunit ces avantages.

## SYSTÈME

### COMPLET, FONDAMENTAL ET PERPÉTUEL DE FINANCES.

La manière de lever les impôts est souvent plus préjudiciable aux intérêts du peuple que l'impôt lui-même. Les charges publiques sont fondées sur les conventions sociales ; la conservation de tous les membres de la société politique en dépend.

Les impôts doivent être considérés comme des tributs que chaque particulier prend l'obligation de payer à l'Etat, en mettant sa vie, sa personne, sa propriété, sous la sauve-garde des lois et sous l'égide du gouvernement, qui, en échange, lui doit protection, en lui assurant sa sûreté, sa liberté, et la jouissance de sa propriété. Les tributs sont donc perçus dans l'intérêt des peuples, et non pas dans l'intérêt des souverains, comme le pense le vulgaire.

Puisque les impôts dus par chaque citoyen sont exigibles chaque année, ils ne peuvent donc être pris sur le capital, mais sur sa rente ou sur ses moyens annuels d'existence qui se renouvellent comme l'impôt.

On ne peut distinguer que trois classes d'individus dans le corps social : les propriétaires de fonds ( et fermiers ), les propriétaires de capitaux (rentiers, capitalistes ou commerçans), et les propriétaires d'industrie, c'est-à-dire les hommes à salaires de toute espèce.

Le propriétaire de fonds, le propriétaire de capitaux et le propriétaire d'industrie, trouvent leurs moyens d'existence et *leur tribut au gouvernement*; le premier dans la rente de sa terre; le second dans la rente de son capital; le troisième dans le salaire de son travail, qui est la rente de sa propriété industrielle.

Le tribut naturel de tout citoyen sous un bon gouvernement est donc le tribut personnel qu'il doit verser personnellement et directement dans les caisses de l'Etat, en le prenant sur l'une des trois espèces de rente.

En partant de ces principes fondamentaux et incontestables, il ne devrait donc être perçu qu'une seule espèce d'impôt, *le tribut personnel;* mais les propriétaires de fonds jouissent d'une double protection pour leur personne et pour leur bien. Les propriétaires de capitaux ne peuvent leur être assimilés, car les propriétés mobilières sont moins solides, moins assurées; ceux-ci courent des chances et des risques auxquels ceux-là ne sont point exposés. Les propriétaires fonciers sont plus citoyens de leur pays auquel ils sont attachés par un lien moins dissoluble. Les propriétaires de capitaux, et particulièrement les commerçans et cultivateurs sont des hommes utiles qui donnent plus de valeur au produit des terres.

Les deux espèces de contributions qu'il convient de percevoir en France sont donc la contribution foncière et la contribution personnelle. La contribution indirecte n'est qu'un véritable impôt personnel que chacun paie partiellement et *forcément* pendant le cours de chaque année, puisque les besoins physiques de tout individu lui imposent l'impérieuse nécessité de se procurer les choses consommables indispensables à son existence, lesquelles sont frappées d'un droit qu'il débourse successivement, et dont la somme collective compose le total de l'impôt qu'il a payé personnellement pour sa part dans la contribution générale.

On se trompe bien évidemment en avançant que chacun paie les impôts indirects à proportion de ses facultés; tel qui, possédant 25,000 fr. de revenu, ne dépenserait que 10,000 fr. pour son nécessaire, ne fournirait annuellement qu'une contribution approximative de 2000 fr., tandis que tel autre qui, avec le même revenu dépenserait 20,000 fr., paierait 4000, c'est-à-dire deux fois plus que celui qui aurait un revenu égal. Les impôts indirects n'attaquent donc que la *dépense* et non *le revenu*. Cette dépense porte sur la consommation qui est commune à toutes les classes du peuple, et l'homme riche contribue réellement moins en appliquant des fonds à des superfluités de luxe et d'ostentation; ce que le riche prend sur son superflu *est pris par le pauvre sur son propre nécessaire*. Quel que soit le point de vue sous lequel on considère la forme et l'assiette de nos impôts, on retrouve partout cette disproportion et ces inégalités.

J'établis pour base de mon système de finances les contributions foncière et personnelle; la première dans la proportion d'un dixième du produit net. Je mets en parallèle un propriétaire foncier, jouissant de 25,000 fr. de revenu, et un propriétaire de 500,000 fr. de capitaux, qui (à 5 pour 100) recevrait la même rente, tous deux dépensant 20,000 fr.; le premier paie actuellement (c'est-à-dire en temps ordinaire),

| | |
|---|---|
| Un cinquième de contribution foncière. . . . . . . . . . . . . | 5000 fr. |
| Un cinquième sur sa dépense de 20,000 fr. . . . . . . . . . . . | 4000 |
| Contributions personnelle, mobilière, portes et fenêtres, etc. (Pour mémoire.) | |
| | 9000 |

Le second paie comme suit :

| | |
|---|---|
| Un cinquième sur sa dépense de 20,000 fr. . . . . . . . . . . . | 4000 fr. |
| Contributions personnelle, mobilière, etc. (Mémoire.) | |
| Différence dans les impositions. . . . . . . . . . . . . . | 5000 |

D'après mon système, il n'existerait qu'une différence de 2,500 fr. que le propriétaire doit payer, puisqu'ainsi que je l'ai observé, il jouit d'une double protection comme propriétaire et comme citoyen.

Mon nouveau mode d'impositions produirait une diminution très-sensible dans les impôts de chaque individu, en augmentant d'autant son revenu ; celui qui possède 5000 fr. de rente, paie

| | |
|---|---|
| Un cinquième au moins de contribution foncière. . . . . | 1000 fr. |
| Portes et fenêtres, personnel, etc. . . . . . . . . . . . . | 150 |
| Un cinquième sur sa dépense évaluée à 3000 . . . . . . . | 600 |
| | 1750 |

Ce même propriétaire ne paierait à l'avenir que le dixième de sa rente, 500 fr. environ, 3 ou 400 fr. de contribution personnelle ; total, 8 à 900 fr., différence, 850 à 950 fr. ; il lui resterait pour sa dépense annuelle 4100 à 4200 fr., au lieu de 3250 fr. : avantages inappréciables.

Il me reste à examiner si ce système et ce mode de perception fourniraient une somme annuelle suffisante pour couvrir les dépenses de l'Etat.

J'ai évalué au deux cinquièmes de la population, la classe des ouvriers. Le nombre des contribuables étant *au moins* de cinq millions, il restera donc trois millions d'individus composés de gens possédant quelqu'aisance, et de gens riches. Il n'en exite pas un seul dont les contributions ne s'élèvent à près de 100 francs ; mais afin d'écarter de mon calcul toute exagération pour l'établir sur des bases certaines et solides, je divise les cinq millions de contribuables en deux classes. La première sera composée de tous les citoyens ayant une aisance quelconque, qui peuvent payer, avec facilité et sans contrainte, 100 francs par an au Gouvernement, et comprendra seulement un million d'individus. Je range les quatre autres millions dans la seconde classe. Je désigne tous les contribuables compris dans la première, sous la dénomination de *tributaires d'état*, et ceux de la seconde, comme *tributaires de la caisse d'épargnes*. Je fais supporter à la première classe toutes les dépenses de l'Etat, et je réserve les contributions de la seconde classe pour l'entretien des hospices, des maisons de travail, des dépôts de mendicité, etc. Ces tributs seront considérés comme épargnes destinées à porter secours dans le malheur, à assurer une retraite dans la vieillesse, des soins dans les maladies, et du travail à tous ceux qui la composeront, qui sont les hommes à salaires, les petits cultivateurs, les petits marchands, les employés et tous les individus jouissant d'un médiocre revenu et d'une médiocre aisance.

Je divise les quatre millions de *tributaires de la caisse d'épargnes* en quatre séries, dont les tributs seront fixés à 10, 20, 30 et 50 francs, et qui fourniront un total annuel de 110,000,000.

Examinons maintenant si, en faisant supporter toutes les charges de l'administration générale de l'État par un million d'individus plus ou moins riches, ces tributaires ne seraient point accablés d'un fardeau trop lourd. Il me sera facile de démontrer que chaque tributaire éprouvera une *diminution réelle* dans ses impôts, comme on s'en convaincra par l'inspection de ces quatre tableaux.

### Ier. TABLEAU.

| Nombre des Tributaires. | Somme annuelle. | Millions. |
|---|---|---|
| 150 mille à | 100 fr. | 15 |
| 150 | 200 | 30 |
| 100 | 300 | 30 |
| 100 | 400 | 40 |
| 100 | 500 | 50 |
| 100 | 600 | 60 |
| 100 | 700 | 70 |
| 50 | 800 | 40 |
| 50 | 900 | 45 |
| 50 | 1,000 | 50 |
| 50 | 1,100 | 55 |
| | millions | 485 |

### IIe. TABLEAU.

| Nombre des Tributaires. | Somme annuelle. | Millions. |
|---|---|---|
| 250 mille à | 100 fr. | 25 |
| 250 | 200 | 50 |
| 100 | 300 | 30 |
| 50 | 400 | 20 |
| 50 | 500 | 25 |
| 50 | 600 | 30 |
| 50 | 700 | 35 |
| 50 | 800 | 40 |
| 50 | 900 | 45 |
| 50 | 1,000 | 50 |
| 50 | 1,100 | 55 |
| | millions | 405 |

### IIIe. TABLEAU.

| | | |
|---|---|---|
| 100 mille à | 100 fr. | 10 |
| — | 200 | 20 |
| — | 300 | 30 |
| — | 400 | 40 |
| — | 500 | 50 |
| — | 600 | 60 |
| — | 700 | 70 |
| — | 800 | 80 |
| — | 900 | 90 |
| — | 1,000 | 100 |
| | millions | 550 |

### IVe. TABLEAU.

| | | |
|---|---|---|
| 100 mille à | 100 fr. | 10 |
| — | 200 | 20 |
| — | 300 | 30 |
| — | 400 | 40 |
| — | 500 | 50 |
| — | 700 | 70 |
| — | 900 | 90 |
| — | 1,100 | 110 |
| — | 1,500 | 150 |
| — | 2,000 | 300 |
| | millions | 770 |

Il est donc évident qu'un million de contribuables peuvent fournir 405 à 770,000,000 fr. à l'État, sans éprouver de surcharge, puisque le moindre tribut est de 100 francs, et les plus forts sont de 1000 fr., 1100 fr. et 2000 fr. J'ai calculé ces contributions en variant le nombre des tributaires pour chaque tribut, afin de prouver que, de quelque manière que l'on en fasse la répartition, la somme totale s'élèvera au delà de 400,000,000, somme plus importante que celle de 300,000,000 à laquelle je fixe les tributs d'état qui, joints aux tributs fonciers de 150,000,000, composera 450,000,000 que je regarde comme suffisans pour subvenir aux frais de l'administration générale, conformément au tableau général des recettes et dépenses de l'état figurées dans le tableau ci-annexé pour 1817 et années suivantes.

## Établissement du Système de Finances.

### *Nouveaux Impôts.*

1°. Toutes les contributions directes et indirectes seront supprimées et remplacées par le *tribut foncier* et des *tributs d'état.*

2°. Les contribuables seront divisés en deux classes, la première comprendra les *tributaires*

# TABLEAU GÉNÉRAL,

## FONDAMENTAL ET PERPÉTUEL DES RECETTES ET DÉPENSES DE L'ÉTAT,

### POUR 1817 ET ANNÉES SUIVANTES.

## PREMIÈRE PARTIE.

### DÉPENSES.

| ADMINISTRATION GÉNÉRALE. | |
|---|---|
| Liste civile | 25,000,000 |
| Famille royale | 9,000,000 |
| Parlement national. } Parlement sénatorial. } | 2,000,000 |
| Rentes viagères | 52,000,000 |
| **HAUTE-COUR D'ÉTAT.** | |
| Guerre | 180,000,000 |
| Marine | 25,000,000 |
| Affaires Étrangères | 6,000,000 |
| Intérieur (et Police) | 1,500,000 |
| Finances, Commerce, Manufactures | 1,500,000 |
| Justice | 1,000,000 |
| **ADMINISTRATION INTÉRIEURE.** | |
| Solidarité de la Dette consolidée. | 62,000,000 |
| Dépenses administratives qui figurent sur le Budget du Ministre de l'Intérieur pour | 45,000,000 |
| Frais de Finances et de Justice, (pour mémoire) (1) | |
| Traitemens ecclésiastiques | 25,000,000 |
| Intérêts des Cautionnemens de la Finance | 6,000,000 |
| | 441,000,000 |

### RECETTES.

| | |
|---|---|
| Tribut foncier | 150,000,000 |
| Tributs d'état | 300,000,000 |
| | 450,000,000 |
| Dépenses | 441,000,000 |
| Excédant des Recettes | 9,000,000 |

## DEUXIÈME PARTIE.

| | |
|---|---|
| Ponts-et-Chaussées | 10,000,000 |
| Hôpitaux et Hospices | 45,000,000 |
| | 55,000,000 |
| Reste pour les frais de l'Éducation nationale, Maisons de travail, etc. | 64,000,000 |
| | 119,000,000 |

| | |
|---|---|
| Excédant des recettes | 9,000,000 |
| Tributs d'épargnes | 110,000,000 |
| | 119,000,000 |

### RECETTES PARTICULIÈRES.

| | |
|---|---|
| Loteries départementales | 25,000,000 |
| Douanes | 5,000,000 |
| Tabacs | 10,000,000 |
| Sels | 4,000,000 |
| Postes | 10,000,000 |
| Salines de l'est, etc. | 2,000,000 |
| Domaines | 18,000,000 |
| Fonds d'amortissement | 74,000,000 |

(1) Les traitemens de la finance deviennent nuls, puisque tous les frais de perception sont payés par les contribuables, et prélevés sur le montant des recettes dont le produit net figure seul ici.

Il en est de même des frais judiciaires qui sont compensés.

En percevant 1/5, 1/4, 1/2 et 1 pour 100, il est indubitable que le revenu de l'enregistrement s'élèvera encore à quelques millions au delà des dépenses.

Je ne fais figurer dans les dépenses de la Haute-Cour d'État, que les frais de bureaux et les traitemens des Conseillers, etc. Ces sommes sont plus que suffisantes.

*de la caisse d'état*, la seconde les *tributaires de la caisse d'épargnes.*

3°. La somme des contributions foncières sera fixée à 150,000,000, le dixième des revenus net.

4°. Les tributs d'état sont fixés à 300,000,000.

5°. Les 450,000,000 composés des tributs fonciers et des tributs d'état, formeront le budget fondamental et perpétuel du Gouvernement: cette somme sera destinée à couvrir les dépenses de l'État, évaluées à la somme de.....

6°. Le budget sera divisé en *budget fondamental* et en *budget supplémentaire.* Dans ce dernier, figureront les dépenses extraordinaires arrêtées par le corps législatif, à la fin de chaque année, pour subvenir aux dépenses jugées nécessaires pour l'année suivante.

7°. Les contributions fournies par les *tributaires de la caisse d'épargnes*, seront affectées à l'entretien des hospices, des dépôts de mendicité, des maisons de travail, des routes, aux traitemens des instituteurs auxquels sera confiée l'éducation nationale et gratuite de la classe du peuple, dans les villes et bourgs.

8°. Les recettes diverses seront affectées à l'extinction de la dette consolidée.

9°. Chaque contribuable sera tenu de verser entre les mains du percepteur *cinq pour cent*, pour tous frais de perception; il sera autorisé à refuser toute espèce de paiement autre que *la somme portée sur l'avertissement.*

### *De l'Assiette de l'Impôt personnel.*

1°. Il sera fait un dénombrement général par communes et municipalités, dans toute l'étendue du royaume.

2°. Tous les contribuables seront avertis de fournir leur soumission du tribut qu'ils seront dans l'intention de payer annuellement au Gouvernement.

3°. Il sera ouvert dans chaque commune ou municipalité, un registre à deux colonnes; dans l'une, figurera la soumission de chaque habitant; l'autre en présentera le redressement.

4°. Les contribuables se règleront pour faire leur soumission sur leurs contributions personnelles, mobilières, portes et fenêtres, et le dixième de leur revenu ou de leur dépense.

5°. Lorsque toutes les soumissions auront été faites par les habitans de la commune (ou municipalité), le conseil communal s'assemblera pour examiner avec le percepteur, la soumission de chaque habitant; il émargera, dans la colonne de redressement, la cote à laquelle il jugera convenable que le soumissionnaire soit imposé, si la soumission n'est pas regardée comme proportionnée aux facultés dudit soumissionnaire.

6°. Le percepteur adressera des avertissemens conformes aux décisions du conseil. Il sera accordé aux contribuables un délai d'un mois pour réclamer sur le trop imposé.

7°. Chaque contribuable présentera requête dont il recevra un récépissé qui portera la date de l'enregistrement dans le bureau de la mairie, afin d'éviter toute erreur et pour justifier de sa réclamation en temps.

8°. Les rôles des contributions seront clos et divisés en deux sections qui comprendront, l'une les tributaires d'état, l'autre les tributaires de la caisse d'épargnes.

9°. Le relevé des rôles sera immédiatement envoyé au conseil d'arrondissement. Les contribuables pourront réclamer de nouveau près de ce conseil.

10°. Il sera formé, dans les villes au-dessus de dix mille ames, plusieurs conseils communaux, chargés de l'établissement des impôts des deux espèces de tributaires. Le conseil municipal fera la révision de leur travaux.

11°. Le conseil d'arrondissement dressera le tableau des contributions de chaque commune (ou municipalité) et les enverra au conseil des notables.

12°. Le conseil des notables fera dresser le tableau des contributions de chaque commune réunie par arrondissement, et les adressera à la chambre d'état.

13°. Les artisans, les ouvriers, journaliers, les cultivateurs, fermiers exploitant une ferme au dessous d'un loyer de 1000 francs, les petits rentiers, seront classés dans les tributaires de la caisse d'épargnes.

### *De l'Assiette du Tribut foncier.*

1°. Il sera fait une nouvelle avaluation des propriétés foncières sous le plus bref délai.

2°. La valeur locative ou le revenu net de chaque propriété sera estimée par le maire de chaque commune, assisté du percepteur, du propriétaire ou fermier, et de deux cultivateurs élus au scrutin par les habitans, et d'un géométre ou arpenteur.

3°. La commission dressera procès-verbal de l'estimation de chaque propriété. Ce procès-verbal sera signé par les membres de cette commission, arrêté par le maire, paraphé par le propriétaire ou fermier qui sera libre de déduire au dos du procès-verbal ses moyens et soutiens pour le trop imposé.

4°. Le maire enverra le procès-verbal général de l'évaluation de toutes les propriétés de sa commune au sous-intendant de son arrondissement.

5°. Les propriétés seront divisées en deux classes, savoir : les propriétés territoriales et les maisons ou bâtimens autres que ceux nécessaires à l'exploitation des terres ou faisant partie des métairies.

6°. Les individus pourront réclamer près du conseil d'arrondissement en cas de trop imposé.

7°. Les rôles arrêtés par le conseil, seront envoyés au conseil des notables.

8°. L'intendant enverra aux chambres d'état le tableau général du revenu foncier de son département, arrêté par le conseil des notables, par communes et municipalités, en sommes collectives.

9°. Les habitans de chaque paroisse, connaissant la valeur et le prix de chaque ferme ou portion du territoire, les commissaires prendront tous les renseignemens convenables pour la fixation de la valeur annuelle de chaque propriétaire en considérant la location actuelle, l'estimation portée sur les rôles du percepteur, de manière que les propriétés moins imposées, comme celles qui ont droit à des dégrèvemens, soient estimées à la plus juste évaluation possible.

10°. L'estimation des propriétés dans les villes, sera faite par une commission nommée par le conseil municipal.

*Moyens d'établir l'Impôt personnel, principalement dans les villes populeuses.*

1°. Le maire de chaque commune ou municipalité, fera dresser le tableau de toutes les propriétés ( terres, fermes, maisons) de sa commune : ces tableaux désigneront les noms et demeures des propriétaires, leur commune et leur département.

Ils porteront en marge l'évaluation ou revenu net estimé par les commissaires.

2°. Les maires adresseront ces tableaux aux sous-intendans de leur arrondissement.

3°. Les sous-intendans feront faire le récollement de toutes les propriétés de leur arrondissement par communes et arrondissemens; ils enverront aux sous-intendans des autres départemens, et les sous-intendans distribueront aux maires des villes et communes de leur arondissement un nouveau tableau désignant les propriétés de divers habitans : chaque maire, par ce moyen, pourra établir l'impôt avec plus de facilité.

### *Publication des Rôles.*

1°. Le tableau des recettes et dépenses (ou versemens) de chaque commune ou municipalité seront affichés, pendant le mois de janvier, sur la porte de l'église dans les campagnes, et de l'hôtel-de-ville dans les villes, et sur celle du maire.

Ce tableau renfermera trois colones; dans la première figureront la somme à laquelle la commune aura été imposée; dans la seconde, les recettes; dans la troisième, les dépenses communales (ou municipales).

2°. Le tableau collectif des impositions de chaque arrondissement sera affiché sur la porte de la sous-intendance de chaque chef-lieu d'arrondissement.

3°. Le tableau des impositions, recettes, dépenses, versemens des départemens, par canton, sera publié dans les feuilles publiques de la province, et affiché au chef-lieu de canton.

4°. Le budget de chaque chambre d'état sera présenté à la chambre des députés par le président de la chambre des finances de la haute-cour.

### *Paiement des Traitemens, Honoraires et Pensions.*

1°. Pour éviter les viremens de fonds, les chambres d'état seront chargées du paiement des traitemens et honoraires des fonctionnaires civils et judiciaires, et de toutes les dépenses locales.

2°. Le compte de dépenses sera arrêté chaque année par la chambre des finances, ainsi que celui des dépenses départementales, ordonnancé par les chambres d'état.

3°. Il sera créé un payeur dans chaque département.

4°. La chambre d'état remettra à chaque payeur, dans la première quinzaine du dernier mois de chaque trimestre (ou tous les mois), des bons à vue sur les compagnies départementales. Les payeurs encaisseront ces fonds, qui seront destinés à acquiter les échéances des traitemens, honoraires, etc., comme il sera réglé ultérieurement.

5°. Les chambres exerceront un compte annuel par débit et crédit avec la chambre des finances, et fourniront, sur le produit des impôts, les sommes nécessaires à l'acquit des échéances des pensionnaires de l'état résidans dans les départemens dépendans de leur administration.

*Dépenses communales, municipales et départementales.*

1°. Ces dépenses seront arrêtées et ordonnancées dans le mois de..... par les chambres d'état, pour être effectuées l'année suivante ; elles seront stipulées, sur les avertissemens, par fractions décimales.

2°. Les avertissemens devront mentionner la somme ordonnancée, dans la forme suivante (1):

| | | |
|---|---|---|
| Doit Pierre. . . . . . . | | |
| Principal de son tribut d'état (par hypothèse) . . . . . . . . . . | 100 fr. | |
| Deux pour cent (ou 1/50), suiv. l'ordonnance de la chambre d'état en date du. . . . . . . | 2 | |
| Quatre pour cent pour frais de.., suivant l'ordonnance du . . . | 4 | |
| | 106 | |
| Cinq pour cent de frais de perception . . . . . . . . . . . . | 5 | 30 c. |
| Doit pour 181 . Total. . . . . . . | 111 | 30 |

3°. Lorsqu'il se sera glissé une erreur de cal-

(1) Les mêmes erremens seraient suivis pour les besoins extraordinaires. Si une somme de 15 millions devenait nécessaire pour le creusement d'un canal, il suffirait de demander sur le principal, pour cette année seulement, 5 pour 100 sur les 300 millions.

cul, le contribuable pourra exiger, de suite, la restitution de l'excédant qu'il aura payé; et en cas de refus de la part du percepteur, il présentera requête au conseil municipal ou communal, et le percepteur sera condamné à payer dix fois la valeur de la somme dûment réclamée, plus, les frais de la sommation qui lui aura été faite pour constater son refus.

*Compagnies solidaires des Recettes départementales.*

1°. Les receveurs généraux seront supprimés.

2°. Il sera établi, dans chaque département, une compagnie solidaire chargée de la totalité des recettes du tribut foncier, des tributs d'état et des tributs de la caisse d'épargnes.

3°. Une même compagnie pourra obtenir les recettes de plusieurs départemens, et même de toute la province, si elle présente garantie suffisante.

4°. Chaque compagnie versera dans la caisse de la chambre d'état, le quart du montant des contributions des départemens; savoir : la moitié du versement aura lieu dans le 1er. mois de chaque trimestre; l'autre moitié, dans le second mois.

5°. Il sera alloué aux compagnies, cinq pour cent, pour recouvrement, sur lesquels seront dévolus demi, trois quarts, et un pour cent, aux percepteurs (comme il sera réglé ultérieurement).

6°. Les receveurs d'arrondissement seront comptables envers les compagnies.

7°. Les compagnies départementales se rembourseront de leurs avances par le versement mensuel que les receveurs d'arrondissement seront autorisés à faire exclusivement dans la caisse de la compagnie, en vertu du privilège qui lui sera accordé par la chambre d'état, et rendu exécutoire par la chambre des finances de la haute-cour.

8°. Les cautionnemens resteront dans la caisse du gouvernement, qui continuera le service de l'intérêt à quatre pour cent.

9°. En cas de prévarications de la part des receveurs d'arrondissement, la compagnie pourra présenter requête ou porter plainte à la chambre d'état.

10°. La perte occasionnée dans les recettes, par les exactions ou les infidélités d'un receveur ne sera point supportée par la compagnie, les recettes devant lui être garanties par la chambre.

11°. Les compagnies n'exerceront que des rapports de comptabilité avec les receveurs d'arrondissement qui resteront sous la surveillance et la dépendance immédiate de la chambre d'état.

12°. Chaque percepteur aura trois registres distincts, sur chacun desquels il portera les recettes partielles ou totales de chaque contribution.

### Établissement d'une Banque d'État.

1°. Il sera établi, à Paris, une banque d'état indépendante de la haute-cour d'état.

2°. Cette banque sera la banque de la Nation, celle de tous les citoyens; l'administration en sera confiée à cinq membres de la chambre des députés ambulatoires, élus au scrutin. Le président sera choisi par le Roi, dans la chambre des pairs.

3°. Au mois de..... prochain, il sera émis, par l'administration de la banque, deux millards de billets d'état, dont un quart en billets de 2000 et 1000 fr., un quart en billets de 500 f., et les deux autres quarts en billets de 200 et de 100 fr.

4°. Une commission temporaire, composée de dix députés et de cinq notables élus par les cinq principales villes, tiendra séance permanente pendant l'émission. La quantité de billets sera désignée jour par jour. Le procès-verbal sera inséré dans tous les journaux de la capitale et des départemens.

5°. Les planches seront brisées et brûlées publiquement. Après l'émission, la commission sera dissoute.

*Emploi des deux millards de Billets d'état.*

1°. Immédiatement après l'émission des billets d'état, l'administration remettra à la haute-cour d'état une somme de billets comme suit :

700 millions destinés au paiement des contributions de guerre, pour opérer de suite l'évacuation du territoire.

500 millions, somme approximative à laquelle on évalue le montant de l'arriéré exigible.

100 millions pour le remboursement de l'emprunt forcé.

50 millions pour le remboursement des cautionnemens des notaires, huissiers, etc.

1350 millions, dont le président de la haute-cour donnera récépissé, paraphé par le grand référendaire et légalisé par le Roi.

2°. L'excédant de l'émission formera dans la caisse de la banque *un fonds de réserve* de six cent cinquante millions.

*Comptoirs de la Banque d'état.*

1°. Il sera établi dans chaque chef-lieu de province, sous la surveillance et la direction spéciale de la chambre d'état, un comptoir de la banque.

2°. Les opérations de chaque comptoir seront dirigées par un directeur qui aura sous ses ordres un contrôleur, un trésorier ou caissier général, et deux caissiers.

3°. Le trésorier sera spécialement chargé des recettes et paiemens relatifs aux opérations de la banque.

4°. Les deux caissiers feront l'encaissement des sommes versées par les compagnies départementales ; savoir : l'un d'eux recevra les tributs fonciers et les tributs de la caisse d'épargnes, et l'autre les tributs d'état. Les caissiers verseront, chez le payeur de chaque département, les sommes nécessaires au service des traitement et pensions, ou lui remettront des mandats sur les compagnies, d'après les ordres du directeur, visés par la chambre d'état.

5°. L'administration de la banque remettra à chacun des vingt comptoirs, une portion *des fonds de réserve*, dont il lui sera donné récépissé par le directeur, avec la légalisation de la chambre d'état.

6°. La répartition du fonds de réserve sera faite et évaluée en raison des contributions fournies par la province, de sa population, de l'étendue de son commerce, de l'état de sa culture et de ses manufactures, et des besoins occasionnés par les circonstances et les évènemens politiques.

7°. Le fonds de réserve de chaque comptoir sera destiné à fournir des secours à l'agriculture, au commerce, aux manufactures et aux propriétaires.

*Prêts sur hypothèque aux Propriétaires de toutes classes.*

1°. Les comptoirs de la banque d'état prêteront 4 pour cent, en échange de contrats hypothéqués et notariés ; ces contrats seront exempts du droit d'enregistrement pour les prêts aux cultivateurs.

2°. Les prêts sur hypothèque auront lieu pour une ou plusieurs années, *au choix des emprunteurs.*

3°. Il sera loisible pour les emprunteurs de rembourser, par anticipation, le montant de leur emprunt ; mais ces retiremens et remboursemens ne s'opéreront qu'à la fin de chaque trimestre. Ils présenteront requête, à cet effet, à la chambre d'état, par l'intermédiaire du directeur du comptoir, dans le courant du second mois de chaque trimestre, pour obtenir la radiation dans le troisième mois, et effectuer le remboursement.

### *Crédits et Comptes courans.*

1°. Il sera ouvert des crédits et comptes courans aux négocians et manufacturiers de chaque province.

2°. Les crédits seront accordés par le directeur, sur l'avis du conseil établi près du comptoir, et d'après les renseignemens pris à cet effet près du correspondant du comptoir, ou près de chaque payeur du département.

3°. Chaque comptoir créera des *bons à vue*, remboursables en billets d'état et susceptibles d'aval et d'endossement, pour faciliter les opérations et les négociations du commerce; ils seront désignés sous le nom de *bons du comptoir de....*

4°. Tout commerçant qui jouira d'un crédit au comptoir, fournira son obligation ou son acceptation à six mois d'échéance, portant intérêt à 4 pour cent, et recevra en échange, en totalité ou partiellement, la contre-valeur en *bons du comptoir*.

5°. Tout individu sera tenu de remplir à l'échéance son obligation ou son acception.

6°. Les obligations ou acceptions des commerçans ou manufacturiers, ayant crédit ou compte courant, resteront dans le porte-feuille du comptoir, qui ne pourra les négocier que quinze jours avant l'échéance.

7°. Les obligations devront être payables dans un chef-lieu d'arrondissement; elles seront présentées à l'acquittement, pour le compte du comptoir, par le payeur du département, ou par le receveur de l'arrondissement.

8°. Les commerçans pourront acquitter leurs engagemens en billets d'état ou en bons du comptoir, à leur choix; ils jouiront de la faculté de remettre directement au comptoir des valeurs en compte courant, dans les dix premiers jours du sixième mois.

## *Escomptes.*

1°. Les comptoirs escompteront à 4 p. cent les effets de commerce revêtus de trois signatures (dont une connue); ils fourniront des billets d'état en échange des effets en dedans de trois mois d'échéance, et des *bons du comptoir* en échange de ceux portant trois à six mois d'échéance.

*Emploi des Bénéfices de la Banque.*

1°. Les chambres d'état auront la libre disposition des bénéfices de leur comptoir.

2°. Ces bénéfices, mis en réserve, seront destinés à payer les frais de chaque comptoir, à fonder des prix, à donner des encouragemens à l'agriculture et aux manufactures locales (de chaque province).

*Prêts particuliers pour des Entreprises utiles.*

1°. Tout individu ou toute compagnie qui désirerait effectuer un desséchement de marais, un défrichement, une grande plantation, creuser un canal, ou faire une entreprise utile, devra présenter requête à la chambre d'état; si la demande est accueillie favorablement, l'autorisation sera accordée par la chambre, et rendue exécutoire par la haute-cour d'état.

2°. Les entrepreneurs pourront recevoir des fonds du comptoir à 4 pour cent, en donnant hypothèque sur immeubles quelconques, ou en offrant la caution de personnes reconnues solvables.

*Du Retirement des Billets d'état de la circulation.*

1°. Les billets d'état resteront en circulation pendant cinq années consécutives.

2°. En 1822, le parlement national délibérera s'il convient de retirer et d'éteindre une partie de ces billets, en prenant en considération l'état du commerce et de l'industrie, l'accroissement du numéraire.

3°. Des fractions décimales seront prises sur les tributs d'état et le tribut foncier, pour subvenir chaque année à l'extinction d'une portion des billets en circulation.

*Comptabilité des Comptoirs de la Banque d'état.*

1°. Les chambres d'état arrêteront chaque année, au 30 décembre, le tableau des opérations de leur comptoir.

2°. Ces tableaux seront envoyés à l'administration de la banque; le duplicata en sera adressé à la chambre des finances de la haute-cour.

3°. Dans les quinze jours qui suivront l'ouverture de la session du Corps législatif, le président de l'administration de la banque, ou l'un des administrateurs délégué à cet effet, mettra sous les yeux des parlemens le tableau général des opérations de la banque.

4°. Le tableau des opérations de chaque comptoir, et le tableau géneral, seront publiés dans les feuilles publiques, et affichés dans les chefs-lieux de canton, afin que chaque tributaire d'état puisse en prendre connaissance.

5°. Les billets d'état seront reçus dans les caisses publiques pour le paiement des sommes qui s'élèveront au delà de 100 francs.

*Du Gage et de la Garantie des Billets d'état.*

1°. Tous les contribuables, à l'exception des tributaires de la caisse d'épargnes, seront *sociétaires solidaires* de la banque d'état.

2°. L'action ou mise de fonds de chaque sociétaire sera égale à la valeur de trois années de sa contribution.

3°. Les tributs fonciers et les tributs d'état devant s'élever à 450 millions (plus les frais de perception), le montant total de trois années formera par conséquent 1,350 millions, somme égale à celle des billets mis en circulation *sans contre-valeur.*

4°. Les sociétaires solidaires de la banque d'état réserveront entre leurs mains le montant de leur action ou mise de fonds.

5°. La solidarité de chaque sociétaire ne sera que relative à sa mise, et proportionnée à son tribut annuel.

6°. Dans le cas où par des évènemens imprévus les billets tombant en discrédit deviendraient remboursables, le remboursement forcé aurait lieu de trois mois en trois mois, en six termes égaux, avec intérêt à 5 pour cent.

7°. Pour opérer ce remboursement, chaque tributaire verserait le montant de son action en six termes, de trois mois en trois mois, dans les caisses de l'état, avec intérêt à raison de 5 pour cent par an.

## SERVICE ET AMORTISSEMENT DE LA DETTE CONSOLIDÉE.

1°. Toutes les provinces seront solidaires de la *dette consolidée.*

2°. L'administration de la banque sera chargée du paiement de la rente consolidée.

3°. Les 62 millions destinés au service de cette rente, seront répartis sur les provinces dans le rapport de 62 à 450.

4°. Chaque province remettra à l'administration, aux époques indiquées, sa part dans la cotisation.

5°. Toutes les rescriptions en circulation seront échangées contre de nouvelles rescriptions fournies par l'administration de la banque.

6°. Chaque nouvelle rescription désignera le nom de la province qui en sera garante.

7°. L'administration de la caisse d'amortissement sera supprimée.

8°. Il sera établi près de l'administration de la banque, et sous sa direction, une caisse d'amortissement qui entrera en compte courant avec la chambre des finances du commerce et des manufactures de la haute-cour.

9°. Il sera créé un trésorier de la caisse d'amortissement, qui sera chargé des recettes et paiemens relatifs à l'amortissement ; ses bureaux seront distincts de ceux de la banque.

10°. La dotation de la caisse d'amortissement se composera des recettes diverses, telles que postes, tabacs et sels, douanes, domaines, loteries départementales mentionnées au tableau général des recettes et dépenses de l'état pour 1817.

## Loteries départementales.

1°. Il sera créé une loterie dans chaque département.

2°. Il y aura un directeur de la loterie par province, qui résidera près de la chambre d'état ; un contrôleur par département, et un bureau dans les chefs-lieux de sous-intendance et dans les villes.

3°. Le nombre des bureaux ne pourra excéder celui de dix par département.

4°. Les billets seront fixés à mille, divisés

en dix séries, comprenant chacune cent numéros (un à cent); les séries seront désignées par les premières lettres de l'alphabeth.

5°. La série de chaque buraliste sera changée tous les mois; dans le premier mois, le bureau n°. 1 aura la série A; dans le second, la série B, et ainsi de suite pour les autres bureaux.

6°. Dans le cas où il serait jugé convenable dans certains départemens d'établir moins de dix bureaux, les buralistes des principales villes pourront réunir deux séries, ou ceux d'une même ville auront une série et une demi-série, c'est-à-dire, le premier, n°. 1 à 50, le second, n°. 50 à 100, afin que chaque ville offre les 100 numéros réunis.

7°. La mise par chaque numéro et par chaque série sera fixée à 50 fr.; le nombre des mises sera par conséquent de mille, et le total des recettes de 50,000 francs par mois.

8°. Nul ne pourra mettre à la loterie qu'en présentant une quittance de contribution, qui sera délivrée tous les ans aux contribuables par le percepteur et par duplicata, et qui portera en tête ces mots : *Quittance de loterie*. Sur cette quittance, le buraliste mettra son récépissé de la mise, en émargeant le numéro et la lettre de la série.

9°. Aucun tributaire de la caisse d'épargnes

ne pourra mettre à la loterie ; cette faculté sera réservée aux tributaires d'état.

10°. Les tributaires d'état ne pourront prendre un nombre de numéros, ou faire un nombre de mises excédant en somme la moitié de leur tribut par chaque tirage. Un tributaire de 100 fr. ne prendra qu'un numéro ; un autre de 200 fr. pourra en prendre deux, et ainsi de suite.

Les mises ne s'effectueront que dans le département où le tributaire sera domicilié.

11°. Les étrangers pourront prendre dans tous les départemens, tel nombre de numéros qu'il leur conviendra, en justifiant qu'ils ne sont point Français.

12°. Le dernier jour de chaque mois, l'administration de la banque chargée de la direction de la loterie fera exécuter les deux tirages, l'un pour les numéros, et l'autre pour les lettres.

13°. Il sera tiré un seul numéro sur cent, et une seule lettre sur dix. La lettre désignée par le sort donnera le grand lot au numéro sorti ; les neuf numéros de chaque série recevront un lot égal.

14°. Les lots seront au nombre de dix dans chaque département ; le premier sera égal à deux cents fois la mise, c'est-à-dire de 10,000 fr., et les neuf autres à dix fois la mise, ou 500 fr. chacun.

15°. Le produit mensuel de la loterie sera versé dans la caisse du comptoir de la banque, qui en adressera la valeur à l'administration de la banque d'état.

16°. Les recettes de la loterie seront destinées uniquement à l'extinction de la dette consolidée.

### Avantages de ce Système de Finances.

« On est persuadé, dit M. de Forbonnais, que le meilleur plan de finances serait celui dont chacun pourrait faire le calcul, et dont on n'aurait aucun intérêt à faire mystère. »

Un bon système de finances doit favoriser puissamment l'agriculture, le commerce et les manufactures, entretenir constamment les sources de la richesse nationale, respecter les avances de la culture, soulager le cultivateur et ne point accabler le bas peuple. Les recettes doivent entrer dans les caisses publiques, le plus directement possible. Quelques inégalités dans les impôts sont moins dangereuses que les surcharges; cependant, il est essentiel de les établir suivant les règles de la justice distributive.

Le système que je présente offre ces avantages par sa simplicité, sa nature, sa forme et ses résultats; il est établi sur un grand principe fondamental, le nivellement de la recette et de la dépense. C'est l'oubli de ce principe qui donne naissance aux déficits, et par conséquent aux dettes publiques. Les administrateurs ne se sont point assez pénétrés de l'inconvénient qui résulte de l'emploi des erremens vicieux dans l'établissement de leurs tableaux de recettes et de dépenses; on est même étonné de voir des hommes éclairés s'écarter de cette loi fondamentale en finances, en affectant au paiement des dépenses d'un état, qui sont des *dépenses certaines*, des recettes illusoires et *incertaines*. Nous en avons un exemple récent dans le budget de 1816.

Il est facile de se convaincre que j'évite toute dette publique, en couvrant les dépenses par des recettes directes, proportionnées avec les facultés des contribuables, et l'on ne peut craindre les non-valeurs, puisqu'ils pourraient payer davantage.

J'économise pour le peuple 60 à 70 millions, en évaluant les frais de perception à une somme certaine de 28 millions : en supposant même que ces frais s'élevassent à 6 p. 100, le montant serait de 33 millions. Sous le ministère de M. Necker, ces frais se montaient à 12 pour 100; on peut les évaluer à un taux moyen actuel de 15 p. 100. Mais un avantage inappréciable, qui seul devrait faire pencher la balance du côté de ce système, consiste dans la rentrée prématurée des contributions ; de sorte que, non-seulement cet encaissement est assuré pour l'année, mais le gouvernement ayant dans ses caisses des fonds d'avance, ne subira point la loi des fournisseurs, et pourra économiser 10 à 20 p. 100 sur la valeur annuelle des fournitures, économie qui peut s'élever de 20 à 30 millions, et peut-être au delà. Cette certitude, ainsi que la solidarité des provinces, influera sur la hausse des rentes et des effets publics. Cette solidarité est d'autant plus équitable, que chaque département étant une division du grand corps de l'état, fournit chaque année collectivement dans le montant de ses contributions, sa part pour le service de la rente de la dette consolidée.

En divisant les tributaires en deux classes, j'atteins un but moral par la création de celle des tributaires de la caisse d'épargnes, classe composée des ouvriers, artisans, gens à salaires, et de tous les citoyens qui ont de faibles moyens d'existence. Chez les Romains, ces individus étaient exempts de contributions; le peuple, selon leurs législateurs, payait assez à l'état en élevant des enfans pour la défense de la patrie. En effet, on doit remarquer que les neuf dixièmes des forces militaires sont composés d'hommes du bas peuple. Sous le régime impérial, les nombreuses armées ne renfermaient en partie que des hommes tirés de cette classe, car, les gens riches ou aisés trouvaient les moyens de s'exempter de tout service actif. En temps de guerre, c'est donc le bas peuple qui sacrifie sa vie pour la défense des propriétés du riche, car les hommes à salaires peuvent dire comme ce sage de la Grèce : *Omnia mecum porto.*

Les sommes versées dans les caisses publiques sont celles que les citoyens déboursent avec le plus de regret, parce qu'ils ne sont pas pénétrés qu'ils reçoivent, en échange, la protection du corps politique. Les vexations qu'ils éprouvent détournent de leur esprit toute idée de protection, tandis qu'au contraire, les autres débours sont échangés par eux, contre des moyens d'existence, des vêtemens et des jouissances.

Les tributs d'épargnes ne seront donc point considérés comme de véritables contributions; mais bien comme des *épargnes* que chaque individu versera tous les ans dans une caisse commune, et par le moyen desquelles il trouvera un asile dans sa vieillesse ou dans ses infirmités. Il paiera d'autant plus facilement, que le tribut sera modéré, et qu'il aura chaque jour, sous ses yeux, les soins prodigués à son vieux père, l'instruction primitive donnée à ses enfans, et les secours procurés à sa famille et à lui-même.

La publication des rôles, mesure, jusqu'alors inusitée, facilitera singulièrement la levée de l'impôt. On paiera plus facilement, puisque l'emploi des fonds sera connu, et la demande des contributions ne sera plus considérée comme un acte tyrannique, car le peuple est généralement convaincu qu'il paie plus que de raison. Lors de l'emprunt de 100 millions, dont aucun compte n'a été rendu, on était persuadé que le gouvernement en percevrait deux ou trois cents, et l'on n'a reçu aucune preuve du contraire. La levée de l'impôt est souvent entravée; j'évite cet inconvénient, puisque les contribuables seront autorisés à ne compter que le montant du tribut stipulé sur leur avertissement. Un semblable mode de perceptions serait accueilli favorablement, car, il arrive souvent qu'il faut payer plus que la somme stipulée, sans en connaître la raison.

Les contributions viennent de la province, sont versées dans les caisses du trésor et retournent dans les caisses départementales. Ces viremens et reviremens de fonds occasionnent des frais de négociations qui figurent sur les budgets pour 12 millions. J'économise cette somme importante par le paiement local. La marche des opérations est beaucoup plus rapide, elle ne peut entraîner aucuns abus puisque les comptes de recettes et de dépenses provinciales sont arrêtées par la chambre des finances.

Les quatre tableaux que j'ai présenté, ne doivent point servir de règle pour la répartition; j'ai voulu seulement prouver que la classe des tributaires d'état pouvait payer au delà de 300 millions sans être surchargée. On connaît la somme des contributions que fournit chaque arrondissement dans lequel il existe un receveur principal pour les impositions directes et indirectes (prises sur le revenu). Il serait par conséquent facile de répartir les 300 millions que j'exige pour composer mon tableau annuel des recettes et dépenses. Il suffira de faire cette opération arithmétique : La somme totale des contributions de l'état ( moins la contribution foncière, l'enregistrement, etc., ) *est à* la somme partielle de chaque arrondissement, *comme* 300 millions, nouvelle somme totale, *est à* X, quatrième terme ou nouvelle contribution d'arrondissement. On peut à ces 300 millions ajouter les 100 millions de tributs départgnes pour former la somme totale des contributions de l'état; en faisant la même opération sauf à faire deux divisions dans la répartition.

L'état devant fournir la somme collective des impôts, chaque division de l'état doit contribuer en proportion par l'effet de la répartition.

C'est avec raison que M. Lamoignon de Malesherbes observait au roi Louis XVI, *que la forme de répartir l'impôt municipalement dans les provinces d'état, est le droit de la nature même, et l'ancien droit du Royaume* (1). La répartition municipale est la seule analogue à notre nouveau système politique.

Ma *banque d'état* est établie sur des bases plus solides que la fameuse banque de Law, dont j'ai décrit les vices à l'article *Banques*. L'émission des billets n'est point une simple proposition idéale ou hasardée, mais le résultat d'un raisonnement qui m'a conduit à des conséquences en comparant notre position actuelle avec notre position future. Les précautions prises pour assurer l'émission, présentent toute sécurité. Ces billets ne sont point susceptibles d'être atteints par le discrédit, par leur nature et la combinaison de leur création. Je pouvais me dispenser de leur assurer un gage, si je n'avais été porté à établir une banque d'une parfaite solidité. Cette combinaison est telle,

(1) Voir l'*Adresse au Roi*, au commencement de cet ouvrage, page xi.

que, par le discrédit, je relève le crédit. Le discrédit ne peut être provoqué par des causes naturelles qui n'existent pas; cependant j'ai cru qu'il était indispensable de prévoir le cas fortuit où la dépréciation aurait lieu, et serait occasionnée par des évènemens au-dessus de toute prévoyance humaine. Si ces billets éprouvaient subitement une dépréciation de 20 pour 100, qu'arriverait-il? Je le répète, le discrédit releverait le crédit. 1°. Tous les individus qui auraient des comptes courans ou qui auraient reçu des valeurs en échange d'hypothèques, rechercheraient ces billets pour payer au pair dans les comptoirs. Il en résulterait que cette demande, successivement accrue, ferait remonter ces mêmes billets à 85 et 90; et les recherches se multipliant, ils parviendraient infailliblement au pair en peu de jours.

Cette hausse serait une conséquense de l'ordre naturel. Si les effets publics, qui se négocient au taux de 57 à 58, étaient recherchés à la Bourse de Paris, ils remonteraient évidemment à 60, 61, 62; si les demandes augmentaient, on les verrait parvenir à 65, 70, 80 et au delà en raison directe de l'accroissement successif des demandes. Lorsqu'une marchandise est abondante ou sans acheteurs, chaque détenteur la propose et vend en baisse pour réaliser. Si la marchandise devient rare, les détenteurs ajoutent à leurs prétentions, qui s'élèvent proportionnellement à l'activité des demandes.

J'intéresse tous les contribuables au soutien de ces billets. En effet, plusieurs négocians qui fourniraient par association ou par commandites, une mise de fonds pour établir une maison de banque particulière, auraient-ils intérêt à refuser en paiement dans leur maison de commerce, les obligations ou les acceptations de leur banque? Ce refus qui la discréditerait, entraînerait une perte ou nécessiterait peut-être de nouveaux débours de la part des sociétaires. Le bénéficiaire d'un billet serait-il porté à discréditer le confectionnaire, lorsqu'il aurait la perspective de rembourser ce billet à l'échéance et de donner à ce même confectionnaire, privé de ses ressources sur lesquelles il comptait, le temps de réaliser ses marchandises, ou de faire rentrer les fonds qui lui sont dus. Chaque contribuable sociétaire serait dans le même cas, s'il refusait en paiement ces billets d'état, puisque le remboursement ayant lieu, il se trouverait dans la nécessité d'y coopérer. Il serait donc plus naturel de recevoir ces billets qu'il pourrait échanger pour leur valeur intrinsèque en conservant dans ses mains sa part dans le remboursement. Les grands propriétaires qui paieraient 1, 2, 3, 4000 francs de contributions seraient également intéressés à soutenir le crédit de leur côté, pour s'éviter une sortie de fonds de 3, 6, 9 et 12,000 fr. Or, comme tous les hommes sont excités par l'intérêt, le discrédit ne peut avoir lieu ; puisque le gage serait connu de tous les possesseurs de billets, qui, eux-mêmes, seraient solidaires, porteurs et débiteurs d'une portion du gage. La confiance dans une obligation consiste dans la certitude du paiement; telle est l'essence du crédit particulier et du crédit public. Ainsi donc, tous les porteurs de billets d'état connaîtraient le mode de remboursement stipulé pour ces billets : ils acquerraient, par conséquent, la certitude du paiement, source du crédit.

La moindre valeur des billets étant de 100 fr., ces billets ne pourraient circuler dans la classe du peuple : cette circulation serait restreinte dans la classe des propriétaires, marchands, commerçans qui composent celle des tributaires d'état, sociétaires de cette banque.

Les tributs d'épargnes devant être payés en numéraire, cette somme de 110 millions, versée dans les caisses des comptoirs, pourrait servir à échanger, à bureaux ouverts, tous les jours, ou une ou plusieurs fois par semaine, une somme de 100 à 200 mille francs de billets de 100 francs. Comme les 500 *millions* de billets de 100 francs circuleraient dans toutes les provinces, et loin des comptoirs, il est en quelque sorte certain que les tributs d'épargnes suffiraient à l'échange de tous les billets de 100 francs : il est probable qu'il ne circulerait pas plus d'un cinquième de ces billets dans chaque chef-lieu; d'ailleurs les billets remboursables pourraient être marqués d'un timbre rouge, avec désignation du comptoir.

Le retirement des billets d'état ne pourrait s'opérer qu'en proportion de l'accroissement du numéraire qu'ils remplaceraient. Je fixe le premier retirement à la sixième année, et successivement pendant dix ans.

Il est essentiel de remarquer que la solidarité de mes billets d'état forme une somme de 1350 millions déboursables en quinze ans. Les 140 et les 130 millions payables aux alliés, pour une portion du capital de leur créance et l'entretien de leurs armées, forment également un capital de 1550 millions déboursables en 1816, 1817, 1818, 1819 et 1820, espace de temps pendant lequel *je n'exige aucun debours*. Cette somme de billets d'état, dont chaque individu est solidaire, en raison de ses facultés et de ses contributions, est donc égale à celle qui sortirait de la bourse du peuple, de 1816 en 1820 ; or, ces 1550 millions étant une fois payés par les citoyens, *les créanciers de l'arriéré seraient-ils soldés?* non. Cependant en demandant *le même sacrifice, déboursable en quinze années (au lieu de l'être en cinq ans)*, je paie à la fois *les contributions de guerre aux alliés*, *l'arriéré aux créanciers de l'état*, *l'emprunt de* 100 *millions;* je fais évacuer, au commencement de 1817, le territoire français, qui, dans le cas contraire, serait occupé jusques en 1820, et j'économise plusieurs centaines de millions de frais d'entretien : avantages inappréciables, essentiellement liés à beaucoup d'autres, puisque 1°. je remédie aux maux causés par l'enlèvement du numéraire ; 2°. je viens au secours des propriétaires et de l'agriculture ; 3°. je vivifie le commerce et les manufactures ; 4°. je fais baisser le taux de l'intérêt de l'argent ; 5°. j'augmente le revenu des rentiers ; 6°. enfin, par l'effet de l'activité manufacturière, agricole et commerciale, je fournis du travail aux ouvriers ; je détruis la mendicité et l'oisiveté, et je diminue de près de moitié les contributions ; je fais rentrer dans la bourse de chaque particulier les sommes partielles qu'il paie réellement, et que l'état ne reçoit pas ; je procure les moyens de payer en dix ans ce que l'on paie en cinq, en accordant quinze ans de délai.

Mais pendant ces cinq premières années, les services inappréciables de ma banque influent sur la richesse nationale. Je procure de nouveaux profits aux rentiers par l'accroissement de leur rente; aux manufacturiers, cultivateurs et commerçans, par la cumulation de leurs bénéfices; et ces mêmes profits, ces mêmes bénéfices s'élèveront, pour chacun d'eux, beaucoup au delà de la somme exigée par la solidarité: débours que les contribuables ne pourraient éviter pendant cinq ans, puisque les dettes de l'état ne peuvent être acquittées que par les citoyens de l'état. Je n'exige donc aucuns sacrifices réels; je fais plus, je diminue les impôts.

Il est évident qu'un propriétaire ou rentier qui récupérerait tous les ans 500 francs par la diminution de ses contributions et de sa dépense, effet de la différence dans les valeurs vénales des choses consommables pendant les cinq premières années, gagnerait 2,500 francs, et pendant quinze ans, 7,500 francs; et si sa solidarité était de 1,500 à 2,000 francs, à l'époque du dernier retirement, il resterait avec une économie de 5 à 6,000 francs: les profits des commerçans, des manufacturiers et des cultivateurs, seraient beaucoup plus importans.

Les loteries départementales doivent être considérées comme un moyen offert aux contribuables de faire des dons patriotiques à l'état pour le libérer. En mettant à la loterie, un individu pourra regarder sa mise comme un simple don, en courant néanmoins la chance d'obtenir un lot. Les mises à la loterie ne discréditeraient point un commerçant, puisqu'il n'exposerait point son capital, et qu'il lui serait même impossible de hasarder son revenu, n'ayant pas cette faculté, en supposant qu'il en eût le désir.

Si l'on refusait d'adopter un pareil système, il en résulterait qu'en 1817, et années suivantes, la rente du propriétaire diminuera, les profits du commerce et de l'agriculture seront nuls; le propriétaire endetté empruntera à des intérêts ruineux (en supposant qu'il trouvât à emprunter), et les impôts porteront sur le capital : système absurde, tout à fait subversif de la richesse publique et de la prospérité nationale, qui ne pourrait être employé que par un Gouvernement qui tendrait à sa chute.

Ce système vicieux a été déjà mis en pratique, cette année, par la Chambre des Députés, en demandant de nouveaux cautionnemens, le doublement des patentes, et l'augmentation des droits de timbre et d'enregistrement. Le capital national est attaqué; nous sommes dans la position d'un riche propriétaire qui, administrant mal ses affaires, ne tire point parti de son revenu, et qui, pour couvrir sa dépense, emprunte sur son bien, ou le vend, et vit sur son capital.

Mais je demanderai à tous les hommes instruits, sensés et judicieux, si nous pouvons nous flatter de franchir l'intervalle de 1816 à 1820, en payant chaque année 800 millions, plus 120 à 150 millions de frais de perception, plus la différence des valeurs nominales que l'état ne reçoit pas. Je leur rappellerai que je ne demande que 560 millions effectifs, plus 28 millions à 5 pour cent, ou 33 à 6 pour cent, pour frais de perception, en subvenant à des dépenses que le Gouvernement ne pourrait faire sans ajouter à son budget de 800 millions, et je dote la caisse d'amortissement de 74 millions, au *minimum* de 60.

J'affecte des recettes certaines et directes au paiement des dépenses certaines, et les recettes incertaines, à l'extinction de la dette consolidée dont la somme extinguible n'est point fixée. Plus on recevra, plus on amortira.

Si nous continuons de fréquenter la fausse route dans laquelle nous nous égarons sans cesse chaque année, il nous faudra recourir à de nouvelles ressources pour couvrir le déficit provenant de la différence entre le produit estimatif et le produit réel des contributions. En 1816, on cherchera, pour 1817, de nouveaux droits et de nouveaux impôts. Nous aurons en outre à remplacer une somme de 117 millions formée par le doublement des patentes, les fonds de cautionnement, l'arriéré de l'aliénation des bois, etc. Nous rétablirons les droits sur les huiles, les tissus, les fers, qui ont été rejetés; nous remplirons le vide par des négociations de rentes véritablement onéreuses. Le commerce, l'industrie, l'agriculture, seront sacrifiés au besoin du trésor; la consommation diminuera; la source des impôts se tarira sensiblement: il y aura encore un déficit à la fin de 1817, sur le produit estimatif; car, j'ose affirmer qu'il est impossible d'évaluer, dans les circonstances actuelles, le produit d'une imposition indirecte, surtout celui qui doit provenir d'un nouveau droit qui n'existait pas et que l'on ne peut établir sur aucune base fixe. Par conséquent, nouveaux déficits, nouvelles ressources, nouveaux impôts de remplacement en 1818, et accroissement de notre état de gène.

Ainsi donc, par l'application de notre défectueux système de finances, nous sommes condamnés à nous voir accabler d'une multiplicité d'impôts de diverses natures, à nous traîner de déficits en déficits; et la France, ne pouvant jamais se relever de son abaissement, marche à grands pas vers sa ruine.

On ne pourrait reprocher l'arbitraire à mes impositions, qui, n'étant point accablantes, seront levées par les conseils municipaux ; les contribuables pourront réclamer devant les conseils d'arrondissement et les conseils des notables, avantages dont ils ne jouissent point maintenant : en examinant tous les impôts qui composent notre système actuel, j'ai démontré qu'ils étaient extrêmement arbitraires et vexatoires. Tout homme qui est versé dans les principes de l'économie politique et de la science des finances, s'étonnera qu'on ait conservé les droits de timbre et d'enregistrement, le plus absurde, le plus inique, le plus mal combiné de tous les impôts. Les droits d'enregistrement forment le cinquième des recettes qui figurent sur les budgets ordinaires ; ils sont compris, par conséquent, dans la somme nécessaire pour couvrir toutes les dépenses de l'État ; ils ne sont déboursés que par une très-faible portion des contribuables, qui paient seuls le cinquième des dépenses générales, indépendamment de toutes les autres contributions que ces individus fournissent comme citoyens et comme propriétaires : j'ajoute ces observations à celles que j'ai faites, en traitant de ces droits.

La suppression des quatre-vingt-six receveurs généraux, produira une économie de plus de 4 millions, somme plus que nécessaire pour couvrir les dépenses occasionnées par le paiement des traitemens des Chambres d'État et des fonctionnaires siégeant aux deux Parlemens.

Le système que je présente, offre les plus grands avantages; respectant la liberté individuelle et le droit de propriété, il est en rapport avec nos lois fondamentales et nos institutions politiques : il est donc basé sur l'équité, la raison, la simplicité, et sur des principes incontestables.

Je crois avoir démontré, d'une manière irréfragable, la nécessité d'établir une banque; car, dans quelques années, le numéraire disparaîtra par le paiement des contributions de guerre, par l'accaparement ou le resserrement opéré par les capitalistes frappés du danger qui menacera leur fortune mobilière. Plus de moyens d'échange, plus de richesses. L'homme riche sera comme Tantale au milieu des eaux; la marchandise perdra sa valeur, ne pouvant être échangée; les rentes cesseront d'être payées; les caisses de l'état seront vides; la misère atteindra toutes les classes du peuple. Plus de moyens d'échange, plus de commerce, plus d'industrie, plus d'agriculture, plus de propriété, plus de trône, plus de gouvernement; séditions, révoltes et bouleversemens : terme fatal auquel les alliés nous attendent d'avance, pour tomber sur leurs victimes épuisées de forces vitales, comme des lions rugissans.

Roi de France, fidèle gardien de votre troupeau, vous pouvez, en opposant l'adresse à la ruse, à la force, dérober vos brebis et vos timides agneaux à la voracité de ces loups affamés, *qui vous donneraient infailliblement un coup de dent mortel à vous-même, bon pasteur.*

Puissé-je, pour fruit de mes travaux, recueillir l'estime de mes compatriotes! Heureux! mille fois heureux, si mes vues administratives et financières ne sont point considérées comme de beaux rêves enfantés par le délire d'une imagination exaltée par l'amour du bien public!

FIN.

# TABLE

## DES MATIÈRES.

FIN DE LA TABLE DES MATIÈRES.

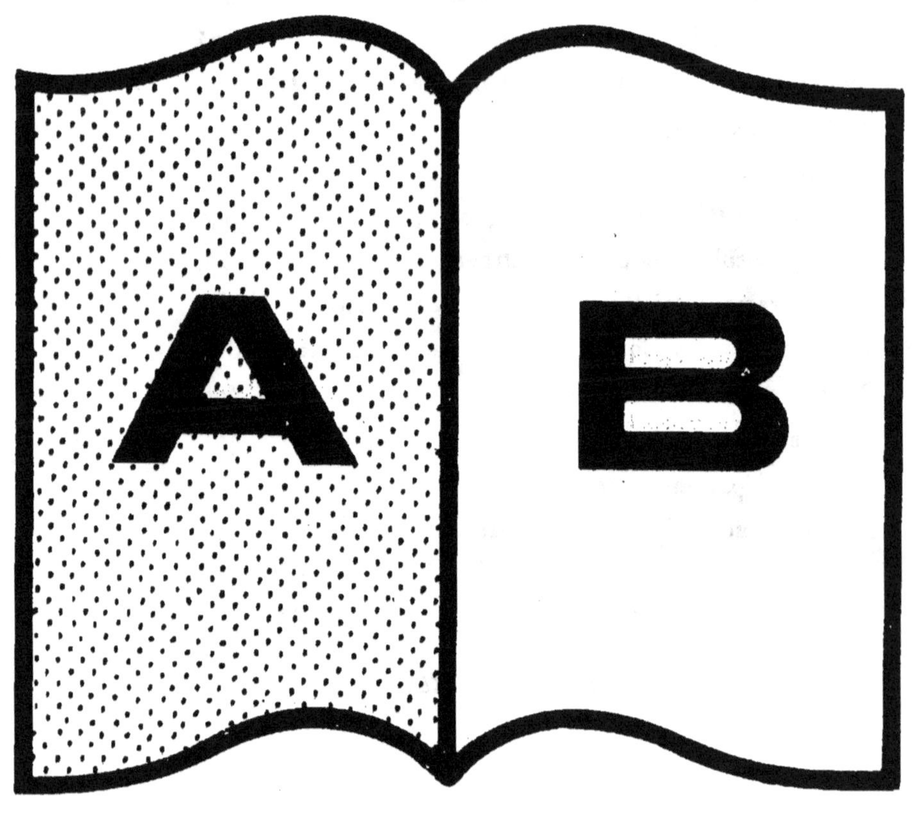
A
B

www.ingramcontent.com/pod-product-compliance
Lightning Source LLC
Chambersburg PA
CBHW071955270326
41928CB00009B/1446
* 9 7 8 2 0 1 9 5 6 2 3 2 8 *